U0857012

本书受云南省第十五批中青年学术带头人培养资金资助

西南少数民族地区纠纷解决机制史

胡兴东　周本贞　蒋鸣湄　梁　盈◎著

XINAN SHAOSHU MINZU DIQU
JIUFEN JIEJUE JIZHI SHI

中国社会科学出版社

图书在版编目（CIP）数据

西南少数民族地区纠纷解决机制史／胡兴东等著．—北京：中国社会科学出版社 2014.11

ISBN 978-7-5161-5416-8

Ⅰ.①西… Ⅱ.①胡… Ⅲ.①少数民族-民族地区-民事纠纷-调解（诉讼法）-法制史-研究-西南地区 Ⅳ.①D927.705.114.2

中国版本图书馆 CIP 数据核字(2014)第 310857 号

出 版 人 赵剑英
责任编辑 任 明
特约编辑 乔继堂
责任校对 王 斐
责任印制 何 艳

出 版 中国社会科学出版社
社 址 北京鼓楼西大街甲 158 号（邮编 100720）
网 址 http：//www.csspw.cn
中文域名：中国社科网 010-64070619
发 行 部 010-84083685
门 市 部 010-84029450
经 销 新华书店及其他书店

印刷装订 北京市兴怀印刷厂
版 次 2014 年 11 月第 1 版
印 次 2014 年 11 月第 1 次印刷

开 本 710×1000 1/16
印 张 16
插 页 2
字 数 270 千字
定 价 58.00 元

目　录

导　　言

纠纷作为一种生物世界普遍存在的现象，不仅存在于人类社会中，还存在于其他生物世界中。人类社会中纠纷的特殊性仅是人类不再完全采用直接的私力解决所产生的纠纷。在人类社会中，只要存在两个以上的社会主体就会存在纠纷。纠纷是个体间在生存压力下出现的一种无法协调成功的冲突产物。对纠纷的研究不仅具有社会实证意义，还具有社会类型意义，因为不同社会的纠纷体现出不同的社会结构类型。纠纷本身是一种社会事实，但它体现了每个社会群体的存在方式及相互关系。纠纷的解决是人类社会秩序形成中的两个社会维持体系。纠纷的解决机制不仅具有制度上的意义，还具有社会秩序和社会价值上的意义，因为不同的纠纷解决机制体现出不同的社会结构和不同社会中对社会秩序的价值取向。不同社会中的纠纷解决机制设置体现着一个社会中的制度安排与价值结构。社会纠纷解决机制在公共社会组织高度发达的社会中是社会治理的重要措施，是社会治理中理性知识的制度体现，是社会秩序维持体系与恢复机制。社会纠纷解决机制存在于人类社会所有类型的社会组织形态中。人类社会的纠纷解决史体现了人类社会发展中不同力量在社会秩序形成中的作用地位。人类社会纠纷解决机制经历了自然权威人物时代、神权时代、政治结构权威时代和制度合理化时代。自然权威人物时代在原始社会中最为典型，这个时期纠纷解决由那些自然形成的权威人物来进行，规则体现出自发性与社区中的合意性；神权时代是原始社会后期，特别是进入社会分层时代，这个时期纠纷解决机制由具有神性的人物来进行，神判形式成为主导；政治结构权威时代是社会纠纷由那些政治结构上的人物所掌握，如国王等，他们的权威来自神圣化的政治结构体系；制度合理化时代是纠纷解决由人类理性创制的制度机制来进行，制度运行中的个体仅是制度下的活性来源，而不是整个解决机制中的主导力量。

西南民族地区历史上各民族存在过形态多样的社会组织形式，其纠纷解决机制类型的多样性构成了人类社会纠纷解决机制史中一个较为全面的综合博物馆，这就是本书研究的原因与价值所在。对西南少数民族纠纷解决史的研究具有以下意义和价值：首先，可以让我们对人类社会不同社会组织形态下的纠纷解决机制种类、运行机制等有全面了解。其次，西南少数民族纠纷解决机制史对了解国家治理下不同社会组织形态中的纠纷解决机制安排的多样性历史有全面的了解。最后，对非官僚组织在人类社会秩序形成中的作用有较为全面的了解。这是一个让人着迷的地区，它可以让我们在其中找到自己想象的空间；同时，也是让我们有更多迷途的历史图景。

本书基本上可以分为三个部分：第一部分对我国近年纠纷解决机制的研究进行了一种学术史的考察，其中重点考察了多元纠纷解决机制和与民族性有关的纠纷解决机制的学术研究史，指出了这些研究的成绩与不足，提出了研究的展望。第二部分对西南少数民族自古至20世纪50年代以前的纠纷种类、纠纷解决机制等问题进行了全面考察。其中分两章对20世纪50年以前西南民族纠纷种类和纠纷解决机制进行考察，其中第二章考察的是一般纠纷种类和纠纷解决机制，第三章考察族际纠纷及纠纷解决机制。因为族际纠纷在西南民族历史上具有特殊的社会意义，体现出西南民族地区社会结构与民族群体关系，其中还有中央政府在多样性社会结构地区治理上的不同措施及制度安排等因素，所以族际纠纷及族际纠纷解决机制被作为特殊的部分拿出来讨论。当然，这也可能存在一些问题，那就是会出现难以克服的重叠。第三部分对20世纪50年代以来西南少数民族的社会纠纷种类及纠纷解决机制变迁进行考察。20世纪50年代后，在西南少数民族社会秩序形成上国家成为最重要的力量，虽然不同时期国家在西南少数民族社会秩序形成上的作用形式及作用效果略有不同，但成为基本力量是根本的。这一章分三节来讨论，这种划分基于这个时期国家在西南民族地区社会治理中的作用形式的不同。

本书是一种历史视角的考察，体现出一种历史的方法，所以在研究中我们的基本方法是历史学的方法。当然，在研究中，我们针对西南少数民族纠纷解决机制的基本特征的不同，进行了不同类型的分类分析。这些让我们的研究体现出非历史性，是一种结构性与分类体系的考量综合体。

第一章

我国多元纠纷解决机制的研究与建设现状

纠纷解决问题成为中国法学界研究的重要主题是在2000年后才开始的，通过近十年的研究，此方面有了很多研究成果。本章对我国一般多元纠纷解决机制，特别是少数民族多元纠纷解决机制的研究进行了整体性回顾和评述，以便为本书研究提供一种学术上的背景。我们分两个部分展开考证：首先，对一般多元纠纷解决机制的研究进行学术史的考述；其次，对少数民族有关纠纷解决机制的研究进行学术史的考述。

第一节　一般多元纠纷解决机制的研究与建设现状

一、相关学术主题的起源与发展

“多元纠纷解决机制”研究主题源于诉讼法学界顺应司法改革而对非诉讼纠纷解决方式的地位与作用的探讨。20世纪70年代起，西方法学家开始开展现代ADR（Alternative Dispute Resolution）运动，主要是借仲裁和调解等替代性纠纷解决方式来弥补西方诉讼文化下一贯遵循的封闭而高度技术化的诉讼审判制度的僵固，缓解被告席上的拥挤，顺应保险、环境、知识产权等新型法律关系中当事人个别化救济手段的需要，并克服诉讼中非此即彼的裁判所带来的对人际关系的破坏。西方ADR的实践结合于两个方面：民间（或合意）领域，即当事人同意将纠纷提交非司法场所解决；司法（法院附设）领域，即依据当事人的选择或法律强制性规定，在法院系统中提供ADR服务。[①] 尽管许多国家掀起了ADR的研究热潮，并就进一步完善或构建多元化纠纷解决机制作了多种尝试及努力，但各国因为司法制度基础不同、文化背景不同而在有关的改革行动中有着明

① 王克楠：《美国司法ADR现状的考察》，载《研究生法学》2001年第3期。

显不同的价值取向。①

中国社会的多元决定了其多元纠纷解决体系更具当然性。中国历代官方正式纠纷解决体系均体现了强大的包容性，比如对“调解”的态度就是一个典型例证。调解作为传统的、有效的民间纠纷解决方式一直被使用着，而后自然成为现代正式纠纷解决方式的重要组成部分——其在中国人心目中的重要性远远超过裁判等其他纠纷解决方式。中国共产党在新民主主义革命时期根据地就使用调解作为解决不涉及犯罪的农村民间纠纷。中华人民共和国成立后，除“文化大革命”十年动乱时期之外，一直十分重视调解工作。② 人民调解制度作为解决民间纠纷主要方式的法律地位于1982年被写入宪法，当年通过的《民事诉讼法（试行)》明确了诉讼外调解与诉讼内调解的基本原则。虽然《民事诉讼法》几经修改，但调解原则沿用至今。随着法律体系的完备化，仅就调解而言，就存在民间调解、人民调解、司法调解、行政调解、消费者协会等自治性组织调解等多元调解机制。

“多元纠纷解决机制”的学术命题，是我国在进入21世纪后才逐渐为法学界使用并熟悉的术语。查询中国知网（http：//dlib. cnki. net）1979—2010年近三十年来的学术论文，以“纠纷解决机制”为主题词的可检出2273条条目，以“多元纠纷解决机制”为主题词也可检索到500篇学术论文，其中以“多元纠纷解决机制”为题的论文有132篇，绝大多数论文出自2000年后。此外，此命题的重要学术著作包括范愉所著《非诉讼纠纷解决机制研究》、《纠纷解决的理论与实践》和其主编的《多元化纠纷解决机制》，沈恒斌主编的《多元纠纷解决机制原理与实务》，何兵所著的《现代社会的纠纷解决》和其主编的《和谐社会与纠纷解决机制》，赵旭东的《权力与公正——乡土社会的纠纷解决与权威多元》，

① 范愉主编：《多元化纠纷解决机制》，厦门大学出版社2005年版，第12—20页。书中以美国、德国、日本为典型例证说明ADR的制度和运作完全取决于特定社会的纠纷解决需求及其整体机制的设计。美国纠纷解决方式的多元化建设是为了应对民权运动后的“诉讼爆炸”，弥补诉讼费用过高、周期过长的缺陷，并且其有着强烈自治精神的民众基础；而德国因为有其精心设计的司法制度作基础并不存在诉讼爆炸的困扰，其本身一直以来就具有一个效率和效果相对合理、运作正常的多元化体系，所以其主要侧重扩大ADR到一些新型的纠纷类型中去；日本则将多元化纠纷解决机制的建立用以解决法制现代化进程中移植法与传统社会之间的高度不协调问题，以人情作为补充，利用ADR扩大法律的适用空间。

② 史凤仪：《人民调解制度溯源》，载《中国法学》1987年第3期；韩延龙：《人民调解制度的形成与发展》，载《中国法学》1987年第3期。

徐昕的《论私力救济》和《迈向社会和谐的纠纷解决》，以及强世功《调解、法制与现代性：中国调解制度研究》，王亚新《社会变革中的民事诉讼》，冉井富《当代中国民事诉讼率变迁研究——一个比较法社会学的视野》，汪庆华、应星《中国基层行政争议解决机制的经验研究》等，也是2000年后才开始形成的。

“多元纠纷解决机制”研究主题近年受到中国学界的热捧，与改革开放30年来中国经济发展、社会结构巨大变化引起社会冲突与纠纷大量增加且日益复杂，为维护社会稳定团结不得不采用多样化举措相关。围绕着理解及解决社会冲突与纠纷议题，诉讼法与实体法的研究、公法与私法的研究、国家法与习惯法的研究逐渐进行了融合，法学理论界与实务界因此十分自然地走在一起。这种“以问题为中心”的综合性研究思路改变了过去“以规则为中心”以及分部门法研究的思维惯性，开始成为国内研究主流范式。

二、一般多元纠纷解决机制的研究现状综述

（一）研究方法

20世纪80年代前后中国学者的研究主要局限于特定的政治意识形态视野，法学界为适应从计划经济向商品经济过渡而提供一些诉讼、仲裁等基本制度构想，并对刚刚恢复或建立起来的法律制度进行法律阐释以便指导司法实践。当时将法律视为政治的工具，诉讼和调解均以统一法制观念为主要目的。这种单调的研究方式直至20世纪90年代后因博弈论、法经济学、法社会学、法人类学、比较法学等交叉学科在国内兴起才得以改善，纠纷解决机制的研究呈现了多元化发展趋势。

最值得一提的是法社会学与法人类学带来的深刻变化。法社会学中社会系统、“活法”、“社会控制”等基本理论，及注重法实施过程和实际效果的研究方法被国内学者广泛接受和运用，原本被分散考察的民间纠纷解决方式与国家提供的正式纠纷解决方式常常被一起当作一个具有整体实践意义的修复社会秩序、实现社会稳定的系统来观察和评价。[①] 正如棚濑孝

---

① 本书对法人类学与法社会学的区分观点，主要参照西北政法大学行政法学院常安同志的观点。参见常安《试论法人类学的学科独立性问题——与法社会学相比较》，载《山东大学学报》（哲学社会科学版）2008年第3期。

雄指出的："以审判解决纠纷的方式和诉讼外的纠纷解决方式相互之间是紧密联系的。不把诉讼外的纠纷纳入视野而仅仅研究审判，即使对以审判作为主要研究对象的法解释学来说，也未必是有成效的方法。如果把视野扩展到社会整体层次上，考察纠纷全体的正确解决，就更有必要将诉讼外的纠纷解决与通过审判的纠纷解决同等地作为研究对象。"① 于是，法的实施在继续贯彻国家制定法规范与价值的同时，纠纷解决的功能重新被强调，多元纠纷解决机制研究就此超越了诉讼法的意义，顺应处于社会转型期的中国社会需要，成为理论研究、制度建构和社会实践的热点。范愉教授在2008年发表的《纠纷解决研究的反思与展望》一文中提出"纠纷解决学"成为一种独立或综合的学科，认为该学科的研究包括与纠纷和纠纷解决有关的各种要素、过程、规律及问题，任务是解释纠纷解决这一社会现象的成因、规律，根据社会需求探讨建构和改革纠纷解决机制、规范、程序的法律、政策和发展战略，提供解释框架、指导理念及基本原则，并探求一系列实用的技术、规则和方法。② 这种立场扩大了法律社会学研究的领域，扩大了法学研究的视野。法人类学则引入打破一些传统的法学理解，产生了以下作用：（1）"法律多元"理论使同样起着构建秩序作用的民间规范、地方或民族传统习惯法③等非国家制定法被纳入了法学研究的视野；④（2）关注除制定和移植之外的法律的成长历程，⑤ 以文化特殊性解释法律时代性，使中国法学界能够更理性地看待西方法治，并重视中华法律的"本土资源"；（3）以"解决纠纷"、"构建社会和谐"为法治目的，突破了"国家法律必须被严格遵守与执行"的唯一法治标准，⑥ 消

① ［日］棚濑孝雄：《纠纷的解决与审判制度》，王亚新译，中国政法大学出版社1994年版，第3页。

② 范愉：《纠纷解决研究的反思与展望》，载《司法》2008年第3辑。

③ 许多学者将中国传统法也称为民间法，这样做是不严谨的，所以应予以明确分开。参见曾宪义、马小红《中国传统法的"统一法"与"多层次"之分析——兼论中国传统法研究中应慎重使用"民间法"一词》，载《法学家》2004年第1期。

④ 参见罗洪洋《法人类学论纲——兼与法社会学比较》，载《法商研究》2007年第2期。

⑤ 参见张冠梓《论法的成长——来自中国南方山地法律民族志的诠释》，中国社会科学出版社2000年版。

⑥ 参见赵旭东《权力与公正——乡土社会的纠纷解决与权威多元》，天津古籍出版社2003年版；任海涛《论法人类学方法在中国法制史研究中的运用》，载《内蒙古社会科学》（汉文版）2010年第2期。

除了国家法律身上的“政治统治工具”色彩。

（二）研究角度

纠纷的生成与许多因素有关，有效解决纠纷常常需要深刻地对社会作出理解、综合地运用各种社会力量。于是，纠纷解决机制的研究常常需要打破传统部门法的樊篱，从多角度交叉地运用研究方法和手段。

1. 静态研究与动态研究（纯粹理论研究与经验实证研究）

有学者认为，“纠纷就是对社会存在的特定现象的静态描述……纠纷解决则属于社会实践层面的事物，它体现了社会主体对纠纷这种客观事物的能动性改造和创造性思维的动态过程”；“如果说纠纷解决的机制主要是就纠纷解决的制度性构造及其相关原理而言，那么纠纷解决的方式则主要是就纠纷解决的具体过程而言。……纠纷解决机制仍然是静态的概念”。[①] 赵旭东的这一观点并无意将纠纷、纠纷解决、纠纷解决方式与纠纷解决机制分属为不同的研究对象，主旨实质是要突出四者间的关系：了解纠纷类型、发生原因及基本特征是选择纠纷解决方式的基础，通过实践纠纷解决目的、过程及标准总结纠纷解决机制原理及反思制度性构造的优势与不足。因此，静态研究与动态研究纠纷解决机制均有价值。

静态研究主要通过制度文本、档案文献、名家理论进行逻辑推导、理论分析与构建。如1999年徐静村、刘荣军发表的《纠纷解决与法》就以“齐美尔（Simmel）辩证纠纷论”说明纠纷的积极机能，并阐述了纠纷与社会结构、社会控制结构间的关系以及通过法律解决纠纷所具有的社会机能等理论。[②] 再如赵旭东主持的2008年陕西省社会科学基金项目《纠纷解决与社会主义法律权威维护》的阶段性成果《论纠纷的构成机理及其主要特征》、《纠纷解决含义的深层分析》、《纠纷解决机制及其“多元化”与“替代性”之辨析》，具体说明了纠纷的构成要件及主要特征，并从纠纷解决的目的性、过程性和结果状态等三个层次对应理解纠纷解决的意义、方式和标准，明确了“多元化纠纷解决机制”中的“多元”不是法治理念“多元”，而只是外观样式或运作方式的“多元”，纠纷解决机

① 赵旭东：《纠纷解决含义的深层分析》，载《河北法学》2009年第6期。

② 徐静村、刘荣军：《纠纷解决与法》，载《现代法学》1999年第6期。

制的构建应当建立在以司法为中心的统一法治主义理念之上。[①] 前述均是基于缜密的概念性分析和逻辑推演而得出的结论。

动态研究注重统计数据分析、个案解剖，以展示处理过程的方式实现论证，从而最终得出结论。有学者归结此为“过程—事件”分析方法。如强世功主编的《调解、法制与现代性：中国调解制度研究》一书中收录的强世功、朱苏力、赵晓力、杨柳等多位学者有关中国式调解的学术论文[②]。2009年朱景文教授的《中国法治道路的探索——以纠纷解决的正规化和非正规化为视角》，以大量实际统计数据作为分析基础，说明了诉讼与诉讼内调解、诉讼外人民调解、信访之间的关系，主张将正规化、半正规化和非正规化的纠纷解决机制有机结合起来建设中国特色的社会主义法治。[③] 韩秀桃《明清民间纠纷的解决及其现代意义——以徽州法律文书为中心》，以遗存下来的明清时期徽州法律文书还原民间生活史实，解读当时民间纠纷的解决机制和州县层面的诉讼实践状况，并借以探讨中国传统国家（国法）与社会（民情）之间的关系。[④] 郭星华和他的学生共同撰写的一系列有关纠纷解决的论文均带有过程分析社会学研究风格。[⑤] 正如范愉教授所言：“ADR研究不仅是一种理论的归纳和抽象，更应该是对发展中的纠纷解决实践的总结，脱离了动态的、鲜活的纠纷解决实践，就失去了这种研究的基础和意义。”[⑥] ——纠纷解决研究更应当倡导实证调研与分析。

当然，不少研究成果则得益于静态研究与动态研究二者的结合，如胡

---

① 赵旭东：《论纠纷的构成机理及其主要特征》，载《法律科学》（西北政法大学学报）2009年第2期；《纠纷解决含义的深层分析》，载《河北法学》2009年第6期；《纠纷解决机制及其“多元化”与“替代性”之辨析》，载《法学杂志》2009年第11期。

② 强世功：《调解、法制与现代性：中国调解制度研究》，法律出版社2001年版。

③ 朱景文：《中国法治道路的探索——以纠纷解决的正规化和非正规化为视角》，载《法学》2009年第7期。

④ 韩秀桃：《明清民间纠纷的解决及其现代意义——以徽州法律文书为中心》，载何兵主编《和谐社会与纠纷解决机制》，北京大学出版社2007年版，第38、134页。

⑤ 陈伟杰、郭星华：《法律的差序利用——以一个宗教村落的纠纷调解为例》，载《中国农业大学学报》（社会科学版）2009年第2期；郭星华、邱洪敏：《法律的“在场”与“不在场”——对一起赡养纠纷调解事件的法社会学分析》，载《中国农业大学学报》（社会科学版）2007年第3期。

⑥ 范愉主编：《多元化纠纷解决机制》，厦门大学出版社2005年版，第34页。

平仁、杨夏女的《以交涉为核心的纠纷解决过程——基于法律接受的法社会学分析》就是运用理论推演辅以个案说明，最终勾勒出包括主体、机构、规范与程序等各要素在内的纠纷解决机制的运作机理的。①

2. 纠纷解决机制外部关系、内部关系（包括内部局部间关系以及内部局部组成）研究

德国学者卢曼指出："一个在功能上已实现了分化的社会，不可能为其各个功能子系统提供替代物。所有功能上的对应物都正是作为功能子系统的那个部分，因为它们都是因其功能而组建起来的。"② 其意指社会由多个子系统组成，每个子系统的形成都有其自身道理，系统与系统间因此存在内在的联系。从比较普遍认同的、范愉教授提出的"多元纠纷解决机制"的概念理解，纠纷解决机制可以整体上被视为社会中的一个子系统，有其外部与内部关系。对外置于特定的时代背景与社会环境中，与社会其他子系统：政治体系、文化体系、经济体系发生联系；对内可以划分为裁判、仲裁、调解，或正式纠纷解决机制与非正式纠纷解决机制，或司法救济、行政救济、社会救济与私力救济体系等多个次子系统。对各次子系统的研究又可以分为内部局部间关系研究与内部局部组成研究，前者指纠纷解决机制整体构成研究及各类纠纷解决方式的特征、个别机制之间关系研究，后者指单个次子系统的具体技术和方法运用、构建研究。

对作为社会子系统之一的纠纷解决机制的研究不可能脱离社会背景，相关研究都会联系到社会其他系统。如早年以诉讼制度研究为主时期的顾培东《社会冲突与诉讼机制》③、王亚新《社会变革中的民事诉讼》④ 等，而近年兴起的在"构建和谐社会"主题下众多研究⑤足以让人体会到纠纷解决机制构建、运行的好坏对于社会稳定与发展的重大意义。除了法学论著外，许多中国社会现实问题的社会学、政治学研究都不可避免地论及社

---

① 胡平仁、杨夏女：《以交涉为核心的纠纷解决过程——基于法律接受的法社会学分析》，载《湘潭大学学报》（哲学社会科学版）2010 年第 1 期。

② ［德］卢曼：《法律的自我复制及其限制》，韩旭译，载《北大法律评论》2000 年第 5 期。

③ 顾培东：《社会冲突与诉讼机制》，四川人民出版社 1991 年版。

④ 王亚新：《社会变革中的民事诉讼》，中国法制出版社 2001 年版。

⑤ 何兵主编：《和谐社会与纠纷解决机制》，北京大学出版社 2007 年版；徐昕：《迈向社会和谐的纠纷解决》，中国检察出版社 2008 年版。

会冲突与纠纷的解决。于建嵘对中国社会群体性纠纷问题的研究最具代表性。

对纠纷解决机制内部关系的研究大都属法学技术性问题。近年讨论的比较热的主题有：调解制度建设或完善、信访与审判等其他纠纷解决方式之间的关系、群体诉讼制度、公益诉讼制度、刑事和解（诉辩交易）制度的中国适应性等问题。

3. 现象解读类研究、理论构建类研究与实务对策类研究

纠纷解决的现实性质注定了对纠纷解决机制的研究不可能停留在制度文本分析上。我们就研究目的不同将有关社会现实的研究分为：着眼于回答“是什么”，即揭示、解释社会现象和行为的研究归为“现象解读研究”；着眼于回答“为什么”，即在理解社会现象基础上进行进一步的理论升华，志在形成更抽象、解释力更强的法理学意义上的理论研究，称为“理论构建研究”；着眼于回答“怎么做”，即为解决现实问题而提供可操作性较强的建设性方案的研究，归为“实务对策研究”。必须说明的是此三者并非总是持一一递进的关系，有的学者只单纯地根据实践状况直接给出建设性方案，有的学者先提出理论假说然后再待日后以实践素材作论证。事实上，即便是理论构建研究又可分为法理学模式和实证研究模式。前者借助宏大的理论体系或泛化的学术术语，运用比较、归纳、演绎等方法，间或辅之以片面的经验材料展开论证与分析；后者则以个案解剖与统计数据分析相结合，从而达到从原点到场域、从细微到宽广、从个案到法理、从单线索到多角度的研究。①

对中国这样一个人口众多、幅员辽阔的调研样本来说，要严谨地描述现实状况“是什么”实在不是一件容易的事，这也是为什么中国法律论文和论著更喜欢进行质化论述的原因。冉井富在《当代中国民事诉讼率变迁研究》一书中却以科学、统一的统计口径收集、清理了中国1978—2002年间民事诉讼数据，以“民事诉讼率”② 作为衡量指标向人们客观

① 左卫民：《变革时代的纠纷解决及其研究进路》，载《四川大学学报》（哲学社会科学版）2007年第2期。

② “民事诉讼率”，是指单位时间内（通常是一年中）单位人口提起一审民事诉讼的案件数量。该标准有利于在不同人口规模的国家间进行以诉讼手段解决民事纠纷的情况比较。见冉井富《当代中国民事诉讼率变迁研究——一个比较法社会学的视角》，中国人民大学出版社2005年版，第13页。

地描述了民事诉讼这一纠纷解决方式在中国改革开放后的发展状况。应星、汪庆华的《涉法信访、行政诉讼与公民救济行动中的二重理性》则是筛选典型人物，通过对个案的过程分析，深刻揭示了“民告官”案件中原告方实用主义行为背后的司法现实：信访与诉讼这两大原本性质完全不同的权利救济方式，在司法过于政治化的情况下，“公民拥有的是一个单向度的救济机制”，使得本着“目的理性”（即实用主义）进入救济体系的人们最终憋着一股“气”走上“价值理性”的“中国式维权道路”。[①] 类似著作因为论据扎实，加上推论严密，结论往往具有很强的说服力，相比大量泛泛而谈的研究成果而言尤显难能可贵。徐昕《迈向社会和谐的纠纷解决》则是一项旨在展示当下中国现实、明确提出改革完善现有纠纷解决机制方案的对策性研究报告。它既指明“是什么”，也分析“为什么”，甚至给出对策，努力尝试解决“怎么做”。[②]

（三）研究主题及内容

纠纷解决通常涉及四要素：纠纷本身、纠纷解决者、纠纷解决程序和纠纷解决实体规范。一个社会的多元纠纷解决机制理应由多种纠纷解决方式配合衔接而形成，涉及多个不同职能的权威主体或机构组成的“纠纷解决者体系”、不同功用的多个程序组成的“纠纷解决程序体系”，以及法人类学、法社会学者所承认的多元实体规则组成的“规范体系”来疏通渠道、分流及化解冲突和矛盾。我国学者对纠纷解决机制的研究既有将多元纠纷解决机制作为一个整体体系看待的综合性研究，也有分部门法，乃至分专题的研究，所涉领域十分宽广，体现了学者对现时社会热点、新型问题所具有的敏锐性。针对热点，如信访[③]、群体性纠纷[④]、土地和拆

---

① 应星、汪庆华：《涉法信访、行政诉讼与公民救济行动中的二重理性》，载《洪范评论》第3卷第1辑，中国政法大学出版社2006年版。

② 徐昕：《迈向社会和谐的纠纷解决》，中国检察出版社2008年版。

③ 与信访这一纠纷解决方式有关的论文如：王亚新：《非诉讼纠纷解决机制与民事审判的交织——以“涉法信访”的处理为中心》，载《法律适用》2005年第2期；周永坤：《信访潮与中国纠纷解决机制的路径选择》，载《暨南学报》（哲学社会科学版）2006年第1期；林莉红：《论信访的制度定位——从纠纷解决机制系统化角度的思考》，载《学习与探索》2006年第1期；张修成：《信访制度与诉讼等纠纷解决途径之比较研究》，载《理论学刊》2007年第4期。

④ 以群体性纠纷解决机制为主题的论文如：吴泽勇：《群体纠纷的构成和法院司法政策的选择》，载《法律科学》（西北政法大学学报）2008年第5期；薛永慧：《群体纠纷诉讼机制研究》，中国政法大学博士学位论文2006年，等等。

迁纠纷[①]、医疗纠纷[②]，新型问题如环境纠纷[③]、体育纠纷[④]、网络在线纠纷[⑤]、证券纠纷[⑥]等解决机制均有学者着力研究，在横向上形成多元化纠纷解决机制的研究体系。仅从综合性研究看，涉及的重要论题有以下几方面。

1. 纠纷内涵与纠纷结构

诉讼法意义上的纠纷必定是行为层面上的不和谐，而社会学意义上的纠纷，还包括日常生活中人们在主观层面上的情绪和态度，就是人们在生活中遇到或感受到的所有不公正，即所有冤情和争执或纠纷。[⑦]

对纠纷的构成，20 世纪 80 年代费尔斯丁勒（W. Felstinler）和萨拉特（A. Sarat）等人从现实经验中提出的“纠纷金字塔”[⑧] 理论颇受学界推

① 与土地纠纷、拆迁纠纷解决机制有关的论文如：季金华、徐骏：《土地征收纠纷解决的法律机制》，载《金陵法律评论》2006 年第 2 期；魏汉臣：《城市房屋拆迁纠纷解决途径的法理浅析》，载《律师世界》2002 年第 4 期；杜国明、杨建广：《我国征地纠纷解决机制的构建》，载《求索》2007 年第 6 期。

② 以医疗纠纷解决机制为主题的论文如：张海滨：《医疗纠纷的非诉讼解决方式——医疗纠纷 ADR》，载《中国卫生事业管理》2003 年第 3 期。

③ 以环境纠纷解决机制为主题的论文如：吕忠梅：《环境友好型社会中的环境纠纷解决机制论纲》，载《中国地质大学学报》（社会科学版）2008 年第 3 期；周杰：《关于环境纠纷解决方式的探讨》，载《上海环境科学》2002 年第 3 期等。

④ 以体育纠纷解决机制为主题的论文如：张笑世：《体育纠纷解决机制的构建》，载《体育学刊》2005 年第 9 期；严红、刘家库：《我国体育协会章程与体育纠纷解决方式的研究——以足球协会章程研究为中心》，载《河北法学》2006 年第 3 期等。

⑤ 以网络在线纠纷解决机制为主题的论文如：徐继强：《在线纠纷解决机制（ODR）的兴起与我国的应对》，载《甘肃政法学院学报》2001 年第 6 期；唐永忠、邵培樟：《域名抢注纠纷解决机制及其完善》，载《法学杂志》2004 年第 5 期；郑鹏基：《网络交易争端解决机制研究》，华东政法学院博士学位论文 2005 年等。

⑥ 以证券纠纷解决机制为主题的论文如：陈真：《证券争议纠纷解决方式之探讨——我国证券仲裁制度之反思与构建》，载《中国对外贸易》2002 年第 10 期；胡改蓉：《证券纠纷解决机制多元化的构建》，载《华东政法大学学报》2007 年第 3 期。

⑦ 陆益龙：《纠纷解决的法社会学研究：问题及范式》，载《湖南社会科学》2009 年第 1 期。

⑧ “纠纷金字塔理论”包括两种基本假设：第一，只有少数冤情会上升到司法程序中的纠纷，大多数冤屈在较低层次通过容忍、双方协商、双方主张并找第三人仲裁而得以解决；第二，上升到司法程序的纠纷即纠纷金字塔顶越宽，就说明低层次的纠纷解决渠道就较少为人们所选择，反之亦然，如果让更多的人选择基层的解决方式，那么会大大降低正式法律意义上的纠纷。参见陆益龙《纠纷解决的法社会学研究：问题及范式》，载《湖南社会科学》2009 年第 1 期。

崇。但美国学者麦宜生（Ethan Michelson）在对中国农村社会进行调查后，2007年有针对性地提出了“纠纷宝塔结构”理论，[①] 认为中国农民对绝大多数矛盾与纠纷通常是通过忍让与私了化解，而导致农民选择正式法律途径解决纠纷的主要影响因素是农民与干部的关系；并且在不同类型纠纷和不同方式的纠纷解决之间并不存在此消彼长的关系，各层次是相对封闭的。[②]

2. 纠纷解决机制的含义

范愉教授对“多元化纠纷解决机制”的定义是：“在一个社会中，多种多样的纠纷解决方式以其特定的功能和特点，相互协调地共同存在，所结成的一种互补的、满足社会主体的多样需求的程序体系和动态的运作调整系统。”[③]

西北政法大学赵旭东在《纠纷解决含义的深层分析》中明确指出，“纠纷与纠纷解决是两个具有不同含义的概念。纠纷是对于社会存在的特定现象的静态描述……纠纷解决则属于社会实践层面的事物，它体现了社会主体对纠纷这种客观事物的能动性改造和创造性思维的动态过程”，并认为纠纷解决在不同语境下包括纠纷解决的目的、过程和结果状态等三个层次的内容，所以纠纷解决应定义为：“纠纷主体或者在第三者主持下通过一定的方法或手段在一定意义上化解矛盾或者消除纷争的情形。”[④]

3. 中国社会纠纷与冲突的变化趋势

众所周知，改革开放后中国经济高速发展，经济体制上的诸多重大变革使原本在集体主义与平均主义下成长的人们迅速异化与分化，社会冲突大量增加，比如“讨薪”事件、医患纠纷、教育等宪法权利纠纷、投资集资纠纷、证券股权纠纷和知识产权纠纷等。各类诉讼案件、人民调解案件、全国治安案件总量增长的情况可参阅各年度《中国法律年鉴》、《中

① Michelson, E., 2007, “Climbing The Dispute Pagoda: Grievance and Appeals to The Official Justice System In Rural China”, *American Sociological Review* 72: 459 - 485.

② 参见陆益龙《纠纷解决的法社会学研究：问题及范式》，载《湖南社会科学》2009年第1期。

③ 范愉：《多元化纠纷解决机制原理与实务》，载沈恒斌主编《多元化纠纷解决机制原理与实务》，厦门大学出版社2005年版，第428页。

④ 赵旭东：《纠纷解决含义的深层分析》，载《河北法学》2009年第6期。

国统计年鉴》、《中国法治发展报告》的相关统计数据，经济合同仲裁案件数据见于各年度《中国工商行政管理年鉴》。近几年尤为突出的社会问题有国有企业改制引发的动荡、“山林土地牧场矿藏水源等资源性纠纷”、“拆迁纠纷”和因环境污染引起的纠纷，以及媒体传播或网络事件引发的纠纷等。这些纠纷类型性质复杂，波及面广，处理起来十分棘手。2005 年起中国法学会案例研究专业委员会联合《南方周末》等媒体平台由民众投票选举当年十大影响性诉讼案件，候选及入选的案件中许多案件弥散着官与民、公权与私权、穷人与富人之间的冲突情绪，[①] 尤其是平民百姓对“公权力滥用”的恐惧与憎恨。总之，现行社会纠纷与冲突体现出三个方面的特点：一是个人主体意识张扬；二是草根民众群体精神自觉；三是互联网与传媒科技影响日渐深刻；四是纠纷冲突易群体化。

“群体性纠纷”是前述特征的“集大成者”，近年备受关注。据有关统计，我国群体性纠纷从 1993 年不足 1 万起不断攀升至近两年的每年八九万起，直接牵动着社会全局性稳定。[②] 党、政、军、司均围绕着“维

① 2008 年中国十大影响性诉讼是：杨佳故意杀害六名公安干警案；三鹿奶粉受害者民事侵权索赔案；周正龙“华南虎造假”诈骗案；陈水扁涉嫌洗钱案；“阜阳白宫”举报人李国福死亡案；高某诉用工方乙肝歧视案；12 名学生诉西安教育部门取消高考报名资格案；赵 C 诉公安局侵犯姓名权案；四家防伪企业诉国家质检总局行政垄断案；王菲因“人肉搜索”诉网站侵犯隐私权、名誉权案等。参见赵凌《2008 年十大影响性诉讼》，载《南方周末》2009 年 1 月 14 日。

2009 年中国十大影响性诉讼是：李乔明看守所“躲猫猫”致死案；张海超开胸验肺劳动仲裁案；唐福珍自焚抗拆案；邓玉娇因不从无理服务要求故意杀人案；张晖诉城市交通行政执法机构“钓鱼”执法案；王帅因言获罪被“跨省抓捕”案；胡斌“飙车”交通肇事案；冒名顶替“罗彩霞”受教育权纠纷案；李庄辩护律师伪造证据、妨害作证罪案；湖州中院“临时性强奸”改判案。参见南方周末编辑部《2009 年十大影响性诉讼：个案改变中国》，载《南方周末》2010 年 1 月 28 日。

2010 年中国十大影响性诉讼是：李启铭校园撞人案（李刚门）；赵作海冤屈平反案；作家谢朝平《大迁徙》“涉嫌非法经营”案；安元鼎保安公司设立黑监狱案；江西宜黄拆迁自焚案；陕西国土厅否决法院判决案；长沙官员以维稳抗拒法院裁决案；腾讯诉 360 不正当竞争案；王亚辉看守所“喝开水”死亡案；陈森盛被单位强制精神病治疗案。参见黄秀丽《中国法学会案例研究专业委员会评选出 2010 年十大影响性诉讼：最大的问题是公权力滥用》，载《南方周末》2011 年 1 月 20 日 A7 版。

② 相关数据参见王东进等《积极化解人民内部矛盾，妥善处理群体性事件》，载《中国社会发展战略》2004 年第 3 期；李培林等《力挽狂澜：中国社会发展迎接新挑战》，载汝信、陆学艺、李培林等主编《2009 年中国社会形势预测与分析》，社会科学文献出版社 2008 年版。

稳”问题而行动起来，重新审视和调整过去的政策、制度，出台了多项措施，理论界与实务界共同将纠纷解决机制的研究推向高潮。中国社会科学院社会学研究所从1993年起每年推出《中国社会形势预测与分析》、法学研究所从2003年起推出的《中国法治发展报告》已连续多年总结并向社会公布全国社会治安与法治状况，群体性事件是其近年主要关注的话题。[①] 在实践部门中，应对群体性事件经验技巧成为互相交流、培训学习的新热点，[②] 研究机构也积极开展从群体性事件的特征、成因、类型、发展规律、应对原则到细节性技术性指导的总结与研究。

群体性纠纷有关理论研究主要来自社会学、政治学与法学等领域。吴忠民、于建嵘是以政治社会学研究群体性纠纷的领军人物，孙立平、应星、徐昕等的研究以法社会学研究见长，章武生、杨严炎、吴泽勇、汤维建的研究则主要集中在诉讼法领域。但无论怎样，各领域间的许多看法是相通的，比如：于建嵘在肯定“抗争性政治”的积极社会作用的同时，一再主张群体性纠纷处理的规则化、法制化；[③] 杨严炎、吴泽勇、汤维建等诉讼法学者在研究代表人诉讼、示范诉讼、积极或消极集团诉讼等群体性诉讼制度在中国的实践与理论，强调法院应勇于担当群体性诉讼职能之外，也清楚地认识到群体性纠纷的解决往往不是单纯的法律问题，从而努力呼吁依靠各种社会力量、调整与完善社会管理机制以消解社会矛盾。[④] 中国学者在斯科特的“日常抗争论”、李连江和欧博文的“依法抗争论”上发展出了于建嵘的“以法抗争论”、应星的“草根动员论”、童海军的

① 莫纪宏：《2009年中国群体性事件法律处置状况》，载中国社会科学院法学研究所编《中国法治发展报告NO.8（2010）》，社会科学文献出版社2010年版；张培文、张山山、田丰：《公安民警对当前中国社会治安状况的基本看法》，载汝信、陆学艺、李培林等主编《2009年中国社会形势预测与分析》，社会科学文献出版社2008年版；李培林、陈光金、李炜：《2006年中国社会和谐稳定状况调查报告》，载汝信、陆学艺、李培林等主编《2007年中国社会形势预测与分析》，社会科学文献出版社2006年版。

② 参见胡贲《“维稳”宝典：处置“群体性事件”掀出书热潮》，载《南方周末》2009年12月24日第B07版。

③ 参见于建嵘《以规则建设化解社会戾气》，载《南风窗》2010年第11期；于建嵘《抗争性政治：中国政治社会学基本问题》，人民出版社2010年版。

④ 参见杨严炎《当今世界群体诉讼的发展趋势》，载《河北法学》2009年第3期；吴泽勇《群体性纠纷的构成与法院司法政策的选择》，载《法律科学》（西北政法大学学报）2008年第5期；汤维建等《群体性纠纷诉讼解决机制论》，北京大学出版社2008年版。

“依势博弈论”等具有代表性的理论。[①] 与此同时，学者运用“类型学”研究成果揭示了中国现阶段群体性纠纷的一些特质与新动向：(1) 个案异质性强，很难用单一的处理模式来解决；[②] (2) 民众的抗争以利益表达为主要目的，民生需求胜于政治诉求；[③] (3) 对少数个体行为的信息传播反应失当常常刺激“无关群众”成为“泄愤事件”的行为主体；[④] (4) 维权抗争“倒逼”规则建设与实现。[⑤]

我国一直保持着对民族矛盾、民族间纠纷的高度敏感与慎重，但近几年还是发生了2008年西藏“3·14”事件和2009年新疆“7·5”事件等，给民族地区的社会治安造成严重破坏，一度影响到当地的经济发展。究其发生原因主要是由境内外民族分裂势力、宗教极端势力和暴力恐怖势力“三大势力”的恶意操作与煽动引起。但是，民族间个体矛盾如果未能得到妥善处理，也很容易出现“民转刑”、个体纠纷演化为族群冲突。所以在涉及民族个体与群体间的纠纷解决需动用更多智慧，不得有半点松懈。

4. 中国多元纠纷解决机制的构成

王亚新认为中国社会在新中国成立初期至20世纪50年代后期的纠纷绝大部分是通过计划体制与行政体制压抑和消解掉的，人们几乎没有诉讼的需要，因为当时实行的是城乡分割却内部等级分明又高度集权的“计划经济体制”和“单位制”的社会管理体系。而那些被压抑的社会纠纷在此后20年间竟以“文化大革命”这一极端的“纠纷解决方式”释放纠纷的能量。1978年后经济体制改革期间，国家虽已开始倡导法制，建立健全法律法规与司法体系，但法治前进的步履常常面临观念与意识形态的困扰。1992

---

① 陈先兵：《维权话语与抗争逻辑——中国农村群体性抗争事件研究的回顾与思考》，载《北京化工大学学报》（社会科学版）2010年第1期。

② 吴泽勇：《群体性纠纷的构成与法院司法政策的选择》，载《法律科学》（西北政法大学学报）2008年第5期。

③ 参见吴忠民《我国现阶段社会矛盾演变的特征》，载《决策与信息》2010年第9期。

④ 参见于建嵘《中国社会泄愤事件与管治困境》，载《当代世界与社会主义》2008年第1期；于建嵘《当前我国群体事件的主要类型及其基本特征》，载《中国政法大学学报》2009年第6期；应星《“气场”与群体性事件的发生机制——两个个案的比较》，载《社会学研究》2009年第3期。

⑤ 参见于建嵘《当代中国农民的“以法抗争”——关于农民维权活动的一个解释框架》，载《文史博览（理论）》2008年第12期；于建嵘《以规则建设化解社会戾气》，载《南风窗》2010年第11期；于建嵘《抗争性政治：中国政治社会学基本问题》，人民出版社2010年版。

年邓小平南方谈话后，中国才正式启动市场经济，社会开始了深刻的变动和转型。[①] 转型中的中国必须面对原有组织碎片化阶段与群体不断重新组合的过程，与个体权利有关的民事纠纷、经济纠纷急剧增加，靠单一的“人民内部矛盾内部解决”思路下的所谓“内部解纷模式”来解决多元诉求的现代社会矛盾与纠纷已不可能，多元纠纷解决机制应运而生。

进入21世纪中国开始了有意识地建设多元纠纷解决机制。正式纠纷解决机制里包括各种诉讼体系、行政裁决复议与信访等行政救济体系、人民调解体系、劳动仲裁和经济仲裁体系以及“医疗事故处理/理赔中心”专业调处体系等，非正式纠纷解决机制则主要指一些民间调解机制。有学者总结我国目前是传统解纷模式、权威式解纷模式和法治化解纷模式多元纠纷解决机制并存。[②] 然而，一些学者发现：在法律实践中，尽管多元纠纷解决机制的外表形式不断翻新，但无论是民间百姓还是行政官员，甚至司法人员对多元纠纷解决机制的法治的实质内核与实际运用水平并未有太大改变。近年民间维权方式体现出对“制度外解决”的依赖，“越级上访”、“跳楼”、“自焚”、“开胸验肺”到“袭警”、“杀童”，从自救抗争、自证清白进而“以暴制暴”乃至“以暴泄愤”。[③] 而官方，则不改以政治运动方式进行纠纷解决的喜好，连续推出“大走访”、“大接访”、“大调解”运动，从中央到地方提高、增设或扩充“信访办”、“综治办”、“维稳办”等各色行政机构，不计成本地采取突击性措施“严防死守”维护社会稳定，却始终忽视依法制度化处理的作用。[④] 无独有偶，法院自身的一些官僚习气，使司法不能充分发挥其“最后一道防线”的作用。结果，使社会纠纷解决变得“不闹不解决”、“案结事不了”的局面。

---

① 王亚新：《中国社会的纠纷解决机制与法律相关职业的前景》，载《华东政法学院学报》2004年第3期。

② 左卫民：《变革时代的纠纷解决及其研究进路》，载《四川大学学报》（哲学社会科学版）2007年第2期。

③ 观点参见赵蕾《2009十大影响性诉讼评价：看得见悲剧，看不见法律》，载《南方周末》2010年2月4日。该文综合性地报道了中国法学会案例专业委员会吴革、中国社会科学院莫纪宏、清华大学何海波和易延友、北京大学张千帆、艾佳慧、中国青年政治学院林维、中国青少年犯罪研究会刘桂明、最高检察院孙加瑞、陈振东、最高法院孙祥壮等多位专家学者对选出的2009年中国十大影响性诉讼榜单的意见。

④ 清华大学社会学系社会发展研究课题组：《“维稳”新思路：利益表达制度化，实现长治久安》，载《南方周末》2010年4月15日第E31版。

从笔者目前收集到的相关研究成果看，学者对多元纠纷解决机制建设的必要性是有共识的，观点分歧主要在于如何塑造纠纷解决机制的内部构成、恰当处理各种纠纷解决方式之间的协作关系、有效发挥建设和谐社会的功能。学术上广泛提及的几组相对概念："诉讼"与"非诉讼"（即"替代性纠纷解决方式"，简称ADR）、"正式"与"非正式"、"官方"与"民间"、"移植"与"本土"的纠纷解决方式等。值得注意的是，几乎所有的学术观点都是建立在对"诉讼"的不同认识上，确切地说，是建立在对"诉讼"有关的一些重要事实的判断上。比如，（1）中国是否存在"诉讼爆炸"，或说，人们的诉讼需求是否造成了司法机构负担过重?（2）中国民众是否至今"厌讼"?[①] 等等。

很多论著提到中国目前进入纠纷与冲突的高发期，"面临'诉讼爆炸'的危险"，法院积案日趋恶化，从而倡导"加强非诉讼纠纷解决机制建设"、"拒绝降低诉讼成本"或"实行绝对控辩式庭审制度"。另外，"中国人有厌讼的传统文化"是一个获得广泛认同的观点，一些学者据以说明在中国普及权利意识的难度，认为"需要继续鼓吹讼争"，以促进法制现代化。冉井富在其《当代中国民事诉讼率变迁研究》一书中以严谨的数据分析澄清了前述两方面的认识：（1）中国与其他国家相同阶段相比并不存在案件负担过重的问题，案件绝对数据的增长源于现代化进程的正常结果，侵权等部分案件类型的民事诉讼率之所以增长较快，还与ADR有效性不足（其中人民调解作用在下降）有关。（2）在利益和自由实现的方式存在多种选择的情况下，诉讼的偏好与权利意识在逻辑上并没有必然联系。以胜诉率、判决率、上诉率和琐细争端引发的诉讼率四个指标来衡量，中国民众亲近诉讼的程度的确仍然很低，主要原因是我国司法救济可获得性和效益性均比较差。[②] 由此我们不能倒果为因。

此外，现有纠纷解决机制发挥的效力究竟如何，多元纠纷解决方式间是否形成差异互补，也是一个十分值得关注的问题。郭丹青曾把20世纪90年代之前的中国纠纷解决模式称为"内部解纷模式"。因为经其分析，中国只存在纠纷解决机构的不同，而"区分调解、仲裁、审判的努力是

---

① 此处"厌讼"指的是"不喜欢纷争和与以诉讼的方式来解决纠纷"之意，笔者扩充了其原意"不喜欢纷争"的内涵。

② 冉井富：《当代中国民事诉讼率变迁研究——一个比较法社会学的视角》，中国人民大学出版社2005年版。

没什么意义的”。[①] 中国自古有行政主导司法的传统，显然，这一点无论过去还是现在都未改变。应星、汪庆华及徐胤等人对中国行政诉讼的研究进一步表明，作为“外部性权利救济”的司法制度本应当是独立于行政“内部性权利救济”的，但事实上“‘诉讼政治学’使司法与行政处于同一谱系中”，行政案件要不要立案、如何判决、如何执行对行政部门的判决都充满了“情景性”与“政治性”。中国所谓多种纠纷解决方式在实际操作中，客观上并不存在“规范性救济”与“情景性救济”、“内部性权利救济”与“外部性权利救济”的区别。[②] 可以想象，中国纠纷解决机制中官方提供的救济途径都充满了“政治学”。[③] 这加重了纠纷解决方式作用、纠纷解决结果的不可预测性，在一定程度上迫使民众在面对官民矛盾时，或者放弃寻求任何救济，或者不计后果地走上“制度外”的解决道路。

5. 影响纠纷解决方式选择行为的因素

到底是哪些因素决定着人们选择纠纷的解决方式呢？陆益龙博士在其《纠纷解决的法社会学研究：问题及范式》中展示了个人结构论、法律建构论、法律系统论，由于观察角度不同而对前述问题给出的答案各有侧重点。个人结构论是从个人和家庭受教育的情况和社会经济条件等个人结构性因素来考察纠纷解决方式的选择情况与结果。法律建构论与个人结构论关注点不同，关注的焦点放在纠纷当事人对法律的规范、可能的结果、个人经验和时空场景等主观理解与建构，正是这些带着偶然性的因素不时突

① ［美］郭丹青：《中国的纠纷解决》，王晴译，载强世功编《调解、法制与现代性：中国调解制度研究》，中国法制出版社 2005 年版，第 375—428 页。原文原载 *Journal of Chineses Law*，1991，Vol. 5。

② 参见应星、汪庆华《涉法信访、行政诉讼与公民救济行动中的二重理性》，载《洪范评论》第 3 卷第 1 辑，中国政法大学出版社 2006 年版。应星、徐胤：《“立案政治学”与行政诉讼率的徘徊——华北两市基层法院的对比研究》，载《政法论坛》2009 年第 6 期。

③ 应星、汪庆华和徐胤等人不仅通过个案处理过程，而且通过对 1998—2008 年全国行政诉讼率徘徊不前的现象进行分析，揭示了法院的“立案政治学”，甚至可以称为“诉讼政治学”。“立案政治学”，其意是指法院在审查许多行政案件时，不仅要审查《行政诉讼法》规定的立案形式要件，实际上还要考虑案件与当地的安定团结局势与党政中心工作的关系，考虑法院与地方党政机关的关系。因此，“立案政治学”使立案问题从一个法律问题变成一个政治问题和社会问题。见应星、汪庆华《涉法信访、行政诉讼与公民救济行动中的二重理性》，载《洪范评论》第 3 卷第 1 辑，中国政法大学出版社 2006 年版。应星、徐胤《“立案政治学”与行政诉讼率的徘徊——华北两市基层法院的对比研究》，载《政法论坛》2009 年第 6 期。

破结构性因素而影响着人们对纠纷解决方式的选择。如果说个人结构论、法律建构论偏重当事人主观因素，那么法律系统论则偏重客观因素。法律系统论从正式的纠纷解决方式的接近限制、处理效率、效果出发来研究纠纷解决方式选择的影响因素，认为人们不愿意选择法制系统的客观原因是因为现有制度设计使人们无法或难以获得法律资源，或正式的纠纷解决方式的效率和处理结果不足以让人们信任。①

应星以实证研究揭示现有机制对公民权利救济模式选择的影响的研究成果最为突出。他认为，中国底层民众纠纷解决方式的行为多数是理性的，具有实用主义的色彩，有时会因为现有政治体制、解纷机制弊端带来的“走投无路”的感觉而生出“气场”才开始不择手段。② 他与于建嵘的争论在于，不是信访促成了司法权威的衰弱，而是司法本身的缺陷致使人们选择了信访等非诉讼纠纷解决手段。

6. 调解的性质、功能、体系结构以及与其他纠纷解决方式之间的关系

在中国，调解制度是研究多元纠纷解决机制绕不过去的话题。“调解为主”—“着重调解”—“根据自愿合法原则调解”③ —“调解优先、判审结合”以及“大调解”的司法政策变化使对调解制度的研究足以洞悉中国整个纠纷解决机制的形成发展脉络。

（1）研究路径。强世功《调解、法制与现代性——中国调解制度研究》一书选取的国内外关于中国早期调解制度的论文代表了至少三种有关调解的理论研究路径或立场：文化解释分析、社会功能分析、权力技术分析，对中国调解制度的性质与功能给出了多样理解。文化解释分析认为中国现代的调解是古代儒教文化传统的连续，这是中国对调解有极度偏好的原因。④ 社会功能主义认为“传统调解的形式和技术依赖体现了传统中国的价值观和权威关系，但共产党企图以他们的价值观取代传统的价值

① 陆益龙：《纠纷解决的法社会学研究：问题及范式》，载《湖南社会科学》2009 年第 1 期。

② 应星：《“气场”与群体性事件的发生机制——两个个案的比较》，载《社会学研究》2009 年第 3 期。

③ 参见祁雪瑞《大调解中的司法调解改革研究综述与思考》，载《理论探讨》2010 年第 9 期。

④ ［美］柯恩：《现代化前夕的中国调解》，王笑红译，载强世功编《调解、法制与现代性：中国调解制度研究》，中国法制出版社 2005 年版，第 88—116 页。原文原载 *California Law Review*，1966，Vol. 54，1201—1226。

观，在儒家劝导和解之处鼓励斗争”。[①] 而傅华伶的研究说明，到后毛泽东的邓小平时代，调解精神由斗争哲学变为了预防纠纷，人民调解有非政治化的趋势。[②] 这主要是因为中国现代法制过程中一些“结构性的条件”导致一些纠纷无法严格按照法律通过审判方式来解决，只能采取调解的方式来避免对/错之间的两难选择。权力技术主义[③]则是将“法律”与“情理”、“政策”均理解为一种权力资源。纠纷当事人借助各种资源来强化自身的社会地位和话语支配权，进而促使纠纷向对己方有利的方向解决。不同的权力技术和权力资源在实践中对抗着，不仅体现了正在被改变的中国社会权力关系结构，还体现着国家法与民间法或国家与社会之间的征服与反抗之间的复杂关系。[④]

（2）调解的功能与地位。1967 年开始关注中国纠纷解决制度的美国学者陆思礼用 30 年时间跨度的比较研究，对 20 世纪 90 年代早期以前中国调解制度进行了阶段性总结，“文化大革命”前中国社会中的调解主要是人民调解，具有四种功能：解决纠纷、动员群众支持党的政策、抑制纠纷和社会控制。当时的调解注重的是政治动员与说教，比较忽视当事人的真实意愿；1979 年“文化大革命”后，曾经停滞的人民调解制度恢复，功能被限制在解决民事纠纷。然而，因为包括法律专业人才在内的司法资源匮乏等，调解不仅为人民调解机构运用，行政机关、法院处理纠纷时也对调解有着比较严重的依赖；1991 年《民事诉讼法》修订后，强调“在事实清楚的基

---

① ［美］陆思礼：《毛泽东与调解：共产主义的政治与纠纷解决》，许旭译，载强世功编《调解、法制与现代性：中国调解制度研究》，中国法制出版社 2005 年版，第 117—203 页。原文原载 *California Law Review*，1967，Vol. 55，1284—1359。

② 傅华伶：《后毛泽东时代中国的人民调解制度》，王晴译，载强世功编《调解、法制与现代性：中国调解制度研究》，中国法制出版社 2005 年版，第 310—346 页。原文原载 *Journal of Chineses Law*，1992，Vol. 6。

③ 此处事实上指的就是福柯的权力——知识和治理术理论。参见［日］樱井哲夫《福柯——知识与权力》，姜忠莲译，河北教育出版社 2001 年版，第 174 页。

④ 参见强世功《“法律”是如何实践的—— 一起乡村民事调解案的分析》以及赵晓力《关系/事件、行动策略和法律的叙事——对一起“依法收贷案”的分析》，均载强世功编《调解、法制与现代性：中国调解制度研究》，中国法制出版社 2005 年版，第 429—483 页。原文原载王铭铭、王斯福编《乡村社会的公正、权威与秩序》，中国政法大学出版社 1997 年版。杨柳：《模糊的法律产品——对两起基层法院调解案件的考察》，载强世功编《调解、法制与现代性：中国调解制度研究》，中国法制出版社 2005 年版，第 484—501 页。原文原载《北大法律评论》第 2 卷第 1 辑，法律出版社 1999 年版，第 208—225 页。

础上，分清是非，进行调解”，法律规则地位上升，人民调解组织的功能被定位于解决民事纠纷、防止犯罪和无序、适当的动员宣传教育等。[①] 在此基础上笔者总结认为，马锡五时期至建国早期的调解制度是“走群众路线”的带强烈意识形态色彩的社会治理工具；“文化大革命”后至80年代“调解为主，裁判为辅”，调解是弥补法制匮乏、解决非刑事纠纷的主要手段；80年代末期后，人民调解制度作用衰弱，司法调解在讲求法制理想、突出审判功能的司法政策下，被强调为一种屈从于审判的纠纷解决“工作方法”，[②] 是结案方式之一。21世纪初起，国家为应对社会矛盾普遍激化的现实，借国外ADR运动发展而来的纠纷解决机制“多元化”理念，又倡导重视发挥调解的功能。十年后的今天，调解制度已是民间调解、人民调解、行政调解与司法调解等多元组成体系，不仅被运用到民事纠纷的处理，还开始渗透于治安纠纷、刑事案件与一些行政纠纷处理领域。此次复兴，虽然也带着政治功能，但毕竟经历多年法治辨识和洗礼，在进一步制度化后应发挥综合社会解纷的各种力量构建和谐社会的功能。

（3）调解制度的功过是非。对调解的司法政策几经反复全因在不同社会背景下、不同理念下所能发挥的社会作用不同引起。所以，有关调解制度的功过是学术界永不休止的争议话题，学者因此在不同时期针对调解制度的改革与完善形成分歧观点。中国调解制度常被诟病于“政治意识形态化”、“弱规范性”和“轻是非观”等特征，20世纪80年代以来就曾有“法制与调解的悖论”一说。[③] 然而，就是这些缺点，调解在特定制度下却又能发挥吸引当事人及群众参与司法、灵活运用多元规则满足多元诉求的优点。因此，无论社会现实如何变化，法律界总有部分人主张强化调解制度，部分人主张限制调解制度。傅华伶在80年代时分别将此二者称为“人民司法论”与“法制论”。[④] 诚然，对调解亲近往往带着草根情

① ［美］陆思礼：《邓小平之后的中国纠纷解决：再谈“毛泽东和调解”》，矫波译，载强世功编《调解、法制与现代性：中国调解制度研究》，中国法制出版社2005年版，第264—309页。原文原载 *Columbia Journal of Asian Law*，1999，Vol. 11，NO. 2，229—391。

② 参见姚玲《法院调解度应予摈弃》，载《中国司法》2000年第4期。

③ 季卫东：《法制与调解的悖论》，载《法学研究》1989年第5期。

④ 傅华伶：《后毛泽东时代中国的人民调解制度》，王晴译，载强世功编《调解、法制与现代性：中国调解制度研究》，中国法制出版社2005年版，第330页。原文原载 *Journal of Chineses Law*，1992，Vol. 6。

结，反对调解则主要基于法治理想主义。

其实，中国目前形成的调解体系，无论是从组织体系、规范体系来说都是相当庞大的。它具有民间调解、人民调解、司法调解、行政调解、自治组织调解的多元结构，对于调解功过评价并不适宜一概而论。至今为止，未曾有人一一针对中国各种调解制度作过评价。笔者认为，调解不可撼动的价值不在别处，而在它本身富含的多元化因素：一方面它与审判、仲裁并列为多元纠纷解决机制中的一元；另一方面，它自身内部具有多类型、多层次的结构。① 它可以由多样的调解主体来主持，在程序上横跨正式与非正式解纷路径，实体上还可以实践包括习惯法在内的多元法。调解在实体法发展上的价值是季卫东在90年代早期最先认识到的，他认为调解不仅具有实现纠纷解决的程序法上的意义，而且同时具有发现法、形成法和促进法制社会化的功能。② 从理论上讲，调解之所以有前述特质，根源还是在于民事权利当事人的自由处分权。只要不违反法律的强制性规定，纠纷当事人有权选择要不要以调解来处理纠纷、由谁来主持调解和决定达成和解的条件。正因为如此，民间调解、自治组织调解最适合用来发挥调解自治、自律功能，人民调解居中，而行政调解、司法调解带有官方职能色彩。如果过于强调官方的主导作用，当事人意愿就会轻易遭到忽视，严重的弊端会令调解无辜背负骂名。总之，调解确是一种解纷工具，但本身并无美丑善恶，关键要看人们如何利用它。

（4）各种调解间的关系、调解与其他纠纷解决方式间的关系。调解本身富含多元因素，在中国有其自身发展的规律，理顺各种调解间的关系、调解与其他纠纷解决方式间的关系是我国构建与完善多元纠纷解决机制的重要工作。基于维护社会团结与安定的需要，“大调解”

---

① 参见范愉《调解的重构（上）——以法院调解的改革为重点》，载《法制与社会发展》2004年第2期。

② 季卫东：《调解制度的法律发展机制——从中国法制化的矛盾情境谈起》，易平译，连载《民商法杂志》1990年第102卷第6期、第103卷第1期和第2期。诉讼法学家傅郁林在此方面有明显不同于季卫东的观点：“规则的生成依赖于专业化、规范化的程序和以法定性、普适性为取向的裁判，而不大可能从因案而异的调解中产生。因此，期待能够生成规则的司法制度必须以裁判为重心。”傅郁林：《“诉前调解”与法院的角色》，载《法律适用》2009年第4期。

运动[①]和“诉调对接”[②] 成了目前比较热门的相关话题。

2000年前后山东陵县最早进行人民调解、行政调解结合的“乡镇司法调解中心”的尝试。[③] 2002年起最高人民法院、司法部等国家部门多项司法解释、文件发出重兴人民调解、加强社会联动调处的信号。[④] 2004年浙江诸暨市枫桥镇尝试将民间调解与行政调解结合，同时加强诉调衔接，发展出社会治安综合治理的新“枫桥经验”。同时，江苏南通着手构建以司法为核心的“大调解机制”。而后，江苏全省推广，全国便陆续在国家高层次政策的鼓励下仿效学习。各地方实践取得了不少经验，陆续形成了多种多样的大调解模式，在乡镇以山东“陵县模式”为代表，城市社区以“上海模式”为代表。[⑤] 实践表明，开展“大调解”对于应对当前一

---

① 所谓“大调解”，“是指在党委政府的统一领导下，由政法综治部门牵头协调、司法行政部门业务指导、调处中心具体运作、职能部门共同参与，整合各种调解资源，对社会矛盾纠纷的协调处理。其目的是将民间调解、行政调解、司法调解等其他各种调解资源整合在一起，把矛盾纠纷化解在基层”。见章武生《我国政治体制改革的最佳突破口：司法体制改革》，载《复旦学报》（社会科学版）2009年第1期。

② 笔者认为调解在中国事实上并非一个独立的纠纷处理程序，或说纠纷处理阶段，它在中国当下的运作状态可以说是随时存在的。有时它被运用于包括审判在内的诉讼（特别是民事诉讼）的全过程，还有人将它运用于治安甚至刑事案件。所以，除诉调对接，还有检调对接、公调对接的讲法。这里为了方便陈述，只论及诉调对接。

③ 厦门市司法局局长沈恒斌在2005年出版的《多元化纠纷解决机制原理与实务》一书绪论中指出：“最早进行人民调解改革的，是山东陵县建立的大调解格局。他们在乡镇一级建立了由党委政府领导任主任，司法所长任副主任，公安、民政、工商、经管、土管、计生为成员的司法调解中心。”见沈恒斌主编《多元化纠纷解决机制原理与实务》，厦门大学出版社2005年版，第13页。范愉：《纠纷解决的理论与实践》，清华大学出版社2007年版，第534—536页。

④ 这一系列信号包括：2002年9月16日最高人民法院发布《关于审理涉及人民调解协议民事案件的若干规定》；2002年9月24日中共中央办公厅、国务院联合转发《最高人民法院、司法部关于进一步加强新时期人民调解工作的意见》；2002年9月26日司法部发布《人民调解工作若干规定》；2005年10月中共中央办公厅转发《中央政法委员会、中央社会治安综合治理委员会关于深入开展平安建设的意见》；2009年8月最高人民法院颁布《关于建立健全诉讼与非诉讼相衔接的矛盾纠纷解决机制的若干意见》以及2010年全国人大常委会通过《中华人民共和国人民调解法》等。

⑤ 宗玲：《论人民调解的现状、问题及发展趋势》，载《前沿》2009年第4期。另有毋爱斌总结了近年出现的“大调解”模式的人民调解、专门性人民调解、专业化人民调解、激励机制式的人民调解、引入民调评议制度的人民调解、“广安模式”的人民调解等一共六大类12种各地人民调解经验与模式，可见其丰富。见毋爱斌《对我国人民调解各地模式的考察》，载《法治论坛》2009年第2期。

些棘手的纠纷问题是实际有效的，在法理上也有一些依据，比如“法律资源有效重新整合”、“需对过去一段时期奉行的机械法制主义作适度调整”等。然而，调解被过度强调和大调解的跨界作业令法学者理论界和实践界大多数学者感到不安。[①] 过度调解事实上将妨碍当事人对纠纷解决方式的选择，还会损害当事人本应在依法裁判中得到支持的实体权利。大调解的跨界作业，容易造成行政过多干预司法中立或以人民调解为标志的社会自治，模糊各类调解制度之间的不同功能与职责，最终可能使纠纷解决机制单一化或无准则化。吴英姿较早发表论文公开讨论“大调解”的功能及限度。[②] 张卫平也不太看好“大调解”，或说“马锡五审判方式”的回归。他认为，在经历了近二十年的现代民事诉讼方式改革之后重提以调解为主的“马锡五审判方式”已经不再具有相应的社会背景，过分强调调解容易牺牲规则，在我国尚不具备西方“调解再兴运动”，在 ADR 运动潮流的“回应型法”环境下则弊大于利。[③] 艾佳慧认为尽管“大调解”有目前纠纷解决的现实需要，但本质上已不是通常意义上的调解，它最大的特征，或说缺陷是调解主体的当事人化，根本不可能用以解决政府作为一方当事人的官民纠纷，倒是影响了行政诉讼机制的发挥。[④]

调诉对接问题由来已久。事实上涉及至少两方面内容，一方面是诉讼外调解与诉讼之间的衔接问题；另一方面是诉讼内的调解与判决之间的关系。

前一方面大家比较关注的是调解协议的效力问题，因为大多数学者都认为它会对诉讼外调解机制可能发挥的作用有重要影响。以被称为纠纷解决“第一道防线”的人民调解为例，如果调解协议对当事人没有一定约束，调解工作的意义会大打折扣。所以，经过多年探讨磨合，司法行政部门与审判部门对调诉对接的必要性及一些基本原则、操作规则形成了一定共识。最初是承认人民调解组织下形成的调解协议具有民事合同性质，现在更进一步，有给付内容的调解协议可以申请“支付令”、其他调解协议

---

① 沈恒斌主编：《多元化纠纷解决机制原理与实务》，厦门大学出版社 2005 年版，第 13—14 页。龙宗智：《关于“大调解”和“能动司法”的思考》，载《政法论坛》2010 年第 4 期。

② 吴英姿：《“大调解”的功能及限度——纠纷解决的制度供给与社会自治》，载《中外法学》2008 年第 2 期。

③ 张卫平：《回归“马锡五”的思考》，载《现代法学》2009 年第 5 期。

④ 艾佳慧：《“大调解”的运作模式与适用边界》，载《法商研究》2011 年第 1 期。

通过相对简易的“司法确认”程序而取得强制执行力。除此之外，民间调解与自治组织调解协议也被承认为“民事合同”性质。至于行政调解，即行政机关居间调处，因为种类繁多、模式多样而且其性质、形成协议的效力、运行规则，目前实践与理论界尚欠缺较为清晰的认识，[①] 所以，行政调解与诉讼、与其他纠纷解决方式之间的关系难免含糊不清。尽管无法一一理顺各类调解与诉讼之间的关系，2009 年最高人民法院发布的《关于建立健全诉讼与非诉讼相衔接的矛盾纠纷解决机制的若干意见》综合体现了司法政策在调诉衔接上的努力。

后一类内容的研究成果相当丰富，争论主要在于：（1）司法调解与判决的关系；（2）调审衔接及分离（或分立）的实现方式。

中国司法调解与判决的主次关系此起彼伏，颇有“不是东风压倒西风，就是西风压倒东风”的态势。早期是调解为主，中期是审判为主，当前是调解优先、调判结合。司法政策的变化多有其深刻的社会原因，比如，王亚新分析 90 年代法院审判方式由“调解型”向“审判型”的变化是基于原有“单位”等纠纷处理机关和方式不再适应、社会价值体系的多元化使得达成调解协议变得更困难、处理纠纷的目标重点已不再是“恢复或维持当事者间友好关系”而是在于“保持一般规则的普遍性、明确性和可预测性”等社会背景，法院才不得不在维持社会治安的同时必须尽可能地发挥促成和维护经济秩序的功能。[②] 近几年重兴调解则主要是为了缓解社会冲突的激烈程度。然而，这些原本属调整型的司法政策却总被执行得过了头，我们曾经因为过分强调审判而使“一步到庭”、“当庭宣判”的司法过于生硬，现在因为调解过度而使诉讼活动有所异化。有的地方法院将调解率作为诉讼案件处理质量的硬性考核指标，[③] 造成对当

---

① 陈思明：《行政调解探析》，中国政法大学硕士学位论文，2007 年，第 8 页。

② 王亚新：《论民事、经济审判方式的改革》，载《中国社会科学》1994 年第 1 期。

③ 辽宁省一些地方法院从 2005 年起就将调解纳入了岗位责任制，对调解结案的法官实行补助和奖励。见霍示明、张国强《调解调出涉诉零上访》，载《法制日报》2007 年 9 月 8 日第 2 版。河南高院院长曾要求全省一审民事案件调解率达到 60% 以上。见张立勇《论马锡五审判方式在当代的继承与发展》，载《人民司法》2009 年第 7 期。兰州市 2009 年要求基层法院民商事案件调解率达到 40% 以上，中院商事案件调解率达到 25% 以上。见张烁、王媛《今年全市法院将做好调解工作　基层法院民商事案件调解率要达 40%》，载《兰州日报》2009 年 2 月 27 日第 2 版。

事人的事实强制调解，有损司法公正。[①] 如此，纠偏与被纠偏反反复复，带来了实践与理论界无休止地倡导、批判与辩驳，使多数人认识到调解与审判各有长短的同时，也让人感到此二者间的关系分寸很难把握。尽管无论调解与审判谁主谁次，中国司法实践从整体上说是“调审合一”，但是学界对司法调解的态度至少可以分为以下三种：改革加强论、否定与替代论、调审分立论。[②] 司法调解改革加强论是在完善现有制度规则的基础上继续让调解发挥在司法活动中的重要作用；否定论则认为调解不宜作为民事审判权的运行方式，应从司法权中剥离出来，让其在非正式纠纷解决体系中发挥其应有的作用；[③] 大多数学者持的是调审分离论或分立论，即在依然保持司法调解的基础上，实现调审人员、程序分离，甚至机构分立，以尽可能避免司法调解原有的潜在弊端影响司法审判。[④] 事实上，除上述三种观点外，还存在着另外一些代表性观点。比如，范愉的关注点不是调判关系，而是司法的内在理念。她主张将程序与实体设计与运用上的“法院职权主义”转向为“当事人主义”，并使司法调解为满足不同地域、不同审级层次和当事人的多样性诉求而服务。[⑤] 类似的研究成果都依据城乡差别、地域差别和案件类型差别的现实状况，从而提出分类适用不同司法政策的建议，比如农村、基层法院、亲属熟人圈的案件可以偏重调解，而城市、中级以上法院、非熟人

---

① 类似的事件相当的多。如：古魁诉成都成华区政府违法拆迁一案。从 2008 年前至 2011 年 3 月，当事人双方在成华区法院主持下就先后经历了 10 次调解，原被告双方意见一直差距很大，调解最终还是无法达成，成华区法院作出驳回起诉的判决。见黄秀丽、任楚翘《调解越来越主流》，载《南方周末》2011 年 4 月 28 日第 3 版。

② 范愉：《非诉讼纠纷解决机制研究》，中国人民大学出版社 2000 年版。

③ 李浩：《论调解不宜作为民事审判权的运作方式》，载《法律科学》1996 年第 4 期。姚玲：《法院调解应予摈弃》，载《中国司法》2000 年第 4 期。

④ 参见 2009 年最高人民法院《关于建立健全诉讼与非诉讼相衔接的矛盾纠纷解决机制的若干意见》；另见王森波《调审角色分离——关于构建调解制度的第三条进路》，载《行政与法》2009 年第 6 期；陈杭平《社会转型、法制化与法院调解》，载《法制与社会发展》2010 年第 2 期等。

⑤ 范愉：《调解的重构（上）——以法院调解的改革为重点》，载《法制与社会发展》2004 年第 2 期；范愉：《调解的重构（下）——以法院调解的改革为重点》，载《法制与社会发展》2004 年第 3 期。

圈的案件应以审判为主等。[①] 我们把它称为“调审因地制宜论”。

如果说司法调解与审判谁为主次是政策上的事，那么它们之间的程序设计就是技术上的事。只要司法调解继续存在，调审衔接与调审分离就是一个问题的两个方面，构成王亚新所言的“结合与分离的二重课题”。[②] 调审分离主要是通过分开调审原则、人员组成、程序和规则来实现的，有利于两者差异互补地发挥各自的功能。2009 年最高人民法院《关于建立健全诉讼与非诉讼相衔接的矛盾纠纷解决机制的若干意见》（以下简称《若干意见》）出台以前，各地司法实践的调审分离模式有“诉前调解模式”、“审前调解模式”、“全程调解模式”等。之后，《若干意见》保持全程调解模式，但是十分注重当事人意愿和努力发挥人民调解组织等其他调解主体的作用，法院通过委托调解、协助调解、特邀调解与联合调解机制以参与人而非主导者的姿态进行司法调解。与此同时，《若干意见》还确立了调审主体分离原则、调解过程中取得的信息不能作为审判事实依据等司法调解基本规则。该意见包含着“司法能动”与“司法克制”相平衡的理念，实施效果还需时日验证。

7. 信访制度的社会功能及其改革意见

信访是中国特有的行政现象之一。“信访”原意指的是“群众来信来访”。现行《信访条例》中对“信访”的定义是，“公民、法人或者其他组织采用书信、电子邮件、传真、电话、走访等形式，向各级人民政府、县级以上人民政府工作部门反映情况，提出建议、意见或者投诉请求，依法由有关行政机关处理的活动”。事实上，我国信访体系相当复杂，除了《信访条例》涉及的“行政信访”，还存在“司法信访”和“人大信访”。信访人往往会因为受到公权力机关的不公待遇而采取信访行动。根据所涉事项不同，信访又分为普通信访与涉诉信访、涉法信访、涉检信访等，此外，还有“权益型信访”与“公益型信访”，等等。

---

① 法学家王亚新、张卫平、龙宗智以及苏力等均持此种观点。参见王亚新《论民事、经济审判方式的改革》，载《中国社会科学》1994 年第 1 期；张卫平《回归“马锡五”的思考》，载《现代法学》2009 年第 5 期；龙宗智《关于“大调解”和“能动司法”的思考》，载《政法论坛》2010 年第 4 期；苏力《关于能动司法与大调解》，载《中国法学》2010 年第 1 期。

② 王亚新：《论民事、经济审判方式的改革》，载《中国社会科学》1994 年第 1 期。

信访制度有着中国古代直诉制度的影子，① 但它在20世纪50年代正式确立时却只具有为了实现公益为主要目的的政治沟通与监督功能，是中国共产党走群众路线实现群众监督的结果。② 这与古代“申冤昭血”的前世及其后来事实起到的“个别纠纷解决”功能是有区别的。应星将中国信访制度的发展分为三个阶段，不同阶段信访有着不同的功能与作用：第一阶段是1951—1979年初的“大众动员型信访”，此阶段信访起着双重功能，一是进行揭发、开展斗争的运动功能；二是纠正偏差、化解矛盾的救济功能。第二阶段是1979—1982年初的“拨乱反正型信访”，此阶段信访是一种非常规的突击解决历史遗留问题的利器。第三阶段是1982年至今的“安定团结型信访”，信访的主要功能则在于下情上达、化解纠纷、维护社会的安定团结。③ 正是因为有这样的演进史，现在信访制度实际发挥着民主参与、行政监察和权利救济等多种作用。湛中乐、苏宇做的整体总结是，信访具有政治与法律/准法律双重属性，所以它也具有双重功能。④

信访现阶段的本质应是一种行政内部监督机制，其虽使一些个案确实得以解决，但权利救济功能不是信访制度设计的初衷。⑤ 诉讼法学界不大乐意承认它属于“一种纠纷解决方式”。哪怕在范愉《多元化纠纷解决机制》与《纠纷解决的理论与实践》、沈恒斌《多元化纠纷解决机制原理与实务》等体系非常完整的论著中，也很难看到信访制度的身影，要么就是一带而过。然而，人们将信访看作是一种重要的行政救济方式并进行运用，已是一个不争的事实。与现有行政复议、申诉和行政诉讼等多种行政纠纷解决途径相比，学者批评信访制度的人治、非程序

---

① 直诉制度最早见于《周礼》所记载的“路鼓”和“肺石”制度，以及之后唐、元、明、清各代的“邀车驾”、“挝登闻鼓”、“上表”、“立肺石”、“投匦状”等可越级，甚至直接向帝王申诉冤情的制度。参见李玉华《我国古代的直诉制度及其对当今社会的影响》，载《政治与法律》2001年第1期；巩富文《唐代的直诉制度》，载《法学杂志》1993年第5期。

② 一般认为，中华人民共和国政务院（即后来的国务院）1951年6月颁布的《关于处理人民来信和接见人民工作的决定》被视为信访制度正式确立的起点。该规定指出：“各级人民政府应该密切地联系人民群众，全心全意地为人民服务……对人民的来信或要求见面谈话，均应热情接待，负责处理。”参见刁杰成《人民信访史略》，北京经济学院出版社1996年版。

③ 应星：《作为特殊行政救济的信访救济》，载《法学研究》2004年第3期。

④ 湛中乐、苏宇：《论我国信访制度的功能定位》，载《国家行政学院学报》2009年第3期。

⑤ 郝静：《信访制度改革不应强化其权利救济功能》，载《广东行政学院学报》2005年第6期。

性、不确定性和非常规性，却难以解开“这样有缺陷的制度为何在当代中国社会还会有如此的生命力”的疑问。通常的解释包括：（1）“文化传统论”，即信访顺应了人们的“清官”人治思想传统，它是唯一能够直接向包括中央在内的各级公权力机关投诉的途径；（2）“诉讼无效论”，即认为诉讼没有信访有效，具体理由是信访较诉讼门槛低，表面上是最经济的权利救济手段，且涉及事项可不限于法律纠纷，也没有终结制度限制；（3）“行政诉讼不适论”，认为行政诉讼会使民与官的对抗性过于明显，而信访没有这类担心。①

信访是一个“悖论体”，充满了矛盾。这些矛盾充分体现了国家社会治理理念的复杂性。制度理念上，信访追求法治又依赖人治，以寻求实体正义为目的却以罔顾形式正义为代价。整体运行体制上中央与地方均为“半调子”：信访中的问题许多不是法律问题，不是地方上可以解决的问题，必须依靠上层决策；而上层又不掌握个案情况，不便决策，即使决策也不能直接插手进行具体落实，得依靠地方，由此可想而知，以信访解决个案的效率一般。制度利益上，国家既希望通过信访“下情上达”，又担心“矛盾上涌”；既意图对地方官员实现非常规监管，又怕扰乱了常规的行政秩序。信访者则试图以信访打破程序约束“为权利而斗争”，却又不得不承受其不确定性和违法可能性。——正是因为如此，学界对信访爱恨交加。对现行信访制度的不同认识，导致了研究者对信访制度的去存存在不同主张。这样的争论在2004年修订《信访条例》时最为激烈。一为“改良强化派”，即主张整合信访信息资源，在统一规范的同时升格信访机构设置、扩大信访机构权力；② 二为“废除取消派”，此派认为信访反宪政，主张从根本上废除信访制度；③ 三为“改良削弱派”，即主张将各种信访机构统合后嵌入人民代表大会中发挥人大监督作用，或组成以调查权为职权的独立监督机制，④ 或主张充分发挥信访的纠纷信息处理功能，将其打造成案件受理与分流的中枢；⑤ 或主张强化与程序化信访制度作为公民政治参与渠道的同时，

---

① 参见张泰苏《中国人在行政纠纷中为何偏好信访?》，载《社会学研究》2009年第3期。

② 参见赵凌《信访改革引发争议》，载《南方周末》2004年11月18日。

③ 参见于建嵘《抗争性政治：中国政治社会学基本问题》，人民出版社2010年版，第224—230页。其中提及姜明安、黄钟、张耀杰等人持废除信访制度的观点。

④ 季卫东：《上访潮与申诉制度的出路》，载《青年思想家》2005年第4期。

⑤ 参见沈恒斌主编《多元纠纷解决机制原理与实务》，厦门大学出版社2005年版，第28页。

将公民权利救济功能弱化或剥离出来。① 2005 年出台的新《信访条例》持的是“改良强化派”的观点，在将信访制度规范化的同时又因“禁止越级上访”等多项制度“官僚化”而备受指责，争论还在继续。

8. 司法改革的经历与走向

暂时撇开新中国成立初期与“文化大革命”时期那些在特定历史条件下有限的司法制度建设不谈，仅从 20 世纪 70 年代末司法制度逐渐恢复后谈起。90 年代起的司法改革主要方向是“现代化”，即司法制度的正式化、程序化，法官的职业化、专业化。当时法治现代化概念里不可避免地充满了对西方理性的向往，直至 90 年代中后期，苏力、季卫东等学者提出“法治本土化”理念才惊醒了改革者，重回对中国发展实际和中国原有法文化传统的重视。21 世纪后，司法改革在公、检、法、司以及政法委的共同作用下，一方面在程序上进行更细致的分化设计，比如调审分离或分立、立案环节独立、证据交换制度前置、执行环节独立、律师与法官间更严密的回避制度等，继续希望以形式正义实现实质正义；另一方面以“大走访”、“大调解”、“能动司法”的方式突破既有多元纠纷解决机制构架，复兴“信访”、“调解”等非诉讼纠纷解决方式。② 给人的印象是程序正义与实质正义、司法正当性与效率性、司法中立性与人性化等不同价值取向交织不清，没有一个相对连贯、稳定的基本价值理念。

最近的争论集中在能动司法的必要性和范围的限制上。“能动司法”大致是指“法官不应仅仅消极被动地坐堂办案，不顾后果地刻板适用法律；在尚处于形成进程中的中国司法制度限制内，法官可以并应充分发挥个人的积极性和智慧，通过审判以及司法主导的各种替代纠纷

---

① 郝静：《信访制度改革不应强化其权利救济功能》，载《广东行政学院学报》2005 年第 6 期。于建嵘：《抗争性政治：中国政治社会学基本问题》，人民出版社 2010 年版，第 228—230 页。

② 谢晖在第三届“长三角、珠三角法院院长论坛”发言中曾明确说：“近十多年来，我国前后两位大法官主政最高法院期间，推行了两种不同的司法改革的路线：肖扬院长推行的是司法独立的改革路线，但这一改革路线现在似乎成了禁区。我看到过在法院内部不准再讨论有关司法独立问题的公函，……而王胜俊院长上任以来，能动司法的倡导是他的一大举措。从表面上看，两任院长似乎走了两种方向相反的路向，并且就当下的一些举措，如法院主动接受××的领导、主动接受××的监督等等来看，确实与司法独立的旨意是背道而驰的。”见谢晖《能动司法与法律方法》，载东方法眼网 http：//www. dffy. com/faxuejieti/ss/201005/20100506192752. html，2010 年 5 月 6 日上传，2011 年 6 月 1 日访问。

解决方法，有效解决社会各种复杂的纠纷和案件，努力做到‘案结事了’，实现司法的政治效果、社会效果和法律效果的统一”。[①] 可以从三个方面理解：一是司法回应社会发展需求；二是司法功能扩张；三是司法方式主动性。[②] 这种意识运动自 2008 年开展以来虽然仍处于经验阶段，但已具有在整个司法界全面铺开的势头。我们不需深入分析就可以看出能动司法存在利弊两方面，利在于它或许会有利于公民接近司法，弊在于如果界定不好“能动”的边界，将有损法院通过裁判执行基本法律规则的司法功能。比如，调解本是纠纷进入法院后判决前法院的一项职责，如今顺应加强司法主动性的要求，这项职责的履行已不被限于纠纷进入诉讼程序之后才开展。傅郁林就极力反对司法能动到法院介入“诉前调解”，认为应坚持着重法院的审判职能，法院应坚守被动规则。[③] 朱苏力态度中庸，他指出社会纠纷的激增是能动司法、大调解政策出台的主要背景，能动司法与大调解政策是司法改革方向的轻微调整，对于缓解实际问题（非彻底解决）肯定会有一定的效用，我们要正确地看待这一变化：调解与判决之间是互补又竞争的关系，不要期待用一个替代另一个；司法仍应主要克制，以树立规则为己任，能动只是需要适度提高法官运用调解解决纠纷的积极性和能力，但绝不能将司法这一“正义的最后一道防线”推向“第一道防线”。[④] 谢晖深刻质疑能动司法的法理基础：首先，能动司法绝不等于与司法克制相对称的司法能动，两者的前提背景、文化语境及实质内容存在较大的差别；其次，能动司法实质涉及的是司法自由裁量权的问题，如果超越法律实行所谓的“能动于法律”，那么肯定会受制于权力，偏离法治目标而走向权治、人治。[⑤]

三、当代一般多元纠纷解决机制建设与研究成果的总体评价

我国近三十年来有关纠纷解决机制的建设是在一边实践一边探讨中完

---

① 苏力：《关于能动司法与大调解》，载《中国法学》2010 年第 1 期。

② 龙宗智：《关于“大调解”和“能动司法”的思考》，载《政法论坛》2010 年第 4 期。

③ 傅郁林：《“诉前调解”与法院的角色》，载《法律适用》2009 年第 4 期。

④ 苏力：《关于能动司法与大调解》，载《中国法学》2010 年第 1 期。

⑤ 谢晖：《“能动司法”的几则悖记》，载于法之光博客 http：//blog legaldaily. com. cn/blog/html/25/2443325 – 6608. html，2010 年 6 月 25 日上传，2011 年 6 月 1 日访问。

成的，理论以实践为本体和目的，实践以理论为指引和总结，实践界与理论界共成长。笔者在前人的研究成果里体味到的不仅是法学理论的革新与发展，更是纠纷解决现实的纷繁复杂。

（一）一般多元纠纷解决机制构建得失：对社会的回应与社会的本我恢复

1. 概括评价

范愉认为理想的纠纷解决体系是“多种多样的纠纷解决方式以其特定的功能和特点相互协调地共同存在，并结成一种互补的满足社会主体的多样需求的程序体系和动态的调整系统”。① 以此为参照，整体看当代中国的纠纷解决机制，可以说多元纠纷解决机制已经形成，并能够应对大部分纠纷的处理，为维护正常的社会秩序发挥了重要作用，只是体系发育尚未成熟，比如层次不够分明、结构未尽合理，纠纷解决体系内各组成部分之间有机协调不足，各部分自身尚待进一步完善等。②

2. 所失之一

过多的社会控制职能超出了纠纷解决机制所应承受的范围，掩盖了社会治理规则上的缺欠。首先，正如西摩·马丁·李普塞特认为的“稳定的民主政治是冲突和一致的平衡”，③ 冲突纠纷不仅总会产生，而且还和“一致”一样具有积极意义。由此，纠纷量与质的可控性而不是纠纷绝对数量的减少，与纠纷解决的顺畅高效性一道成为社会治理的两个不可或缺的目标。而我们这方面的理念一直是错误的：总想抑制所有纠纷，又总想用纠纷解决机制实现更多的社会控制功能，比如在“解决纠纷”之外额外附加“预防纠纷”的功能。这种做法不仅在法理上值得考究，实际也证明效果并不理想：我国设立人民调解组织时就抱有随时了解社会动态、预防犯罪的初衷，但是它没能阻止经济改革、国企改制所引发的大规模结构性矛盾；近年正在进行的法院“能动司法”、公安“大走访”、信访“大接访”也以提倡预见纠纷和妥善控制纠纷发展为宗旨，但终究亦未能

① 范愉：《多元化纠纷解决机制与和谐社会的法律问题》，载沈恒斌主编《多元纠纷解决机制原理与实务》，厦门大学出版社 2005 年版，第 430 页。

② 吴卫军、范燕萍：《现状与走向：和谐社会纠纷解决体系的构建》，载《四川师范大学学报》（社会科学版）2007 年第 2 期。

③ ［美］西摩·马丁·李普塞特：《政治人：政治的社会基础》，上海人民出版社 1997 年版，第 1 页。

消解因社会利益分化、阶层间流动固化而引发的不断高涨的群体间仇视。——毕竟，纠纷解决机制本质上是事后的，多数情况下只能是被动地就现有社会规则下出现的问题作出回应，而不能是社会日常运行规则的预先提供者；它可以杜绝纠纷的无端反复，但却无法独挑事前防止纠纷的重担，尽管一些个案纠纷的处理结果确实对社会起到了预警作用。对社会纠纷的整体掌控理应依赖于社会治理理念与规则的构建与完善，社会规则的确立与执守机制远比纠纷解决机制更重要。

3. 所失之二

官方职权主义全面主导纠纷解决机制，对社会真实需求缺乏关怀，影响了纠纷解决的社会实效。中国近三十年的改革历程经历了国家对社会“从总体支配到技术治理”的转化。[①] 在同一理念下，当代纠纷解决机制的发展是官方主导的，并且主要依赖国家官方组织体系与力量抑制或解决纠纷：曾经长期依赖无孔不入的政治行政体系，20 世纪 80 年代末期后依重公安、检察院、法院为核心的司法体系，特别是法院系统，目前依重多元行政与司法部门体系，即除公检法外，司法行政部门、政法委与信访的职能也进一步加强。可以想见，随着建设不断完善，正式的纠纷解决制度肯定会设计得越来越精密。有一股力量却不容忽视，那就是从“国家”总体支配下被释放出来的“社会”。社会学家证实了“社会”相较于“国家”是始终存在的独立一块：无论国家制度如何完善，社会都会拥有自我规则；无论官方提供的正式纠纷解决机制多么完备充分，社会仍会保有它自发的救济体系。例如，国家“收编”民间调解为人民调解，而发展到现在，人民调解是人民调解，人民调解组织之外的民间调解是民间调解。源起于西方民间的商事仲裁制度本以灵活高效为特征，但在官方引入中国后由于国内文化差异，其遭遇“民间化”困境且不得不呈现官方化、诉讼化的特点。[②] ——社会之所以自行其是，是因为社会及社会各成员自

① 渠敬东、周飞舟、应星：《从总体支配到技术治理——基于中国 30 年改革经验的社会学分析》，载《中国社会科学》2009 年第 6 期。该文所言“总体性支配”主要是指中国改革前的社会结构的一个基本特征，即国家几乎垄断着全部重要资源，这种资源不仅包括物质财富，也包括人们生存和发展的机会及信息资源。

② 宋连斌、杨玲：《我国仲裁机构民间化的制度困境——以我国民间组织立法为背景的考察》，载《法学评论》2009 年第 3 期；伍雅丽：《我国仲裁诉讼化现状分析及对策探讨》，载《司法改革论评》2009 年增刊。

己最清楚自己想要什么、适合要什么。——我国的纠纷解决机制建设恰恰忽视了这一点。回顾司法改革历程，尽管国家在纠纷解决机制上从一元走向多元的决心已定，并在形式上做了许多努力，但许多时候仍未改变实质上处在“以一当多”的状态：纠纷解决方式似乎丰富多样但实质大同小异，比方“司法调解”与“司法审判”、“人民调解”与“司法行政机关调解”、“民商事仲裁”与“民商事诉讼”；纠纷解决途径似乎供给众多但当事人灵活选择机会不多，比如诉讼程序上民事案件的当事人就无法选择只判决不调解，在行政纠纷处理程序中相对人就无法找到摆脱科层弊端的正当救济，而纯粹的民间纠纷也无法诉求于真正意义上的社会救济。所以，要改变这样的局面，使案件分流得更科学、使纠纷解决得更平稳更顺畅，就必须在立法、执法、司法上树立“社会本位观念”和“当事人意识”：一方面要给社会自治以成长的空间，开启社会群体智慧与力量大力发展非正式纠纷解决机制，以调试不必要的“一元”或“少数元”独大的局面；另一方面在现有纠纷解决方式间形成多元差异互补格局的前提下给当事人更宽松的选择环境。当然，国家不仅要确立规则、平衡利益与力量，更要履行好各种救济方式间的“交通指挥官”职责，不包揽也不推卸，使纠纷解决机制真正发挥多元化功能，为构建社会和谐提供扎实有效的“防护垫”。

4. 所失之三

未能很好地解决法制统一性与社会现实多样性之间的矛盾。法制统一性与现实多样性之间的关系始终是法治建设中的重要议题，在中国尤其如此。中国有多层次的行政管理层级，具有区域差异、城乡差异、高层与基层发展不均衡的复杂社会实际。虽然可以想象任何一套法制体系都不可能完美地运用其中，同时实现公平、秩序；但是，在一般规则之外，总应考虑留出“特殊”的出路。中国目前最大的问题在于容易出现“一边倒”，或“矫枉过正”。“政治意识形态”与“法律意识形态”就交替影响着中国法院司法政策的变化发展进程。[①] 实际上，任何一种极端化的做法对中国法治化的进程都是有害的。当然，解决法制统一性与现实多样性矛盾不

---

① 范愉认为在法院的司法政策中总是交替地受到两种意识形态的左右，即法律意识形态与政治意识形态。前者使用的是法律逻辑，而后者则属于实用主义和政治逻辑。参见范愉《调解的重构（下）——以法院调解的改革为重点》，载《法制与社会发展》2004 年第 3 期。

是一个将此两种意识形态简单“中和”的问题，它是一个以“社会意识形态”为主、公权力富含服务精神、有着精致立法技术的法律体系建设问题：在适当保持法制全局稳定性的前提下，纠纷解决机制应随社会需要而发展，法律原则应有位阶主次之分，法律规则有一般与特殊之分，在微观层面上应密切关注法律对于农村、基层、边缘地区与人群的适应性。季卫东早年提出过纠纷解决多元化价值论，他还认为，鼓励当事人就案件处理进行过度的讨价还价以及以实用主义的政治性手法削弱规范与原则固然不好，但总是试图将各种价值整合为整齐划一的规则来应对多重结构的社会也是不现实的，从而主张把法律判断与基于横向沟通关系的重叠式合意更紧密地结合起来。①

总之，多元纠纷解决机制的构建不仅是救济渠道的多元，更应是救济作用与效力的多元，各纠纷解决方式间不仅是衔接，更应是差异互补；不仅注重官方解纷的力量，更应注重民间社会自治的力量。

（二）当代一般多元纠纷解决机制研究成果的总体评价

多元纠纷解决机制研究领域的领军人物范愉教授在2007年出版了她极具综合实力的研究专著《纠纷解决的理论与实践》。她在该著作的第一章中对我国纠纷解决研究的现状作过总评，在肯定了中国近年法学界与社会学界关于纠纷解决的研究成果的同时，指出了相关研究仍存在着一些显而易见的问题：（1）研究者及其研究活动各自独立，学科之间的整合亦尚未开始，从而限制了这一领域的研究深度；（2）观点与论证相互重复甚至抄袭现象比较严重；（3）部分理论知识或观点陈旧，脱离实际，有明显的法律意识形态的一元论或简单化倾向；（4）一些研究浮于表面，以偏概全；（5）研究和培训缺乏系统性和专业性；（6）对于新型纠纷应对性研究严重滞后。②

以前人的真知灼见为基础，我们认为国内有关多元纠纷解决机制的研究体现出如下特点：

（1）相关研究投入大，近几年局部性研究偏重基层、农村与民族地区。仅国家哲社规划课题而言，2006—2010年5年间国家哲学社会科学

① 季卫东：《法律体系的多元与整合——与德沃金教授商榷解释方法论问题》，载《清华法学》2002年第1卷第1期。

② 范愉：《纠纷解决的理论与实践》，清华大学出版社2007年版，第47—53页。

规划支持的直接以“纠纷解决机制”为主题的项目就达16项之多，[①] 如果将“群体性事件处理机制”、“政府应急处理机制”等研究主题包括进来，项目数还会成倍增加。足见国家对纠纷解决机制研究的支持力度之大，重视程度之高。可能是由于纠纷解决机制一直以来在官方层面上、主体社会中发挥的作用较好，学界讨论得也比较充分，而基层、农村与民族地区总有其特殊性，其秩序稳定又是影响中国政治全局稳定的重要问题，所以国家对基层、农村与民族地区纠纷解决的研究主题给予了很多关注，也期待得到突破性的研究成果。

（2）研究主体多样，但因为视角与立场局限，所得多元纠纷解决机制改革方案欠缺通盘性。由于多元纠纷解决机制体系十分庞大，我国学术界、党政部门、司法机关、民间社会团体都参与了相关主题的研究，但大家都只能“盲人摸象”。徐昕认为，“中国理论界对纠纷解决机制的研究，社会人类学侧重于非正式纠纷解决机制，诉讼法学侧重于纠纷解决的法律机制。诉讼法学界现有研究又多偏重于具体、局部或微观制度的改革，深度不够，也没有宏观工程成果，使局部改革与整体发展相冲突”。[②] 实践界的研究虽

① 此16项科研项目分别是：重庆文理学院张志超“农村多元化纠纷解决机制研究”（10CFX042）；中国人民大学陆益龙“基层社会矛盾纠纷化解机制的经验及秩序构建研究”（10BSH008）；北京科技大学黄家亮“转型期农村民间纠纷及其解决机制研究”（10CSH005）；新疆社科院郭蓓“治理多民族地区群体性事件的法律机制研究”（西部项目09XFX028）；云南财经大学佴澎“解决群体性事件的法律机制研究——以边疆民族地区和谐社会建设的法治保障为视角”（西部项目09XFX031）；电子科技大学吴卫军“西部地区农村群体性纠纷及其解决机制研究——基于实证视角的描述与分析”（西部项目09XFX032）；南昌大学黄东海“中国古代商业社会纠纷解决模式研究”：以牙人牙行为视角（09CFX013）；甘肃政法学院王存河“多元法律文化背景下西北少数民族社会纠纷解决机制实证研究”（西部项目08XFX003）；乐山师范学院罗大玉“西部少数民族地区纠纷解决机制研究”（08BFX061）；湘潭大学张立平“新农村多元化纠纷解决机制研究”（08BFX065）；中共西安市委党校权小虎“和谐社会与西部地区矛盾纠纷解决机制创新研究”（08CSH008）；厦门大学齐树洁“多元化纠纷解决机制与和谐社会的构建”（07BFX069）；西安财经学院白呈明“农村土地纠纷多元化解决机制与构建和谐社会”（07BFX007）；云南大学胡兴东“西南少数民族地区多元纠纷解决机制与和谐社会构建”（07BSH039）；中国政法大学应星“群体性事件的发生及多元解决机制研究”（07BSH039）；云南省政法研究所齐康“多元化纠纷解决机制与构建和谐社会问题研究——以云南民族地区为例的实证研究”（西部项目06XFX001）。参见全国哲学社会科学规划办公室网站 http：//www. npopss-cn. gov. cn“历年资助项目”。

② 徐昕：《迈向社会和谐的纠纷解决》，中国检察出版社2008年版，第17—18页。

有尽一己之力，但缺乏足够严谨精神，又难免有时为一己之私，这或许是司法政策时常显出简单化的原因所在。比方说，如果研究结果表明国家需要对基层社会做进一步控制，那么加强人民调解体系或“综治办”体系就成为当然，司法行政部门、政法委等党委部门的影响力就得以直达基层；信访部门凭借“上访潮”的调研结果，在修订《信访条例》后使部门职能有所强化；法院系统曾有为增加收入而揽讼之嫌，责任制改变后又在各种研讨场所倡导非诉讼、非裁判解决机制，这不由得又让人怀疑其是在为减轻自身工作负担寻找“理论台阶”。总之，构建、维持多种纠纷解决途径间的“合理竞争生态”是一项细致而具有全局性的工作，需要时时在纠纷解决机制供给与社会需求之间寻求“收支平衡”，后续研究者需像范瑜、王亚新、应星等学者那样，心怀谦虚地对待中国文化与现实，秉持实证精神，在扎实调研的基础上推进研究。

第二节　少数民族与民族地区纠纷解决方式的研究成果综述

随着法律多元理论对法学研究影响的深入和构建和谐社会的法治目标的提出，少数民族与少数民族地区的秩序文化以及国家法制在地方实践的经验与教训成为从整体上把握中国法制运行状况和秩序构建不可或缺的重要的研究内容。

20 世纪 80 年代起，中国民族法学研究[①]逐渐从民族学（文化人类学）中脱离并趋向法学，研究可分为民族内与民族外两大视野，前者主要指对民族习惯法本身的研究，后者主要指对中央调整民族关系、治理民族地区的制度理论和对策研究。21 世纪以前，学者们主要进行少数民族历史文献资料的收集整理，罗列汇集民族习惯法内容等静态研究，以及从

① 笔者认为民族法研究与民间法研究是在不同语境下使用的两个有交叉但又不能相互替代的概念。民族法研究是针对长期以来中国法学界以对主体民族法制研究概涵多民族法制研究的以偏概全状况而提出来的，主要对少数部族或传统社区习惯法、秩序文化以及调整民族关系的法律进行研究，奉行民族间平等、团结的基本理念；民间法研究是法社会学“活法”理论的直接产物，民间法是国家制定法的相对概念，因为无论汉族社会还是少数民族社会都存在着非国家制定法，或说非国家制定的行为规范，包括民族或地方习惯法、行规、族规等，结合在一起与国家法互动构成法治现实状况。民间法偏重国家法与民间法的调适和互动关系的研究。可以说，民族法研究是多民族多元法横向关系研究，而民间法研究是社会多层次多元法纵向关系研究。所以，本书所论及的“少数民族/民族地区纠纷解决机制”也不等于“民间纠纷解决机制”这一概念。

宪法学角度研究民族区域自治理论，① 研究领域开始触及少数民族法律文化研究、多民族地区法律实施研究等方面。② 学术成果积累至90年代已相当丰硕。③ 研究成果对中华多民族统一政权政治治理进行了经验总结，还为“法的起源”、“法由不成文到成文的演进”等法理基本理论问题提供了实证，揭示了国家法在民族地区实施的特殊性。④ 最关键的是，各学者原来将民族习惯法视为落后民俗进行一边倒批判的态度有所改观，逐渐承认民族法于多民族社会的合理性。

进入21世纪后，民族法研究角度和研究方法空前丰富起来，既有多民族综述性研究又有单一民族专题性研究，既有历时研究又有共时研究，既有静态研究更有动态研究，既讲求宏观理论推演又讲求微观个案实证，学者们体现出更严谨的研究态度。在少数民族或民族地区纠纷解决研究方面，即便是历时研究，学者们也融入了对现实的充分关照，意

---

① 朱艳英：《略论中国少数民族法制史学的发展——民族法学与少数民族法制史学的关系》，载《玉溪师范学院学报》2008年第2期。

② 田成有：《民族法研究的理论意义和实践价值》，载《贵州民族研究》1995年第3期；徐中起：《民族法研究的理论意义》，载《思想战线》1994年第4期。

③ 20世纪80—90年代比较重要的民族法学术论著包括：史筠：《民主法制研究》，北京大学出版社1986年版；王天玺：《民族法概论》，云南人民出版社1988年版；龚佩华：《景颇族山官制社会研究》，中山大学出版社1988年版；杨怀英、赵勇山等：《滇西南边疆少数民族婚姻家庭制度与法的研究》，法律出版社1988年版；范宏贵：《少数民族习惯法》，吉林教育出版社1990年版；夏之乾：《神判》，上海三联书店1990年版；陈云生主编：《民族区域自治法精义》，人民出版社1991年版；邓敏文：《神判论》，贵州人民出版社1991年版；师蒂：《神话与法制：西南民族法文化研究》，云南教育出版社1992年版；刘广安：《清代民族立法研究》，中国政法大学出版社1993年版；杨怀英等：《凉山彝族奴隶社会法律制度研究》，四川民族出版社1994年版；宋全：《少数民族民间禁忌》，中央民族大学出版社1994年版；高其才：《中国习惯法论》，湖南出版社1995年版；邓敏文、吴浩：《没有国王的王国——侗款研究》，中国社会科学出版社1995年版；陈庆英主编：《藏族部落制度研究》，中国藏学出版社1995年版；张晓辉主编：《中国法律在少数民族地区的实施》，云南大学出版社1996年版；徐中起、张锡盛、张晓辉：《少数民族习惯法研究》，云南大学出版社1998年版；王学辉：《从禁忌习惯到法起源运动》，法律出版社1998年版；海乃拉莫、曲木约质：《凉山彝族习惯法案例集成》，云南人民出版社1998年版；周星：《死给、死给案与凉山社会》，群言出版社1998年版；奇格：《古代蒙古法制史》，辽宁民族出版社1999年版等。

④ 杨临宏：《少数民族地区村规民约中的法律思考》，载《民族工作》1993年第5期；田成有：《我国法律在少数民族地区实施的状况分析》，载《思想战线》1995年第1期；张晓辉：《中国法律在少数民族地区的实施》，云南大学出版社1994年版等。

图经世致用，代表人物有梁治平、刘广安、徐晓光、郑秦、方慧、胡兴东、罗家云等。① 进行共时研究的，则主要运用法社会学“国家法与民间法二元框架”来分析国家法在社会中的实践状态。同样的，多数民族法共时研究不能完全忽略历史而单纯地讨论当下，大都以各民族的历史传统为大背景，将现实社会的经验观察和理论分析相结合，代表人物有朱苏力、张冠梓、张晓辉、周世中等。② 近十年来的研究成果主要在于：（1）探索了民族法自身的发展规律，解释了地域性或特定族群法文化形成的历史原因；（2）论证了包括民族法在内的现代多元法存在的现实与意义，展示了现行法与多样社会文化间的互动关系。较之前的研究有了许多突破：首先，研究视角与进路进一步开阔，不再仅带着政治统治目的研究民族法，以发展阶段先后定义民族法，而是采用了社会学、人类学视角，平等地对待每一种民族法及其背后的民族文化；不再拘于或热衷于静态地寻找规则与解释规则，转关注实际的纠纷事件和动态的处理过程。其次，开始探索民族法自身理论问题，分别讨论民族法体系、与国家法等多元规范共同构建的约束体系对实现社会自治、治理

---

① 20 世纪后历时性民族法研究论著包括：俞荣根主编：《羌族习惯法》，重庆出版社 2000 年版；龙大轩：《乡土秩序与民间法律——羌族习惯法探析》，华夏文化艺术出版社 2001 年版；王明东：《彝族传统社会法律制度》，云南民族出版社 2001 年版；张济民主编：《寻根理枝——藏族部落习惯法通论》，青海人民出版社 2002 年版；徐晓光：《中国少数民族法制史》，贵州民族出版社 2002 年版；胡兴东：《生存范式：理性与传统——元明清时期南方民族法律变迁研究》，中国社会科学出版社 2005 年版；马克林：《回族传统法文化研究》，中国社会科学出版社 2006 年版；佴澎：《从冲突到和谐——元明清时期西南少数民族纠纷解决机制研究》，人民出版社 2008 年版。

② 21 世纪后共时性民族法研究论著包括：张冠梓：《论法的成长——来自中国南方山地法律民族志的诠释》，中国社会科学出版社 2000 年版；莫金山：《瑶族石牌制》，广西民族出版社 2000 年版；苏发祥：《清代治藏政策研究》，民族出版社 2001 年版；高发元主编：《云南民族村寨调查丛书》，云南大学出版社 2001 年版；周勇：《少数人权利的法理》，社会科学文献出版社 2002 年版；高其才：《中国少数民族习惯法研究》，清华大学出版社 2003 年版；张晓辉、李天元主编：《中国民族村寨调查丛书》，云南大学出版社 2004 年版；方慧主编：《少数民族地区习俗与法律的调适：以云南省金平苗族瑶族傣族自治县为中心的案例研究》，中国社会科学出版社 2006 年版；徐晓光：《原生的法——黔东南苗族侗族地区的法人类学调查》，中国政法大学出版社 2010 年版；周世中等：《西南少数民族民间法的变迁与现实作用——以黔桂瑶族、侗族、苗族民间法为例》，法律出版社 2010 年版；熊文钊主编：《中国民族法制 60 年》，中央民族大学出版社 2010 年版。

甚至政治控制的功能、价值与实现方式。这些研究成果的取得，特别是研究理念与思路的改变，深刻地影响着包括少数民族固有纠纷解决机制在内的多元纠纷解决机制研究的发展。

一、与纠纷解决机制有关的民族法研究概况

纠纷的产生与解决是人类社会发展中的恒久话题，人类正是在这绵延反复的纠纷产生与解决进程中实践秩序的构建、维护与革新的。所以，对少数民族地区纠纷解决以及统一政权下的多民族基层社会矛盾化解机制进行的研究，在较大程度上综合反映了法学界对基层社会治理、本土性法治问题思考的深度。

对于身处成文法传统的法学界来说，视线最易被实体规范牵引，程序性机制则因为“潜伏”于行为与社会事象之中而往往会被“无视”。民族法的实体规范尚且经历过被混为“民俗”、不被视为特殊的法制文化的漫长过程，偏重程序的纠纷解决机制则更会如此。少数民族与民族地区纠纷解决机制在民族法研究中长期以来并不被认为是一个值得单独拿出来探讨的研究主题。国家社会科学基金资助项目直至2005年才开始出现有关少数民族纠纷解决机制的研究立项。此后至2010年6年间，国家社会科学基金共资助民族民间法研究58项，而其中与纠纷解决机制有关的研究项目包括本课题在内也只不过6项。[①] 其中两项已结题，但尚未见调研报告或专著公开出版。此外，2005年开始举办的每年一届全国民间法·民族习惯法学术研讨会多年来汇聚了民族法学界的众多学者的众多研究成果，但直到2007年第三届会议上才出现了“少数民族习惯法与纠纷解决”的主题，当时只有于语和、刘志松以及瞿琨等极少数学者零星论及民族民间

① 此6项为：西藏大学王春焕“西藏地区非诉讼纠纷解决机制研究”（西部项目05XFX011）；云南省政法研究所齐康“多元化纠纷解决机制与构建和谐社会问题研究——以云南民族地区为例的实证研究”（西部项目06XFX001）；云南大学胡兴东“西南少数民族地区多元纠纷解决机制与和谐社会构建”（07CFX036）；乐山师范学院罗大玉“西部少数民族地区纠纷解决机制研究”（08BFX061）；甘肃政法学院王存河“多元法律文化背景下西北少数民族社会纠纷解决机制实证研究”（西部项目08XFX003）；青海民族大学法学院淡乐容主持“青海藏区‘赔命价’习惯法研究”（10XFX0004）。目前王春焕、齐康主持的项目分别于2009年与2008年结项。参见李向玉《从教育部、国家社科基金课题立项看民间法、民族习惯法研究的发展趋势及走向——以民间法、民族习惯法学者立项课题状况分析》，载法律博客网“法外逍遥”博客http://yu804917.fyfz.cn/art/719023.html，2010年9月4日上传；2011年5月23日访问。

纠纷解决制度或机制。[①] 不过，可能是受到主流领域的影响，此次会议后“纠纷解决机制”的主题还是吸引了该会议与会民族法学者的注意，最终使“民间法·民族习惯法与纠纷解决”成为2010年第六届、2011年第七届全国民间法·民族习惯法学术研讨会整个会议的主题。

神判是国内学术界较早涉足的与纠纷解决机制有关的研究专题。夏之乾对神判的研究始自20世纪80年代初，其《神判》的论文刊发于《社会科学战线》中的“民俗学”栏目，内容主要是描述各少数民族进行神判的方式，初步分析了神判产生的经济与阶级统治原因。[②] 1990年，夏之乾在古代文献、前人和自己的田野调查成果的基础上完成了专著《神判》。该书说明了神判在少数民族地区不仅存在，而且范围广，其形式较汉族地区要丰富得多，并提出了“法先于国家产生”的观点，论证了神判在进入私有制经济阶段的少数民族社会里有辨别是非、解决纷争的功能，它是人判的补充。[③] 他在1993年《神意裁判》一书中更是尝试性地提出了“人判—神判—人判”的纠纷解决方式发展轨迹的假说。[④] 除夏之乾外，邓敏文是早期研究神判的另一位著名学者。他在1991年的《神判论》中围绕神判与巫、神判与宗教、神判与人判、神判与法以及神判与科学等方面研究了神判的本质，分析了神判的功能——判断、惩治和威慑。[⑤] 90年代与神判有关的论文还有郑卫东的《云南少数民族神判》、陈斌《瑶族神判法述论》等。[⑥] 此时期对神判的研究主要是将神判作为一个民族历史文化现象来研究，使用马克思历史唯物主义来确定神判产生阶段及分析神判出现的原因、功能。如今，神判遗风在现代法律实践中已十分罕见，究其原因，主要是原始宗教信仰在相关族群心中的神圣地位已不复存在，神判失去了赖以产生效力的社会基础。对少数民族神判的研究仍在继续，毕竟神判对少数民族法理

---

① 参见张明新《民间法·民族习惯法：学理架构与纠纷解决——第三届民间法·民族习惯法研讨会综述》，载《江苏警官学院学报》2008年第6期。此次会议上，于语和、刘志松作了题为《坚持与更新——从民间调解的历史性与现实性看中国法学的发展》的会议发言；瞿琨作了题为《场域理论与社区调解人的行动分析》的会议发言。此两文也未突出以少数民族法为主题。

② 夏之乾：《神判》，载《社会科学战线》1980年第1期。

③ 夏之乾：《神判》，三联书店1990年版。

④ 夏之乾：《神意裁判》，团结出版社1993年版。

⑤ 邓敏文：《神判论》，贵州人民出版社1991年版。

⑥ 郑卫东：《云南少数民族神判》，载《云南学术探索》1993年第4期；陈斌：《瑶族神判法述论》，载《东南文化》1993年第1期。

念、法文化的影响是深远的，对于研究诉讼法发生学、形式正义渊源，以及理解当下的民族群众法律行为、民族地区法律仍然有很大的帮助。①

还有一些少数民族特有的纠纷解决方式成为较早的研究专题。如藏族和彝族“赔命价”处罚息讼传统。笔者可查到的最早有关赔命价的专题论文是1990年青海吴剑平法官所撰写的《“赔命价”初析》、顾建华法官的《青海蒙藏地区“赔命价”和“罚服”规范探析》两文，前者明显对“赔命价”传统持批评态度，认为其破坏了法制统一；后者则提出了“国家法制统一前提下使用‘两少一宽’政策适当变通”的立法建议。② 这两种观念分歧持续了十几年，已有30多篇题名为“赔命价”的专题论文在各种学术期刊上发表，体现了照顾少数民族特点与维护国家法制统一在法治政策上的两难选择。如今大多数学者充分认识到了“赔命价”的传统在现实社会中的消极价值与积极价值，特别是积极价值，提倡民族法体系与国家制定法体系进行融合。2010年国家社会科学基金将“青海藏区‘赔命价’习惯法研究”列为所资助的西部课题项目之一。③

大量涉及民族纠纷解决机制的内容只被放在民俗学、民族法学研究论著中稍带提及。比如，范宏贵《少数民族习惯法》第八章“对于偷盗、抢劫、杀人案的处理”④、高其才《中国少数民族习惯法研究》第四章第二节“调解处理审理习惯法”⑤、张冠梓《论法的成长》中第四章第二节“调解与武装冲突：群体之间的纠纷解决”及第五章第三节“神判：神灵意志下的法律行为”⑥、胡兴东《生存范式：理性与传统——元明清时期南方民族

① 参见李向玉《苗族习惯法中的神判方式遗留与现代司法实践探析——以黔东南特殊地域的司法文化为例》，载《原生态民族文化学刊》2010年第1期。

② 吴剑平：《“赔命价”初析》，载《法律学习与研究》1990年第2期；顾建华：《青海蒙藏地区“赔命价”和“罚服”规范探析》，载《青海社会科学》1990年第1期；吴剑平：《对藏族地区“赔命价”案件的认识与处理》，载《法律科学》（西北政法学院学报）1992年第4期。

③ 青海民族大学法学院淡乐容主持“青海藏区‘赔命价’习惯法研究”（批准号10XFX0004），见《2010年国家社科基金西部项目立项名单》，全国哲学社会科学规划办公室网站 http：//www. npopss-cn. gov. cn“历年资助项目”。

④ 具体内容参见范宏贵《少数民族习惯法》，吉林教育出版社1990年版，第183—206页。

⑤ 具体内容参见高其才《中国少数民族习惯法研究》，清华大学出版社2003年版，第187—216页。

⑥ 具体内容参见张冠梓《论法的成长——来自中国南方山地法律民族志的诠释》，社会科学文献出版社2000年版，第315—326、469—495页。

法律变迁研究》第十章“元明清时期南方民族纠纷解决机制的变迁”①、陈金全主编《西南少数民族习惯法研究》第二章“社会组织与纠纷解决”②等。此外，各民族特有的纠纷解决组织、纠纷解决方式陆续在有关“习惯法”、“国家法在民族地区的实施”的论文中被讨论，比如：1981年廷贵、酒素的《略论苗族古代社会结构的“三根支柱”——鼓社、议榔、理老》、1995年龙倮贵《浅析滇南彝族历史上的习惯法》、1997年周星的《家支·德古·习惯法》、2001年王启梁的《传统法文化的断裂与现代法治的缺失——少数民族农村法治秩序建构路径选择的社区个案研究》、2005年胡兴东的《滇西北特困民族社会转型中法律冲突的调适》等。③

从上可以看出，有关民族/民族地区纠纷解决机制的研究在2005年以前是被包含在民族法各主题中，但已显示出其特有的研究价值——突出法治实践，深化多元和谐社会构建理论认识等，只是未形成系统化，研究有待深入。2005年后，各学术期刊中有关少数民族纠纷解决机制的专题性论文数量逐年激增。据笔者不完全统计，在中国知网上收录的各学术期刊、优秀硕博论文有上百篇。云南财经大学法学院佴澎博士于2008年出版的《从冲突到和谐——元明清时期西南少数民族纠纷解决机制研究》是关于民族纠纷解决机制的研究专著。

二、2005年后少数民族/民族地区纠纷解决机制研究综述

美国法人类学家萨莉·法尔克·穆尔（Sally Falk Moore）认为法律人类学与法律社会学有着重要的区别：法律人类学的研究目标是“认明何种社会，会产生何种法律制度，以及发现何种特定的社会条件中，有哪些法律程序、原则、规范和概念在运用”；并将“法律事件、纷争和规则放在时间变化里，做连续事件来研究”，以认识它们在社会生活中的地位与

① 具体内容参见胡兴东《生存范式：理性与传统——元明清时期南方民族法律变迁研究》，中国社会科学出版社2005年版，第314—341页。

② 具体内容参见陈金全主编《西南少数民族习惯法研究》，法律出版社2008年版，第46—104页。

③ 具体内容分别参见廷贵、酒素《略论苗族古代社会结构的“三根支柱”——鼓社、议榔、理老》，载《贵州民族研究》1981年第4期；龙倮贵《浅析滇南彝族历史上的习惯法》，载《云南社会科学》1995年第3期；周星《家支·德古·习惯法》，载《社会科学战线》1997年第5期；王启梁《传统法文化的断裂与现代法治的缺失——少数民族农村法治秩序建构路径选择的社区个案研究》，载《思想战线》2001年第5期；胡兴东《滇西北特困民族社会转型中法律冲突的调适》，载《云南民族大学学报》（哲学社会科学版）2005年第4期。

影响；法社会学通过研究法律与社会之间的互动关系来解决法律在现实社会中的实施问题，推动法律的发展并依靠法律来推动社会的进步。[①] 但我们认为，暂时抛开法人类学与法社会学的研究边界之争，中庸地将两者均视为相互借鉴的两个研究角度与方法，它们在推动民族/民族地区纠纷解决机制研究方面的重要作用事实上不分伯仲。

一篇论文总结了少数民族/民族地区民间纠纷解决制度的研究内容包括："1. 在少数民族村落中，现存的纠纷解决方式（正式与非正式）有哪些，它们是如何运作的，具有什么样的法律意义和社会意义，各自的特点、优缺点是什么？2. 国家正式的与民间非正式的纠纷解决方式在少数民族地区是如何相互作用和影响的？3. 在民间纠纷的解决过程中，各种社会因素（如各种权威力量、规范形式，等等）在纠纷解决过程中的地位、作用及相互影响。4. 如何构建一套既有利于法治秩序建构，又有利于村民权利保障的纠纷解决机制。"[②] 这可以视为民族/民族地区纠纷解决机制综合性研究的一个研究框架。它同时反映了民族纠纷解决机制族别研究的意义和跨民族研究纠纷解决机制的意义，而不带任何研究方法的偏见。

（一）族别纠纷解决机制研究

中华大地上各民族在历史发展过程中形成了自己特有的内部纠纷解决方式。这些纠纷解决方式至今仍存遗迹，影响着现行法的实施。

藏族/藏区有着极为特殊的政治经济文化地位，其传统文化中边疆、宗教、土司、阶层分化等多重元素杂糅，所以现代社会中法律现象相当的复杂，成为分析国家法与多元法关系、国家正式制度与多元制度关系的重点区域。西藏大学王春焕主持的国家哲学社会科学课题"西藏地区非诉讼纠纷解决机制"于2005年起启动，最先开始对藏区纠纷解决机制的研究，2009年结项。公开文献中可见到《西藏社会矛盾分析及其解决机制研究》阶段性成果。[③] 此外，还有华热·多杰《藏族部落纠纷解决制度探

---

① 参见［美］Sally Falk Moore《法律与人类学》，黄维宪译，载李亦园编《文化人类学选读》，台湾食货出版社1980年版。

② 王鑫：《少数民族农村民间纠纷解决制度》，载方慧主编《少数民族地区习俗与法律的调适——以云南省金平苗族瑶族傣族自治县为中心的案例研究》，中国社会科学出版社2006年版，第57—58页。

③ 王春焕、刘彦、黄昌军：《西藏社会矛盾分析及其解决机制研究》，载《西藏大学学报》2007年第3期。

析》、扎洛《西藏农村的宗教权威及其公共服务——对于西藏农区五村的案例分析》、王德强（绒巴扎西）《云南藏区维护社会稳定经验述要》、冉翚《转型时期川滇毗邻藏区民间纠纷解决机制考察——以凉山州木里藏族自治县为例》、胡小鹏、高晓波《“角色理论”视野下藏边民族纠纷解决新探——以光绪朝循化厅所辖藏区为例》等论文陆续发表，[①] 突出展现了藏传佛教对纠纷解决机构的设置和人们纠纷解决标准、行为方式上的影响。王德强（绒巴扎西）、胡小鹏与高晓波两文是其中涉及藏区部族间纠纷解决的两篇论文，但前者从民族政治学角度宏观分析了近年云南藏区的维稳工作，后者特别运用了社会学角色理论分析了晚清藏边部族间各种纠纷解决方式的“角色”体系。

彝族是法律文化相对比较独特的民族。彝族社会在民主改革前就已等级分化，至今又仍保留着浓厚的“家支”文化传统，因此彝族内部纠纷容易以宗族、阶层等群体形态出现；“德古”是彝族组织中重要的自然领袖，依能力调处彝族家支内部或家支与家支间的纠纷，并已显现职业化倾向，被称为“彝族民间的司法官”；彝族习惯法是不成文法，彝语自称为“节威”，主要由家支约法、口承谚语格言、民间流传案例组成。[②] 彝族社会制度中除了德古民间调解制度外，还有“死给”[③]、“放报口”[④]、“赔命价”、驱赶革除以及同态复仇、血亲复仇等独特的纠纷解决方式。1997 年周星的论文《家支・德古・习惯法》及《死给、死给案与凉山社会》[⑤] 以法社会

---

① 华热・多杰：《藏族部落纠纷解决制度探析》，载《青海民族学院学报》（哲学社会科学版）1999 年第 3 期。扎洛：《西藏农村的宗教权威及其公共服务——对于西藏农区五村的案例分析》，载《民族研究》2005 年第 2 期。王德强：《云南藏区维护社会稳定经验述要》，载《云南民族大学学报》（哲学社会科学版）2009 年第 6 期。冉翚：《转型时期川滇毗邻藏区民间纠纷解决机制考察——以凉山州木里藏族自治县为例》，载《西南民族大学学报》（人文社会科学版）2010 年第 10 期。胡小鹏、高晓波：《“角色理论”视野下藏边民族纠纷解决新探——以光绪朝循化厅所辖藏区为例》，载《西北师范大学学报》（社会科学版）2010 年第 6 期。

② 参见周星《家支・德古・习惯法》，载《社会科学战线》1997 年第 5 期。

③ 死给，当地彝语称之作“斯吉比”，直译意为“互相死给”，即在彝族社会受冤屈的人如果自杀，被彝族社会视为他杀，会引起死者所在家支集体出动声讨施害人。参见周星《死给、死给案与凉山社会》，载马戎、周星编著《田野工作与文化自觉》（下），群言出版社 1998 年版。

④ 放报口，即“为破案而悬赏告发。鼓励告密”。参见周星《家支・德古・习惯法》，载《社会科学战线》1997 年第 5 期。

⑤ 周星：《家支・德古・习惯法》，载《社会科学战线》1997 年第 5 期。周星：《死给、死给案与凉山社会》。

学的现实视角，特别是通过真实的纠纷个案呈现了彝族纠纷解决机制的迤逦风采。十几年后的今天，有关彝族社会纠纷解决机制的研究成果十分丰硕，稳定的研究者有西南民族大学彝学学院的蔡富莲、四川西昌学院社科系的张居盛、云南大学西南边疆少数研究中心嘉日姆几（即杨洪林）博士以及中央民族大学法学院李剑博士等，公开发表有蔡富莲《市场经济体制下凉山彝族家支、习惯法与彝族社会治安问题研究——以彝族聚居县美姑、昭觉、布拖为例》、嘉日姆几《彝汉纠纷中的身份、认知与权威——以云南省宁蒗彝族自治县为例》等论文。[①] 2005 年前后，西南政法大学、中央民族大学先后有多位博士、硕士以彝族/彝区纠纷解决机制为主题形成学位论文，[②] 使这一领域汇聚了青年学者在法学、人类学、民族学、社会学乃至博弈论上的智慧火花。这些硕博论文着眼社会现实，描述了彝族/彝区特有的纠纷解决方式，对纠纷解决机制结构及运作状态、效力进行了分析与阐释，以丰富的个案让人们深刻体会到彝人社会纠纷产生与解决背后的行为逻辑。最难得的是，杨志伟、瓦扎·谦务·尔铁、嘉日姆几等本人即是彝族，嘉日姆几还是云南宁蒗彝族自治县嘉日家支的头人，他们对彝族/彝区纠纷解决机制作的主位研究大大弥补了其他异文化学者客位研究上的不足。瓦扎·务谦·尔铁的硕士学位论文总结了彝区常规处理纠纷的必经程序，揭示了显然不同于国家法程序正义理解的程序对于纠纷解决的贡献，突破了以往学者仅从实体法角度讨论习惯法存在之合理性的局限。[③] 嘉日姆几的博士学位论文则比较了当代汉族与彝族的社会理想、纠纷观念及解决纠纷的

---

① 蔡富莲：《市场经济体制下凉山彝族家支、习惯法与彝族社会治安问题研究——以彝族聚居县美姑、昭觉、布拖为例》，载《贵州民族研究》2006 年第 6 期；嘉日姆几：《彝汉纠纷中的身份、认知与权威——以云南省宁蒗彝族自治县为例》，载《民族研究》2008 年第 4 期。

② 张明泽：《少数民族习惯法的意蕴——理论与个案的透析——以彝区解纷为例》，西南政法大学法律史专业硕士学位论文，2003 年；李剑：《论凉山彝族的“法律人”——德古》，西南政法大学法律史专业硕士学位论文，2006 年；张志强（瓦扎·务谦·尔铁）：《“无需法律的秩序”何以可能——凉山彝族纠纷解决程序初步研究》，西南政法大学法律史专业硕士学位论文，2007 年；杨志伟：《断裂的少数民族习惯法——以凉山彝族为例》，中央民族大学民族学专业硕士学位论文，2003 年；嘉日姆几（即杨洪林）：《云南小凉山彝汉纠纷解决方式研究》，中央民族大学人类学博士学位论文，2008 年；李剑：《论凉山彝族的纠纷解决》，中央民族大学民族法学专业博士学位论文，2010 年。

③ 张志强（瓦扎·务谦·尔铁）：《“无需法律的秩序”何以可能——凉山彝族纠纷解决程序初步研究》，西南政法大学法理学专业硕士学位论文，2007 年。

行为方式，觉得两者有差异也有共性，认为纠纷产生有“利益”与“象征”双重原因，解纷则需同时满足两者需求；还认为“身份”与“契约”是两种纠纷解决方式。[①] 这种比较法人类学研究路径让人耳目一新。此外，蔡富莲对当代彝区社会治安问题的实地研究值得一提，她展示了家支文化的复兴带来了正反两方面的社会影响。

苗族支系十分庞杂，分散居住在贵州、两广、四川、云南、两湖各处，习俗与文化具有很多差异，它的纠纷解决机制应较为复杂，但就目前公开发表的以苗族纠纷解决机制为研究主题的学术论文共有13篇，全部发表于2005年以后，并无一例外地以贵州黔东南及其周边地带苗族社会为考察区域，未见针对其他苗族区域的研究。研究成果也相应地主要来自贵州凯里学院的徐晓光、贵州民族学院法学院的周相卿、原贵州工业大学法学院的罗洪洋以及由陈金全领导的西南政法大学团队。从整体上看，各学者偏重总结规范、揭示并从民族文化、民族法传统的角度来阐释习惯法现象，对社会治理现状还未进行深入关注。徐晓光对黔东南苗族纠纷解决机制的研究比较成体系，系列论文通过梳理口传古歌理词、古文献、民族调查报告记载以及通过实地调研收集了许多苗族内部纠纷个案，以“议榔”、“理老（理师）”、“理词”、“筹”为关键词展现了苗族传统诉讼场景、规范、过程以及人们的诉讼心理、行为、价值取向，指出了现代社会里国家法对民族地区纠纷解决具有一定程度的不适应性。[②] 这些论文后来被作者集结成《原生的法——黔东南苗族侗族地区的法人类学调查》一书，于2010年出版。周相卿早在2004年就以《黔东南雷山县三村苗族习惯法研究》为题完成了他的博士论文，对过去与现在的苗族习惯法有系

① 嘉日姆几（即杨洪林）:《云南小凉山彝汉纠纷解决方式研究》，中央民族大学人类学博士学位论文，2008年。

② 徐晓光:《唱歌与纠纷的解决——黔东南苗族口承习惯法中的诉讼与裁定》，载《贵州民族研究》2006年第2期；徐晓光:《黔东南苗族村寨“田边地角”的土地纠纷及其解决途径》，载《西南民族大学学报》（人文社科版）2007年第6期；徐晓光:《“涉牛”案件引发的纠纷及其解决途径——以黔东南雷山县两个乡镇为调查对象》，载《山东大学学报》（哲学社会科学版）2008年第2期；徐晓光:《看谁更胜一“筹”——苗族口承法状态下的纠纷解决与程序设定》，载《山东大学学报》（哲学社会科学版）2009年第4期；徐晓光:《锦屏林区民间纠纷内部解决机制及国家司法的呼应——解读〈清水江文书〉中清代民国的几类契约》，载《原生态民族文化学刊》2011年第1期；徐晓光:《小牛的DNA鉴定——黔东南苗族地区特殊案件审理中的证据与民间法参与》，载《广西民族大学学报》（哲学社会科学版）2011年第1期。

统的认识，其在《台江县反排寨苗族习惯法中的神判制度研究》一文中通过列举文献与现实调查证明了神判在过去与现在苗族社会里确实存在并发挥着国家法所不能代替的功能。[①] 康有赓最早开始研究贵州省锦屏县的民间山林契约。[②] 贵州工业大学法学院罗洪洋延续了这个学术兴趣，并且曾通过对清末民间文书记载的纠纷个案进行分析，说明了当时苗族林区内部与外部的社会与法制环境是如何共同保障契约效力的。[③] 陈金全团队在苗寨民事规则与适用的研究上也作了重要贡献。他们在文斗收集整理到了728份契约以及近300份纠纷处理文书，梁聪证实了契约与民间契约制度在清代文斗苗区对维护林木交易秩序的巨大作用；[④] 侯晓娟、陈金全则从诉讼所使用的词状入手，着力还原文斗苗区法秩序形成的动态图景——纠纷解决主要依靠民间第三方按照“情理”来调处解决。[⑤]

侗族传统社会与苗族一样是“有族属，无君长，不相统属”的村寨社会。家族是社会的基本单位，“款”组织是通过缔结款约而形成的地缘组织，对内维持秩序，对外防卫。侗族没有文字，但其流传至今的款词古歌及良好的自治遗风足以证明其秩序文化之深厚。至今为止，对侗款内容收集与整理的成果很多，但对侗区社会现实的研究目前只来自于广西师范大学法学院周世中团队，其硕士研究生刘琳曾于2005—2007年间对当代广西三江侗族自治县的法治状况作了比较细致深入的实地调研。本课题组成员之一——广西民族大学法学院蒋鸣湄发表阶段性成果《古代侗款效

① 周相卿：《黔东南雷山县三村苗族习惯法研究》，云南大学法律人类学博士学位论文，2004年。周相卿：《台江县反排寨苗族习惯法中的神判制度研究》，载《贵州民族学院学报》（哲学社会科学版）2010年第1期。

② 康有赓：《清代清水江下游苗族林契研究》，载《苗族研究会成立大会暨第一届学术讨论会论文集》，1989年。康有赓：《清代苗族山林买卖契约反映的苗汉等族间的经济关系》，载《贵州民族研究》1990年第3期。

③ 见罗洪洋、张晓辉《清代黔东南文斗侗、苗林业契约研究》，载《民族研究》2003年第3期；罗洪洋、赵大华、吴云《清代黔东南文斗苗族林业契约补论》，载《民族研究》2004年第2期；罗洪洋《清代黔东南锦屏苗族林业契约的纠纷解决机制》，载《民族研究》2005年第1期；罗洪洋《清代黔东南锦屏苗族林业契约之卖契研究》，载《民族研究》2007年第4期。

④ 梁聪：《清代清水江下游村寨社会的契约规范与秩序》，西南政法大学法律史博士学位论文，2007年。

⑤ 侯晓娟：《清代黔东南文斗苗寨纠纷解决机制研究》，西南政法大学法律史硕士学位论文，2010年。陈金全、侯晓娟：《论清代黔东南苗寨的纠纷解决——以文斗苗寨词状为对象的研究》，载《湘潭大学学报》（哲学社会科学版）2010年第1期。

力溯源——对古代三江侗族村寨社会纠纷解决机制的研究》、《社会契约与国家法律在现代乡村社会中的实践方式——对广西三江侗族自治县多元化纠纷解决机制》两文之前，未见对侗族/侗区纠纷解决机制的专题研究成果。

壮族是现今西南地区人数最多的少数民族，也是汉化程度较深的少数民族之一。其独具特色的制度文化主要在于“都老（寨老）制”与“土司文化”。对壮族法的研究尚停留在对习惯法文化片段梳理阶段，需要更多社会基层经验资料、案例作支撑的纠纷解决机制研究还尚未开展。目前可见到的相关研究仅有张洪春硕士学位论文《清末民国壮族习惯法研究》中“犯罪及解决的方式与程序”一节、覃奕硕士学位论文《清朝“改土归流”前后广西壮族土司司法制度探析》中“‘改土归流’前后广西壮族土司习惯法的运用”及“‘改土归流’前后广西壮族土司审判程序的变更”两节。[①] 其实，中央王朝治理下壮族内外纠纷解决机制的历史演进过程中“趋汉”观念的形成与发展、制度实践是一系列非常有意义的研究主题。

景颇族传统社会制度是山官制度，但它曾经处在傣族土司统治之下，曾有官种、百姓种和奴隶种阶级划分，并形成了自己的一整套规范体系——“贡萨德拉法”（又译称“督德拉法”或“通德拉法”）。[②] 所以，一段历史时期内，景颇族传统社会曾同时适用着分别来自本民族固有制度、傣族土司衙门和中央政府正式制度等三方面的多元纠纷解决机制。胡兴东 2008 年发表的《景颇族传统山官制度下民事纠纷的解决机制》一文以历史文献资料为基础揭示了前述历史社会事实，并且指出景颇族传统社会是一个多元规范体系、多元纠纷解决机制相互影响的社会：在山官指挥下完成的包括“拉事”、神判在内的解纷方式是景颇传统社会主要的解纷方式，景颇族与其他民族之间产生的较重大的纠纷主要提交傣族土司衙门管辖，中央流官政府享有最高的权位，但是管辖限于关涉地域统治权的案件。另一位研究者赵天宝则侧重于研究景颇族传统社会内神判的生成和使

---

① 张洪春：《清末民国壮族习惯法研究》，广西师范大学中国少数民族史硕士学位论文，2005 年。覃奕：《清朝“改土归流”前后广西壮族土司司法制度探析》，华东政法学院法制史硕士学位论文，2006 年。

② 胡兴东：《景颇族传统山官制度下民事纠纷的解决机制》，《云南民族大学学报》（哲学社会科学版）2008 年第 1 期。

用的合理性，[①] 以及以国家法与民族法二元结构研究中国建国前后景颇地区呈现出来的多元纠纷解决机制运行形态。[②]

除以上少数民族之外，龙大轩对于羌族、高其才对于瑶族、张晓辉对于仡佬族、佴澎对于白族，都进行过纠纷解决机制方面的研究。[③] 事实上，对民族纠纷解决机制的关注意味着民族法研究领域中的重要发展，或说以纠纷解决的角度来研究民族法会带来新“研究增长点”，因为它使更多的研究者不再泛泛而谈，而是放下身段去接近“琐事细节”，对“到底是怎样的”、“为什么会这样的”探个究竟，体会事理、情理与法理。所有研究成果累积起来，可以说明以往前人收集的民族法规范确曾生动地运行于现实生活，民间社会有着多姿多彩的秩序维持模式。

（二）民族民间纠纷解决机制综合性研究

少数民族纠纷解决机制的研究如果停留在孤立地对单个民族进行研究上，不进行综合性研究，研究意义将大打折扣。不仅仅因为我们是一个统一的多民族国家，而且因为各民族社会纠纷解决方式的多样性、彼此间的差异性恰是深入研究纠纷解决机制基本理论的经验基础。这些基本理论问题至少包括以下命题：

1. 各民族内部纠纷解决机制是否存在共性？
2. 特定纠纷解决方式是怎样发挥效力的？它须凭借哪些社会因素？
3. 不同民族的民间社会何以会形成不同的纠纷解决机制体系？体系中多种纠纷解决方式间结构如何？
4. 社会纠纷解决机制的发展阶段、基本规律如何？
5. 本族与他族纠纷解决机制之间的关系如何？
6. 统一中央政权制度下，民族固有纠纷解决机制的地位与作用如何？

现有民族纠纷解决机制的综合性研究成果实在不多，多处在起步阶段。

---

① 赵天宝：《探寻少数民族习惯法的公正与权威——以景颇族神判为中心考察》，载《甘肃政法学院学报》2008 年第 9 期。

② 赵天宝：《少数民族习惯规范与国家法的冲突及互动——以景颇族为例》，载《中央民族大学学报》（哲学社会科学版）2009 年第 5 期；赵天宝：《自发秩序与和谐——以景颇族解纷为例》，载《学术探索》2010 年第 1 期。

③ 龙大轩：《羌族诉讼习惯法的历史考察》，载《山东大学学报》（哲学社会科学版）2005 年第 2 期。高其才：《瑶族调解与审理习惯初探》，载《清华法学》2007 年第 2 期。张晓辉：《现代仡佬的民间法与民间纠纷解决方式——以贵州省大方县普底乡红丰村为例》，载《贵州民族学院学报》2007 年第 3 期。佴澎：《清代大理白族纠纷的解决规范》，载《清史研究》2008 年第 3 期。

张冠梓曾在论著《论法的成长》中试图对多个民族纠纷解决机制的共性有所把握。他曾指出，“法的成长、变迁、现代化，从根本上说是一个文化变迁的过程”，各民族所处自然环境、经济方式、政治制度、宗教形态、文化传统以及中央控制、外族交往综合影响着法的形成发展，权威的职业分化、议事方式和制裁制度的演进与法形式与内容的变化一样会呈现出不同阶段特征。其总结，武装冲突与调解方式成为南方山地各民族解决族际间和群体之间各种纠纷的重要方式，调解适用于当事人双方均认可的习惯或习惯法的意思范围内，械斗适用于缺乏公认权威、无法调处的场合；① 而神判是重要的明辨是非与纠纷处理的手段，其裁判结果凭借人们信仰上的共同权威、集体参与下的公信力和仪式化程序的形式正义而获得效力。②

调解对各民族内部日常纠纷来说具有普遍适用性，可以说是民族民间纠纷解决机制的中心。张晓蓓、康晓卓玛及李晓斌、周世新都对少数民族纠纷调解机制作过专题研究，以后者的研究更为突出。③ 李晓斌、周世新指出，血缘关系的存在与社会功能的继续发挥以及基层司法调解中心能力的不足是传统社会控制模式残存现今的原因，民间调解具有不适于解决族际纠纷、容易出现以大欺小的弊端，从而建议形成“国家法与民间习惯法嵌合互补的调解模式”。④ 何立荣、吕亚芳、黄东坡等学者及实务界人士则从刑法角度关注了“刑事和解”在现代民族地区有较好的实践空间，因为它可以找到较为合适的调停人，纠纷双方又基于共同的价值观与紧密的人际关系容易达成和解协议并便于执行，收到良好的社会效果。⑤

有一些学者研究在现代社会如何协调与整合民族固有纠纷解决机制与

---

① 张冠梓：《论法的成长——来自中国南方山地法律民族志的诠释》，社会科学文献出版社2000年版，第315—326页。

② 同上书，第469—495页。

③ 张晓蓓、康晓卓玛：《论民族自治区域少数民族纠纷调解机制的建构——来自四川少数民族自治地区的调研》，载《中央民族大学学报》（哲学社会科学版）2007年第3期；李晓斌、周世新：《西南特困少数民族民间纠纷调解的特点与调适分析》，载《西南边疆民族研究》2007年刊。

④ 李晓斌、周世新：《西南特困少数民族民间纠纷调解的特点与调适分析》，载《西南边疆民族研究》2007年刊。

⑤ 何立荣：《刑事和解在民族地区农村的提倡——民族地区农村刑事法治与和谐社会的构建》，载《前沿》2008年第10期；吕亚芳、黄东坡：《少数民族聚居地区刑事和解探讨——以广西壮瑶聚居地为例》，载《新西部》2010年第22期。

国家法定纠纷解决机制之间的关系。陈宜明确地将现代民族地区纠纷解决机制分为民间与国家法定两大体系，认为二者在规范、纠纷解决者、程序、公信力上有冲突，但民族自治地方的法律变通权、村规民约规范化及吸收民间公认德高望重人士参与人民调解有助于构建合理的民族民间纠纷解决机制。① 龙大轩、刘玲持类似主张，认为变通国家法以及放手由当地习俗调处小的民事纠纷案件有利于西南少数民族地区当代社会秩序的稳定。② 佴澎《从冲突到和谐》一书则展现了元明清时期西南少数民族固有纠纷解决机制与中央王朝纠纷解决机制在互动中演进的历史，一改以往学者认为中央王朝主导少数民族法发展的片面看法，证明了少数民族地区自身固有机制反作用的力量。③

王启梁的研究虽然从未在其论文标题上出现过“纠纷解决”的字样，但他《意义、价值与暴力性私力救济的发生——基于对行动的主观维度考察》、《作为生存之道的非正式社会控制》等文通过对少数民族/民族地区纠纷解决机制与社会结构、宗教文化间关系的讨论，指出：文化的多样性创造了规则和纠纷解决的多样性；民族地区村落社会尽管多样但大多属群体性社会结构，所以民族内外纠纷解决方式显现出群体解决的特征；“人们的行动不仅受制于客观的结构、制度，还和人们关于意义的思考、对价值的追求这些主观性的东西密切关系”；当代中国法律张扬个人主义、权益意识的现代化进程与中国社会社群依赖的社会结构传统、群体利益的价值观传统发生了脱节，这加大了利益分化与价值系统碎片化，由此造成国家社会控制错乱失效的现状。④

（三）族际纠纷解决机制的研究

中国民族政治学一直以来以民族矛盾的解决、建立平等和睦的民族关

① 陈宜：《论西部和谐社会语境下民族纠纷解决机制的完善》，载《西南民族大学学报》（人文社科版）2009 年第 6 期。

② 龙大轩、刘玲：《略论西南少数民族地区的民事纠纷及其解决机制》，载《甘肃政法学院学报》2010 年第 6 期。

③ 佴澎：《从冲突到和谐——元明清时期西南少数民族纠纷解决机制研究》，人民出版社 2008 年版。

④ 王启梁：《意义、价值与暴力性私力救济的发生——基于对行动的主观维度考察》，载《云南大学学报》（法学版）2007 年第 3 期；王启梁：《作为生存之道的非正式社会控制》，载《山东大学学报》（哲学社会科学版）2010 年第 5 期；王启梁：《乡村社会中的多元社会控制：“分裂的整体”》，载《云南民族大学学报》（哲学社会科学版）2011 年第 1 期。

系为己任，并构建了民族区域自治法律制度理论。但以个体民间视角在民族政治学场所之外对跨民族的纠纷以及纠纷解决的研究却才刚刚开始。

张冠梓恰当地从文化上将民族关系分为两种：一种是“平等关系”，即“两个民族虽是近邻，但各自凭借自己的文化改造同一生境的不同对象，文化虽时时接触，但却可以长期并行不悖，各自相对独立，比如苗、布依、侗、水等族”；另一种是“代偿关系”，即“相邻两个民族所处的一般进化阶段有所不同。处于进化高位的民族得以凭借其较大的控驭能力，对处于低位的民族的生存生境进行代偿性利用，双方在文化上处于主动和被动的不相称地位，比如傣族和基诺、布朗族之间”。[①] 这为族际纠纷解决机制的研究在多民族统一政权下的“总—分”视角之外，又提供了统一政权之外的“分—分”、“分—次分”两种研究视角。

龚佩华研究过景颇族历史上的多层次社会，族际矛盾种类之多样令人印象深刻，有：1. 关于统治者之间的斗争。（1）官种等级内部争权夺利；（2）帮助傣族土司争位；（3）土司与山官矛盾。2. 山官与百姓间的战争。3. 景颇族反国民党设治局和土司衙门战争。4. 景颇族与周边汉、傣等族的民间矛盾等。[②] 是以叫人感觉到族际纠纷与纠纷解决是多元多层次的复杂社会现象。

或许正是因为族际纠纷复杂，有关族际纠纷解决的成果屈指可数：林共宜的《历史上西南少数民族地区民族际纠纷种类及特点研究》，胡兴东的《历史上西南少数民族地区族际纠纷解决机制研究》，胡小鹏、高晓波的《“角色理论”视野下藏边民族纠纷解决新探——以光绪朝循化厅所辖藏区为例》，李晓斌、周世新的《西南特困少数民族民间纠纷调解的特点与调适分析》，还有嘉日姆几的《彝汉纠纷中的身份、认知与权威》。林共宜对历史上少数民族地区的族际纠纷作了分类，并以相应的历史事件为例归纳了族际纠纷的特点。[③] 与此同时，胡兴东将历史上西南少数民族地区族际纠纷解决机制分为调解型（又分为民间调解型和官方调解型）、诉

---

① 张冠梓：《论法的成长——来自中国南方山地法律民族志的诠释》，社会科学文献出版社2007年版，第300页。

② 龚佩华：《从景颇族的统一谈族群理论——兼论与周边民族的矛盾和适应》，载《思想战线》2008年第4期。

③ 林共宜：《历史上西南少数民族地区民族际纠纷种类及特点研究》，载《思想战线》2010年第S2期。

讼型、军事征伐型三种，并指出中国历史上族际纠纷解决机制上的多样性、复杂性、中央政府与地方流官政府政治投机性和官方承认少数民族间形成的固有纠纷解决机制等特点。① 胡小鹏、高晓波以社会学“角色”理论，用藏边民族纠纷解决的史料个案论证了光绪年间各种族际间纠纷解决方式间的互补、递归、阶梯关系，不同的纠纷解决方式可分担“谕饬型”、“治疗型”、“判断型”、“辅助型”、“具结型”的不同角色，相互配合、有机地发挥解决族际矛盾的作用。② 李晓斌、周世新、嘉日姆几使用的是当下材料。李晓斌、周世新的贡献在于指出了民族民间调解机制并不适宜族际纠纷；③ 嘉日姆几的《彝汉纠纷中的身份、认知与权威》一文则用了五个十分有意思的现代案例说明了不同民族的个人间纠纷往往打着族群文化冲突、认知差异的烙印，纠纷的解决有时来源于彼此文化上的理解而得到的“合意”，有时是凭借“国家强力”解决，而国家强力又在其中戏剧性地对双方产生不同质的效力。④

（四）国家治理下少数民族/民族地区多元纠纷解决机制研究

云南大学法学院民族法学术圈最早开始从国家治理以及社会控制的角度来研究民族地区纠纷解决机制的构建问题。2004 年底课题主持人胡兴东博士完成了题为《生存范式：理性与传统》的博士论文，论文第十章“元明清时期南方民族纠纷解决机制的变迁”以史料实证了元明清时期国家管理体系与南方民族固有纠纷解决机制体系之间的互动关系，说明了元明清时期国家是如何通过行政官僚体系设置、纠纷解决机制构建达到对南方民族宽紧有度治理的，而南方各族又是如何发挥其自身能动性来适应各朝代国家治理变迁的。⑤ 该文首次分别从国家政治治理与社会控制两个层面来讨论民族地区纠纷解决机制，打开了民族纠纷解决机制主题研究的外在视野、宏观视野；其以史学内容为形式，实质主旨却在于思考现代中国

① 胡兴东：《历史上西南少数民族地区族际纠纷解决机制研究》，载《云南社会科学》2010 年第 4 期。

② 胡小鹏、高晓波：《“角色理论”视野下藏边民族纠纷解决新探——以光绪朝循化厅所辖藏区为例》，载《西北师范大学学报》（社会科学版）2010 年第 6 期。

③ 李晓斌、周世新：《西南特困少数民族民间纠纷调解的特点与调适分析》，载《西南边疆民族研究》2007 年刊。

④ 嘉日姆几：《彝汉纠纷中的身份、认知与权威》，载《民族研究》2008 年第 4 期。

⑤ 胡兴东：《生存范式：理性与传统——元明清时期南方民族法律变迁研究》，中国社会科学出版社 2005 年版，第 314—341 页。

的法治建设，从而又一次彰显了民族法制史研究鉴往知今的意义。

2006年云南大学法学院数位同人在经历了4年实地调查与研究后结集出版了《少数民族地区习俗与法律的调适》一书。该书中王鑫的《少数民族农村民间纠纷解决制度》、马绍红《国家法律、民族习俗与婚姻家庭刑事纠纷的解决》、方慧和胡兴东的《少数民族地区刑事案件中的司法选择》三文，以云南省金平苗族瑶族傣族自治县的案例为中心，较系统地研究了统一中央政权法制下当地民族群众面对民刑事纠纷的处理方式①。方慧、胡兴东在其中论证说明了各民族社会对“何为犯罪”有着与国家不同的界定，对于何为秩序的恢复和正义的取得（即纠纷解决）也有不同的标准，这会带来许多司法难题，因此建议国家有限承认民族固有纠纷解决机制，但应遵循“不能与国家主权统一相违背”、“不能造成公民宪法权利与公认人权的损害和克减”、“必须有利于社会秩序得到有效恢复”等几个基本原则。该研究从微观到宏观都有相关理论的提升。

2007年本课题获得国家哲学社会科学基金立项后，课题组成员保持了古今、深广、静动、微观与宏观相结合的研究思路，先后发表阶段性成果论文10篇。② 对“如何维护民族地区基层社会秩序，实现国家治理？”这一问题进行了深入思考。我国历史上确有中央政权通过灵活改造基层机构、立

---

① 王鑫：《少数民族农村民间纠纷解决制度》，马绍红：《国家法律、民族习俗与婚姻家庭刑事纠纷的解决》，方慧、胡兴东：《少数民族地区刑事案件中的司法选择》，均载方慧主编《少数民族地区习俗与法律的调适——以云南省金平苗族瑶族傣族自治县为中心的案例研究》，中国社会科学出版社2006年版。

② 此10篇论文为：胡兴东：《西南少数民族地区多元纠纷解决机制的构建》，载《云南社会科学》2007年第4期；胡兴东：《元明清时期国家法对民间纠纷解决机制的规制研究》，载《云南大学学报》（法学版）2007年第4期；胡兴东：《景颇族传统山官制度下民事纠纷的解决机制》，载《云南民族大学学报》（哲学社会科学版）2008年第1期；胡兴东：《20世纪50年代以来云南藏区社会治理问题探析——以社会纠纷解决机制为中心考察》，载《云南行政学院学报》2009年第1期；胡兴东、朱艳红：《中国历史上少数民族刑事案件法律适用问题研究》，载《云南民族大学学报》（哲学社会科学版）2009年第3期；胡兴东：《近代以来云南藏区社会组织制度变迁》，载《玉溪师范学院学报》2009年第5期；朱艳英：《西南少数民族地区纠纷解决机制变迁研究》，载《云南农业大学学报》2009年第1期；浦加旗：《彝寨社会秩序解读——从法社会学、法人类学的视角》，载《重庆工学院学报》（社会科学版）2008年第5期；蒋鸣湄：《古代侗款效力溯源——对古代侗族村寨社会纠纷解决机制的研究》，载《广西政法管理干部学院学报》2010年第6期；蒋鸣湄：《社会契约与国家法律在现代乡村社会中的实践方式——对广西三江侗族自治县多元纠纷解决机制的考察》，载《广西民族研究》2009年第4期。

法与司法分离、管辖与法律适用分离的办法将政治层面控制与社会层面控制适当分离，最终为民间社会自治保留适度空间的经验，还有对包括民间固有纠纷解决机制在内的多元纠纷解决机制进行利用与规制的经验，以及“文革”期间公权力过分深入基层并未带来更多秩序的教训，[①] 或许可以为当代国家治理寻求统一又不失多样、稳定又不失活力的社会治理模式提供借鉴。

三、未来研究之展望

少数民族/民族地区纠纷解决机制的研究主题介于民族法学与纠纷解决学之间。当我们同时启动民族法学与纠纷解决学上的智识来认识与思考现实世界时，就像多打开了两扇窗，能看到更多的风景，会发现更多的“真相”，会得到更广阔的思路去应对现实所需。

（一）基于对秩序的追求：对少数民族/民族地区纠纷解决机制研究目的的再认识

民族法研究的非主流性使其就是放在十分现实也热门的纠纷解决主题中，或在纠纷解决研究内容前冠上独特的民族概念，也不会就此提升这些主题的学术意义与现实意义。不管这样的质疑有没有道理，但我们确实有必要清楚自己所作研究的意义和目的。

诚然，那些曾在小型简单社会中发挥作用的规则制度不可能原模原样地照搬到规模庞大、结构复杂的社会里来，不仅是因为环境地域、社会结构不同了，而且过去的东西不能自然地解释当下。[②] 各民

① 参见胡兴东在系列论文中的观点。特别是胡兴东：《西南少数民族地区多元纠纷解决机制的构建》，载《云南社会科学》2007 年第 4 期；胡兴东：《元明清时期国家法对民间纠纷解决机制的规制研究》，载《云南大学学报》（法学版）2007 年第 4 期；胡兴东：《20 世纪 50 年代以来云南藏区社会治理问题探析——以社会纠纷解决机制为中心考察》，载《云南行政学院学报》2009 年第 1 期；胡兴东、朱艳红：《中国历史上少数民族刑事案件法律适用问题研究》，载《云南民族大学学报》（哲学社会科学版）2009 年第 3 期；胡兴东：《近代以来云南藏区社会组织制度变迁》，载《玉溪师范学院学报》2009 年第 5 期。

② 北方民族大学学者易军曾有比较性地讨论过共时研究与历时研究范式的意义，以梁治平先生的法律文化研究为例批评了历时研究范式的“以历史上的事实或史料来论证民间法的合理性”的做法，认为“社会始终处于变迁之中，只有用现时的或者正在发生的因素来研究社会的规律”才有意义，以（过去）事实来理解（现在）事实应是难以胜任的。易军：《论民间法范式的研究方法》，载《社会科学论坛》2008 年第 9 期（下）。

族的固有制度产生并运行于小型简单社会，原样套用于中国这样多层次多样的复杂社会不可想象。不同民族间的制度移植也存在类似的顾虑。也就是说，即便是可以采用，也会受到普适性限制。何况时过境迁，现在我们能够看到的各民族固有制度多数只是历史遗存片断，近期一些民族地方虽偶有恢复但也不成体系，它们能对今天的纠纷解决有多大意义呢？中国古代中央王朝的制度经验固然可以应对宏大的社会管理，但过去与现代到底又有多大的可比性？……这些都是我们在呈现民族纠纷解决机制研究成果时心中常常存有的追问。这些问题，可以归结为一个正面的表述，就是："我们为什么要研究民族（民间）纠纷解决机制？"我们在综述中汇聚前人的智慧试图明晰这个问题，我们发现前人学者也并未先知先觉。但是大家对少数民族/民族地区的纠纷解决的共同描述给了我们重要的启示：社会尽管多样和复杂，但不同的社会会遇到相似的问题，比如社会纠纷；而如何解决纠纷又是一个不得不解答的问题。于是，不同社会管理者给出了不同的答案。彝族有彝族的答案，景颇族有景颇族的答案，秦汉有秦汉时期的答案，元明清有元明清时期的答案。这些答案里有些形成了我们法学界主打研究的"法律制度"，有些没有，但是可以归入社会学的"社会控制"的范畴。具体的"答案"或许不能直接适用于不同的社会，但是"答题的方法与思路"应当是可以通用的。比如，"革除"这种惩罚方式适用于社群利益比较密切的小型社会用以威慑越轨，无论这个小型社会是村落社会还是行会社会；"调解"这种解纷方式对有共同文化基础和有密切利益关系的双方当事人来说是有效的，超出这个范围，调解这一程序就没有多大意义；"审判"或说扩大至"正式的纠纷解决方式"，社会治理者完全可以通过事件管辖权、属人管辖权、司法自由裁量权的分配，在解决个体纠纷的同时实现对多样社会的差序控制，元明清中央王朝就是这样做的，新中国成立后不同时期也曾有类似的做法，如在审判中或多或少地贯穿政治教育、权利意识培养等非个体纠纷解决的功能。——现在，再来回答"我们为什么要研究民族（民间）纠纷解决机制"的问题：那是因为当下生活着的我们同样需要安宁与秩序，需要解决纠纷，需要在各种应对社会纠纷的解决方案中吸取智慧，包括古今、中外及各民族的方案。

（二）两种研究范式从抵牾到合作：解开多元纠纷解决机制研究中的“多元”困惑

尽管范愉教授对什么是“多元纠纷解决机制”下过明确的定义，[①] 大部分学者也认同，但我们发现实际上学者们对多元纠纷解决机制的认识并不一致：大多数学者认为一个社会里只存在一套纠纷解决机制，“多元”的含义是指其由多种纠纷解决方式构成。我们暂把它称为“多元方式说”。而在民族法学者的视野里会看见一个社会中存在多套纠纷解决机制，比如民间固有纠纷解决机制与国家正式纠纷解决机制就是两套平行但相互作用的纠纷解决机制，每一套纠纷解决机制中又可能包含多种纠纷解决方式。[②] 此处“多元纠纷解决机制”中的“多元”指的是纠纷解决机制的多元。我们把此称为“多元机制说”。基于不同的认识形成了不同的研究分析模式：前者以独立观察调解、仲裁、判决等每一种纠纷解决方式为基础，分析多元纠纷解决方式之间的分工合作关系，以及人们对纠纷解决方式的选择动机与行为；后者则以纠纷解决的不同效力来源机制为独立考察，分析多元纠纷解决机制之间的互动融合关系，以及国家权力对民间社会的控制程度与方式。如胡兴东研究过的1949年以前的景颇族传统社会，那时曾同时存在过景颇族自己内部的纠纷解决机制、外部的傣族土司衙门及中央流官政府体系的纠纷解决机制等三种，或三个层次的纠纷解决机制，它们各自运作又相互影响，各自的地位会随着中央权力的深入而发

---

① 范愉界定“多元纠纷解决机制”为，“指在一个社会中，多种多样的纠纷解决方式以其特定的功能和特点，相互协调地共同存在，所结成的一种互补的、满足社会主体的多样需求的程序体系和动态的运作调整系统”。范愉：《多元化纠纷解决机制原理与实务》，载沈恒斌主编《多元化纠纷解决机制原理与实务》，厦门大学出版社2005年版，第428页。

② 诸学者的观点体现在他们的论文中。详见胡兴东《滇西北特困民族社会转型中法律冲突的调适》，载《云南民族大学学报》（哲学社会科学版）2005年第4期；胡兴东《西南少数民族地区多元化纠纷解决机制的构建》，载《云南社会科学》2007年第4期；胡兴东《元明清时期国家法对民间纠纷解决机制的规制研究》，载《云南大学学报》（法学版）2007年第4期；胡兴东《景颇族传统山官制度下民事纠纷的解决机制》，载《云南民族大学学报》（哲学社会科学版）2008年第1期。朱艳英《西南少数民族地区纠纷解决机制变迁研究》，载《云南农业大学学报》2009年第1期。陈宜《论西部和谐社会语境下民族纠纷解决机制的完善》，载《西南民族大学学报》（人文社科版）2009年第6期。佴澎《从冲突到和谐——元明清时期西南少数民族纠纷解决机制研究》，人民出版社2008年版。

生相应变化。① 总之，“多元方式说”与“多元机制说”表面上存在明显矛盾，至少在一个社会时空里是否存在多套纠纷解决机制上是有分歧的。

我们认为，“多元方式说”与“多元机制说”虽然有冲突，但放在形成合理有效的社会纠纷解决机制、构建社会秩序的研究目标下却包含着强烈的合作契机。研究表明，中国古代少数民族都有其独特的发展经历，从而形成自身的文化与社会控制经验。当时的民族内部的纠纷预防与解决依赖着意义完整的文化网络与价值系统——这一点仅从神判制度中就可以得出结论，所以，相较于其他民族或中央政权通过外在强制力施加进来的纠纷解决机制而言，民族固有纠纷解决机制可以被视为完整的一块，其内可分出和解、调解、裁决、神判、革除、械斗等纠纷解决方式也不影响这一点判断。所以，用“多元机制说”来分析古代少数民族/民族地区纠纷解决建设状况，包括现今一些仍然比较封闭的民族地区法治状况是十分恰当的，也是站在了从统一国家角度看待社会治理的高度。与此同时，我们也必须清醒地意识到，现今中国虽然在政治上是高度统一的，但规模庞大的民间社会却是“原子化”的，由于社会转型产生许多新的纠纷类型，过去社会基本单位——群体正处在被打散且未被重新有效组织的状况。因此，可以想象，原有民族民间独特的纠纷解决机制已不再可能发挥其原效力，因为支撑其效力的“意义之网”已经破碎。这又使得从民间固有纠纷解决机制与国家正式纠纷解决机制分层来看待整个中国的纠纷解决与秩序建设不再具有广泛的解释力。而“多元方式说”的研究构架恰恰适应以尊重个人选择行为为主流趋势的现代诉讼文化。从目前的研究成果看，大多数学者也确实不自觉地在对纠纷个体的文化属性进行忽略后才谈论纠纷解决机制的构建问题，区分、利用各种纠纷解决方式的不同功能。由上可知，只有综合利用“多元机制说”和“多元方式说”两种分析框架才能对我国基层社会秩序建设进行历时性和共时性的全面考察，才会得到比较科学合理的结论。

此外，“多元方式说”与“多元机制说”还可能意味着研究者的不同追求：前者偏重研究纠纷解决机制的形式体系，构建上主要从立法技术上思考，讲求不同功能的多元纠纷解决方式外观样式的设计、衔接和权重结

---

① 胡兴东：《景颇族传统山官制度下民事纠纷的解决机制》，载《云南民族大学学报》（哲学社会科学版）2008 年第 1 期。

构合理性；而后者偏重研究纠纷得以“解决”的实质效力机制，即研究纠纷到底是依赖什么力量、通过怎样的程序被解决的，构建上对支持纠纷解决机制有效性的内外围诸多主客观因素进行广泛思考，包括经济、政治、文化、宗教以及社会结构、福利保障等，以追求真实意义上的社会秩序的实现。回望现实，我国正为维护社会稳定而努力摸索多元纠纷解决机制的建设问题，作为建设目标的纠纷解决机制无疑应做到“内外兼修”，实质有效还要形式合理、运作顺畅。当然，实质有效最为重要。所以，可以预见，“多元机制说”结合“多元方式说”才是最完美的研究范式，“多元机制说”提供宏大视角和实效评价标准，“多元方式说”则促进生成精致技术，使尽情的法理思考最终落实到法律制度这一社会统一规范上来，从而实现纠纷解决的法律实效与社会实效相统一。

（三）从纠纷解决的角度开展研究将成为民族法学新趋势

在综述中我们看到，对少数民族/民族地区纠纷解决机制的研究还十分零散、不成体系，诸多问题尚待作答，说明此方面的研究大有可为。别的暂且不论，我们认为，仅就目前民族纠纷解决机制的研究成果来说就已可以用来清理我们在主流法学研究中的一些误区。前述“多元方式说”与“多元机制说”即是一例。以下说明的“规则与纠纷解决的关系”又是一例。

大多数语境下，纠纷的产生与解决意味着行为失范的制止、冲突的平息与社会秩序的最终恢复。可是，这样的理解是基于“先有规则后有纠纷”的逻辑预设，而且将对纠纷的认识局限于“法律纠纷”。各民族的实践却表明人们会为社会交往中的很多事情发生纠纷，许多纠纷并不会被原有规则“预见到”，纠纷与规则之间倒有些像“鸡与蛋孰先孰后”的关系。原有规则被打破往往引起纠纷，但新纠纷类型的发生与解决也常常引发新规则的产生或旧规则的变动。因为人们总是遇到问题了，才想要找各种办法去解决，人们恰是在不堪纠纷、冲突困扰的情况下创造了“法”，比如侗款的产生。[①] 现代社会中亦然，由于纠纷个案的出现而制定新法的事件也不胜枚举。由此，在一定情势下纠纷的产生与解决可视为社会规范

---

① 根据流传至今的侗族款词的记载，古代侗族社会曾经历过无秩序的混乱局面，正是这个混乱局面激发了先民们对秩序与安宁的渴望，最后达成共识共同制定了规约、石头法来解决纠纷、调整内外社会关系。见蒋鸣湄《古代侗款效力溯源——对古代三江侗族村寨社会纠纷解决机制的研究》，载《广西政法管理干部学院学报》2010 年第 6 期。

生成发展机制之一；“纠纷解决机制”这一概念并不能简单地等于“现有规则的适用与维护”，既不是所有的纠纷解决都涉及现有规则的适用，也不是所有的现有规则被打破时都必然产生纠纷，尽管两者间大部分重叠。然而，无论如何理解纠纷解决机制，有一点是肯定的，纠纷解决的意义总是朝向秩序的构建与维护，对秩序和平的追求激发了人们采取各种行动寻求纠纷的解决。因此，对纠纷解决机制的研究正可以直接反观秩序的构建过程，有时不必借助规范。嘉日姆几甚至直接指明，从解决纠纷的角度来研究社会秩序恰可以摆脱“法应如何定义”等一些理论上的困扰，从而打开更广阔的思想空间，直面多样的社会现实。①

① 嘉日姆几：《彝汉纠纷中的身份、认知与权威》，载《民族研究》2008 年第 4 期。

第二章

西南少数民族历史上的纠纷解决机制

历史上，西南民族地区是中国民族群体繁多、社会结构复杂多样的边疆地区。于是，西南少数民族地区社会纠纷较为复杂，纠纷解决机制多元。本章将对西南少数民族历史上的纠纷解决机制进行较为全面的考察。分析西南少数民族纠纷解决机制必须先对西南少数民族历史上的纠纷种类和特点进行分析，因为纠纷解决机制种类和运作机制很大程度上受制于纠纷种类和特点。

第一节　西南少数民族历史上的纠纷种类及特点

西南少数民族社会纠纷种类和特点很大程度上决定着它们的纠纷解决机制的选择。西南少数民族的纠纷从形式、数量、性质诸方面都表现出自身的特殊性，这些特点决定着纠纷解决机制的多元性。为了更好地了解西南少数民族历史上的纠纷解决机制，这里先对西南少数民族的社会纠纷种类与特点进行分析，以便对整个纠纷解决机制进行整体分析，以揭示历史上西南少数民族多元纠纷解决机制的运作机制与变迁特点。

一、历史上西南少数民族纠纷的种类

西南少数民族历史上的纠纷种类可以依据不同的标准，划分为不同的种类。例如，从纠纷涉及的内容看，可以分为政治、经济、文化、宗教等，其中与经济有关的纠纷又可以分为土地、债务和财产的纠纷等。下面从不同视角对西南少数民族历史上的社会纠纷种类进行分析。

（一）经济型纠纷、政治型纠纷、文化型纠纷和宗教型纠纷

西南少数民族历史上的社会纠纷种类，可以从性质上分为经济型纠

纷、政治型纠纷、文化型纠纷和宗教型纠纷等。经济型纠纷是西南少数民族社会纠纷中的重要内容。西南少数民族地区是矿产、林木等资源丰富的地区，于是由这些资源引起的纠纷层出不穷，成为西南地区各类社会纠纷中最为明显的纠纷。对此，清朝雍正皇帝曾指出西南地区“从来两省交壤之地，其界址多有不清，云、贵、川、广等处为尤甚。间有一省之内，各州、县地界亦有不清者，每遇命盗等事，则互相推诿；矿厂、盐、茶等有利之事，则互相争竞；甚非息事宁民之意”。[①] 这说明西南地区利益纠纷引起的主要原因多是与资源有关的基本生存资料之争。《巴塘志略》记载，当地不同民族因为争金矿而产生大量纠纷。“金矿出台南五百里之宗俄诸山，与云南维西所接壤，先因两省土民争开构衅，互相斗杀，至今封闭”。[②] 贵州在明朝时思州、思南土司为争夺沙坑发生长期的纠纷，都匀府苗部阿向与土官王仲武因为争田而产生严重械斗。明清时期贵州清水江流域由于大量出产商业木材，于是与此有关的林地、林木、运输权等经济纠纷不断出现。如锦屏县的王寨、茅坪及卦治三寨从康熙朝开始出现争当江[③]权的纠纷，此纠纷沿袭到民国时期，长达二百多年。云南道光年间大理地区回族与汉族由于争夺矿产权发生了多年的族际纠纷。历史上西南少数民族地区土司、头人林立，很多土司、头人之间为了各自的政治利益常发生纠纷，比如争夺土司官位的继承权、争夺领地等成为影响西南少数民族地区社会稳定的政治纠纷。西南少数民族地区除了经济型、政治型纠纷外，还存在由于宗教、文化不同而引起的社会纠纷。西南地区各民族因宗教信仰不同，常因信仰问题产生纠纷，甚至同一宗教中由于教派不同也会产生纠纷。如苗人[④]祭祀文化出现掠夺人口祭祀而产生纠纷等。

（二）土地纠纷、水利纠纷、债务纠纷、习俗纠纷

西南少数民族地区的纠纷种类，从历史上看，以纠纷涉及的对象为标

---

① 《清世宗实录》卷31，中华书局影印本。

② （清）钱召棠纂辑：《巴塘志略·杂识》，《中国西南文献丛书》（第1辑）《西南稀见方志文献》卷16，兰州大学出版社2003年版，第369页。

③ 当江就是接待客商承当交易中介服务的权利，因为涉及大量的经济收益成为三寨争夺的中心。

④ 西南少数民族地区称为“苗”的群体，虽然主要是苗族的先人，但“苗人”在历史上的范围比现在的苗族更为广泛，所以全文都用“苗人”，而不用“苗族”来指称历史上称为“苗”的群体，除非所引材料是现在的“苗族”才用“苗族”称之。

准，可分为土地纠纷、水源纠纷、矿产纠纷和风俗习惯纠纷等。这些纠纷在不同历史时期、不同地区、不同民族中某些类型表现较为突出，有些不是十分明显，然而都存在。元朝以后，特别是明清两朝，就西南少数民族地区从纠纷数量看，以土地、水源、林地和矿产等基本社会资源为中心的社会纠纷开始成为主流，影响着西南少数民族地区的社会稳定与安全。此类纠纷的增加与国家对西南地区开发的深入，大量汉族移民及西南地区各民族人口增加，交流加快有关。

西南少数民族地区因为土地、领地、水源权属引起的纠纷在整个社会纠纷中占有重要位置，影响较大。由于大量汉族移民的到来以及西南少数民族地区人口的增加，土地纠纷越来越成为影响西南少数民族地区社会秩序的重要问题。西南少数民族地区土地纠纷具体可以分为世居少数民族之间的土地纠纷和外来移民与世居民族之间的纠纷两种。西南地区民族结构的基本特点是移民不仅有汉族，还有大量西南少数民族因各种原因出现的不停迁徙，于是每个地区都存在大量的外来移民与世居少数民族争夺土地、水源、山林等基本生存资源的纠纷。如战国时期庄蹻入滇后，移到滇池的移民自然与原来的居民产生土地资源上的争夺。西汉成帝年间夜郎王肖与句町王禹、漏卧侯俞之间因为争夺领地相互仇杀，产生严重的纠纷。宋朝开始，土地纠纷越来越成为西南少数民族地区社会纠纷的重要来源，为了减少此类纠纷，开始大量制定禁止西南少数民族地区汉人与少数民族买卖、典质土地的法律。南宋乾道十年（1174 年）规定“禁民毋质傜人田，以夺其业，俾能自养，以自成边衅”。① 此类法律制定的时间应早于此，因为在乾道八年（1172 年）有“诏衡州常宁县管下溪峒之民，毋得于省地创置产业；王民地藉者，亦不许与溪峒以山林陇亩相为贸易”，② 这里的时间早于《宋史》记载的时间。对此立法的原因，有专门的说明。“溪峒之专条，山瑶峒丁田地并不许与省民交易，盖虑其穷而无所顾籍，不为我用”。③ 这里明确指出此法律的目的是消除因土地典质买卖导致西南少数民族由于失去生活资料引起的社会纠纷。明清两朝此类法律激增，同时此种社会纠纷开始成为西南少数民族地区社会纠纷中影响最大的纠

① 《宋史》卷 394，“蛮夷传二”。

② （清）徐松辑：《宋会要辑稿》五之九九，“番夷”，中华书局 1957 年版。

③ （清）徐松辑：《宋会要辑稿》五之七一，“番夷”，中华书局 1957 年版。

纷。清朝康熙六十一年（1722年）湖南兴宁县知县《颁示严禁文告碑》中有“嗣后不许民人擅入瑶峒，占伐官山，如有违禁入瑶峒者，比照民人擅入苗地例，杖一百，徒三年”。[①] 这说明清朝初期就颁布了法律保护西南少数民族土地权，同时说明当时就因此大量出现此类社会纠纷。道光十三年（1833年）有“黔省汉民如有强占苗人田产，致令失业酿命之案，俱照棍徒扰害例问拟；其未经酿命者，仍照常例科断”。[②] 清朝中后期云南西盟地区出现拉祜族移民与世居佤族之间争夺土地等生存资源的社会纠纷，导致当地社会秩序受到严重的影响。当然，元朝以后，西南少数民族地区的土地纠纷中汉族移民与西南少数民族之间纠纷成为主流，特别在明朝与清朝，以至出现“汉奸”的群体与术语。严重时会出现汉族移民强占西南少数民族的田产致死人命案，最为严重时出现西南少数民族以夺回土地为口号的起事骚乱。清人吴大勋在《滇南纪闻录·人部·汉奸》条中对此有记载，“夷人最贪酒肉，昧于计算。江、楚奸民，平日以尺布寸丝，零星什物，频赊予之，遂置酒肉延之饮啖，乘其醉后欢呼，出账指算，一任愚弄，茫然不知；甚至串一黠夷写成田契，哄其指印，遂以田亩准折。夷人以平日之赊欠，临时之酒肉，尚感激信服而不知悔。更有一种桀黠之徒，佃种夷地，预以零星钱米假贷于夷，届收租之时，以酒肉啖之，计算旧账，一二准作什佰，除租之外，反应欠找。积之数年，重利叠算，此田遂为佃有矣！”[③] 当少数民族群体失去生活的必要资源后，要么因为土地问题出现族际纠纷，要么因为掠夺其他民族财产而出现纠纷，严重时出现民族起事动乱。此种纠纷形成了明朝以来所谓“苗疆五年一小乱，十年一大乱”的现象及清朝苗人“六十年一乱”，或者“六十年一乱，百年一大乱”，或者“三十年一小反，六十年一大反”[④] 等谚语。若分析这些纠纷、起事的根源，都与土地、人口等因素有关。这方面最有力的例子是乾嘉年间湘黔苗民大起事、咸丰年间起事和道光时云南永北地区彝族起事等，三次起事都以夺回被掠去的土地为号召。史书记载，道光时云南永北厅起事原因是“云南永北厅土司属野夷，因该土司土目，将地土典卖与汉民耕种，生计艰难，各怀怨恨，首逆唐老大即唐贵，纠同逆目

① 黄钰辑：《瑶族石刻录》，云南民族出版社1993年版，第12页。

② 《大清律例》卷10，“户律2·田宅·盗卖田宅·条例”，法律出版社1998年版。

③ （清）吴大勋：《滇南纪闻录·人部·汉奸》，云南图书馆抄本。

④ （清）徐家干著，吴一文校注：《苗疆闻见录》，贵州人民出版社1997年版，第213页。

陈添培等，以驱逐汉民为辞，煽惑夷众”。[①] 这里明确指出此次起事的起因是土地问题。

历史上西南少数民族地区因为汉族移民大量放高利贷引起纠纷是西南少数民族地区社会纠纷中较为显著的一种。此类纠纷出现较早，明朝时对西南少数民族地区就制定过一些特别法律，如汉民对夷民教唆或欺骗而产生族际纠纷时，特别是出现杀人事件时，加重对汉民当事人的处罚。“川广云贵陕西等处，但有汉人结交夷人互相买卖借贷诓骗财物，引惹边衅及潜住苗寨教诱为乱，贻患地方者，俱发边卫永远充军”。靖州牛筋岭款场立的《万世永款》碑中规定，“内地人概不许与土司等来往借贷。如有违犯，将放债之民人，照偷越番境例，如等问拟，其借债之土苗，即与同罪；放债之徒，用短票扣折，违例巧取重利者，严加其罪，其银照例入官。受害之人，许其自首免罪，并免追息；凡内地汉奸，潜入粤东黎境，放债盘削者，无论多寡，既然（疑为‘按’）私通土苗例，除贯犯死罪外，俱发边远充军。所犯之债，不必追偿”。[②] 这里反映出债务纠纷成为影响当地社会秩序安宁的重要因素，于是国家开始强制规定不能随便对少数民族放贷。乾隆四十六年（1781 年）规定“内地百姓概不许与土司等交往借贷，如有违犯，将放债之百姓照偷越番境例，加等问拟。其借债之土苗，即与同罪”。这是因为当年贵州出现土目安鳌向武举人戴麟瑞的父亲借银五百两，后利息超过本金，出现重大社会纠纷而制定。嘉庆十九年（1814 年）《治瑶峒律碑记》中有“凡各官府，应即出示，严禁毋许民人在瑶地放债。嗣后再有违令放债者，有借无还，如敢索讨，许苗瑶向官究处”，原因是大量的债务“积成重衅”。[③] 嘉庆二十二年（1817 年）云南临安府哈尼族与汉人之间出现大规模族际纠纷，原因是“江西、湖广等处汉族在夷地贸易，取利甚为刻苦，遂借驱逐汉人为名，聚众谋逆”。[④] 其实是因为汉族移民放高利贷引发哈尼族人打杀驱逐汉人，引起族际纠纷，于是官府不得不进行干预。

婚姻习俗问题引起纠纷是西南少数民族社会纠纷种类之一。此类纠纷在明清两朝西南少数民族地区社会纠纷中开始凸显，其中族际的婚姻纠纷

① 《清宣宗实录》卷 18，中华书局影印本。

② 吴江编录：《侗族部分地区碑文选辑》，黎平县志办公室编印 1989 年版，第 13 页。

③ 黄钰辑：《瑶族石刻录》，云南民族出版社 1993 年版，第 58 页。

④ 《清仁宗实录》卷 329，中华书局影印本。

可以从明清两朝反复禁止汉族与西南少数民族结婚立法中得到证明。康熙四十七年（1708 年）制定法律规定，“百姓擅入苗地，民苗结亲往来，该管各官失于觉察者，降一级调用，该管上司，罚俸一年”。[①] 少数民族与汉族通婚后由于各种原因引起少数民族群体与汉族纠纷，往往由此又导致少数民族与汉族群体之间出现更大的、恶性的群体性社会纠纷。西南少数民族地区婚姻纠纷除了族际婚姻纠纷外，还存在西南各少数民族内部因婚姻引起的纠纷。如西南少数民族地区因为舅权婚姻引起的纠纷十分明显，因为在清朝时很多民族都会制定相关规范进行调整。宋朝洪迈在《容斋四笔》中有湖南渠阳蛮“姑舅之婚，他人取之，必贿舅家；否则争，甚则仇杀”。[②] 这种婚姻形式在苗族、瑶族、布依族、侗族、彝族等南方民族群体中都存在。明代隆庆时《云南通志・羁縻》中“爨蛮风俗”条下有“嫁娶尚舅家，无可配者，方可别婚”。[③] 《黔记》上记有古州苗人“姑之女必适舅之子，聘礼不能措则取偿于子孙。倘外氏无相当子孙，抑或无子，姑有女必重赂于舅，谓之外甥钱，其女方许别配。若无钱贿赂于舅者，终身不敢嫁也”。[④] 嘉庆二十二年（1817 年），贵州省镇远府当地民族发起婚礼改革的运动。此次改革通过官府认可后以官方法令方式发布，并立《永定风规》碑，在立碑时还把历次改革的内容都收入碑中，最后于光绪十四年（1888 年）再次立碑。在碑中有“各寨首人，约同共议，请示改装，恳换婚礼。伏蒙厅主谢准，给章程禁止”，具体是对礼金的规定：“娘家九百六十文以作陪嫁之资，舅氏九百六十文以纳燕会之席”。在同碑中嘉庆二十二年（1817 年）镇远府正堂同意各寨头人婚姻改革的禁令中有：“嗣后男女婚娶，遵照定例，必由两家情愿，请凭媒妁，发庚过聘。不得效法苗俗：唱歌聚会，并舅家强娶，需索舅公礼娘头钱及强娶滋事”。这里主要是针对舅权婚和不经媒妁的婚姻形式进行改革。同治年间，清江军民府同意的婚姻改革有：“嗣后凡讨亲者，不拘舅家外姓，必须以礼相求，不得以还娘头。纵有两家情愿，其舅家江（红）钱只准取钱九百六十文，生身父母只准捡财礼九百六十文，以作陪嫁之

---

① 《钦定大清会典事例》卷 119，“吏部・处分则例・边禁”，中华书局 1991 年影印本。

② （宋）洪迈：《容斋四笔》卷 16，四库全书文渊阁本。

③ （明）（隆庆）《云南通志・羁縻》卷 16 上，“爨蛮风俗”。

④ （清）李宗昉：《黔记》，载《小方壶斋舆地丛钞（第 7 帙）》，杭州古籍书店 1985 年影印本。

资”。这里主要禁止娘头钱，就是外甥女不嫁舅家时给舅家的财礼，虽然在汉族中舅家儿子娶姑家女儿是正常，但不像在南方民族中是强制性规定，加之舅权婚下娘头钱过重，因而出现大量的社会纠纷。“婚则专霸姑表，不需媒证。否则革索多金，抗婚不许，故意要人以还娘头。不然，勒要江（红）钱三十、五十不等”。[①] 西南少数民族地区因为婚约、抢婚等问题引起的社会纠纷是西南少数民族地区婚姻纠纷的重要内容。

西南少数民族地区一些纠纷是因为风俗习惯不同引起的。比如西南少数民族在产生人命案后采用的往往是赔偿而不是偿命，一些地方流官由于不了解此方面的习惯文化，往往强制推行偿命制，导致少数民族出现起事骚乱。如《宋史》记载熙宁十年（1077 年）罗苟夷起事的原因是寨民与罗苟夷争鱼笱，寨民杀了罗苟夷人，当地官吏没有按少数民族的风俗处理，引起他们的起事。“初，砦民与罗苟夷竞鱼笱，误殴杀之，吏为按验。夷已贫忿，谓：‘汉杀吾人，官不偿我骨价，反暴露之’，遂叛。”[②] 这成为西南少数民族地区社会纠纷的一种类型。当然，对西南少数民族在法律适用上，也有变通适用少数民族习惯的。如《南史》记载宋明帝时期垣闳为益州刺史时“凡蛮夷不受鞭罚，输财赎罪，谓之赕，时人谓闳被赕刺史”。[③] 此人对西南少数民族的纠纷处理上采用少数民族传统的罚赎，取得了良好的效果。

（三）宗教型纠纷与非宗教型纠纷

西南少数民族历史上的纠纷分类可以从是否与宗教有关，区分为宗教型纠纷与非宗教型纠纷。两者的区别对于理解西南少数民族历史上的纠纷种类、纠纷解决机制是十分重要的，因为宗教型纠纷不能完全用“迷信”或不“迷信”区分。西南少数民族历史上宗教是多元的，存在佛教、道教、伊斯兰教、基督教，此外，还存在大量的原始宗教，如东巴教、巫教等。这种宗教上的多元导致不同群体常因信仰不同引起纠纷。西南少数民族宗教引起的社会纠纷有两个方面的内容：一是因为同一群体中信教群体与不信教群体之间因宗教产生纠纷；二是因为一些宗教上的原因，特别是大量原始宗教上的问题产生纠纷。原始宗教上的原因引起的社会纠纷在西

① 参见贵州民族研究所民族研究会编《贵州民族调查（之六）》，贵州民族研究所民族研究会印 1988 年版，第 272—273 页。

② 《宋史》卷 496，“蛮夷传四”。

③ 《南史》卷 25，“垣闳传”。

南少数民族中特别多，如因违反各民族巫教上的禁忌、相信放蛊毒致人生病、死亡等原因引起的社会纠纷。1949年以前怒江地区怒族与白族人常因为传染病的出现，如某一家族人因生病死亡后，接着有另一家族的人死亡时，会被另一家族人认为是有“鬼”而引起两个家族之间的纠纷，甚至出现大规模械斗。傣族、苗族中常因为相信有人会放“五海”、“琵琶鬼”等原因引起社会纠纷。此外，还存在不同宗教、教派引起的社会纠纷，如近代基督教传入后，常出现非教徒与教徒之间的纠纷。如1904年威宁州羊街的团总兼乡绅李士林（此人是秀才）为阻止当地苗民前往昭通入教、求学，对苗民进行拘禁拴锁吊打，进而引起教会、教民与当地非教徒之间的纠纷，最后是通过教士柏格里的干预，威宁州地方政府逼使李士林认错赔罪解决此纠纷。① 同治五年（1886年）三月初二日宁永州汉族士民任聚五与永州革役罗胜无故杀死彝族教民，引起基督教徒与非教徒之间的纠纷，最后的处理是：“嗣后事关中外交涉，必须处处持平，固不可骄激沽外，任意将教民凌虐，亦不可因其习教，任令横行乡里，鱼肉一方，于应办之案含糊了事。”② 此外，宗教引起的社会纠纷中还有一种是因同一宗教中不同教派之争引起。此类纠纷在迪庆藏族地区历史上就出现过。

（四）族内型纠纷与族际型纠纷

西南少数民族社会纠纷从纠纷主体是否涉及不同民族群体，可以分为族内纠纷与族际纠纷。两类纠纷在影响上大有不同，因为族际纠纷在解决上较困难，而族内纠纷由于是本民族内部的纠纷，在解决上相对要容易得多，并且很多少数民族当纠纷主体是本民族时会采取相对克制的态度来解决内部纠纷。西南少数民族族际纠纷出现后，在解决上十分困难，往往需要很长的时间，甚至长期得不到有效解决，成为影响地方社会稳定的重要因素。很多小的纠纷由于是族际之间的会导致持续几十年，甚至是上百年，成为当地社会中不稳定的社会因素。如清乾隆时期云南文山州出现彝族与汉族之间的土地纠纷。此纠纷从标的看并不大，但由于处理方法无效，经历了上百年的反复诉讼，成为当地社会秩序中不稳定的因素。西南少数民族地区族际纠纷具有以下几个方面的特点：首先，族际纠纷的主体数量

① 钟焕燃：《西南各少数民族皈依基督教五十年史》（未刊稿），1957年版。

② 《清穆宗实录》卷171，中华书局影印本。

较多，有时本来是很少的两个不同民族群体之间的小纠纷，然而一旦转变成族际纠纷，主体很快就会成为几千人，甚至是上万人。在解决上，最好是作为当事人的两个民族自行解决，这样可以减少其他群体卷入。但有时可能需要第三方介入才能解决，这样又增加了民族因素。所以说，族际纠纷牵涉到的人所属民族往往是多样的，面较广，数量较多。其次，族际纠纷的卷入地理范围较广。族际纠纷一旦形成，若不能得到有效解决，往往会成为跨行政区的社会纠纷。与族内纠纷相比，族际纠纷基本上涉及两个不同民族的所属地域，如果纠纷被扩大化，还可能波及其他地域。这种情况在权力结构下发生的政治斗争中出现较多，因为少数民族常常具有宗族或宗教上的联系。如咸丰、同治年间的“保山回汉纠纷”，最初仅是道光元年（1821 年）云龙州白羊厂回族与汉族争矿引起纠纷，但由于得不到有效解决，导致最后形成卷入整个滇西的大事件。再次，族际纠纷在形成后，在纠纷内容上会形成多种多样的因素，如有人命案、土地纠纷案、抢夺案、绑架案等，并且这些内容交织在一起，让纠纷的解决更加困难。最后，在族际纠纷中，有时单一类型的争端往往会被复杂化。一项关于土地或习俗的纠纷，发展下去很可能会与政治因素发生纠葛，导致单一型纠纷转化成复合型纷争，最后还可能上升为双方民族意识形态上的对抗。可见，有些族际纠纷包含的内容很广泛，可能覆盖了社会生活的多个方面，而最终表现出的争端，会变成较为尖锐并且不大容易调处的民族矛盾。

综上所述，范围广、性质复杂、主体数量较多是族际纠纷复杂化的一个重要原因，正因如此，赋予了族际纠纷解决更深的社会意义。

（五）行政权滥用型纠纷与非行政权型纠纷

西南少数民族历史上的社会纠纷若从引起的原因上看，可以分为行政权力滥用型与非行政权力滥用型两类纠纷。从秦朝起，西南少数民族地区，中央政府历朝都会派流官进行各种程度、形式的治理。这些中央派到西南民族地区的流官如何治理西南少数民族，对西南少数民族地区社会纠纷的产生、解决起着关键性的作用与影响。西南少数民族地区因行政权力滥用引起的社会纠纷不仅是流官政府，还存在地方民族政权以及各类土官土司。对此类社会纠纷起因，宋朝虞允文曾说过“蛮夷为变，皆守臣贪功所致”；[①] 元朝人在《平瑶记》中深刻地指出西南少数民族起事的原因，

---

① 《宋史》卷 394，“蛮夷传二”。

“或者欺其远弱而无告，掊克残忍之不厌，是非不明而举措颠倒，以害其生，以拂其性。虽善良懦弱，尤不免动作”。[①] 这类纠纷在解决时较为困难，因为少数民族产生此类纠纷时往往采取武装反抗，中央政府为了解决此类纠纷，又常听信地方流官和土官的一面之词，轻率采用军事征伐，导致更大的社会动乱。非因行政权力滥用引起的社会纠纷在解决时较为容易，因为各类行政机构可以作为中立者的身份进行解决。所以这两类纠纷在西南少数民族地区社会影响上、解决形式上都表现出不同。

历史上，因为派到西南地区的流官官员对当地少数民族滥用行政权力导致纠纷出现十分繁多，构成了西南少数民族地区社会纠纷中因外来因素形成纠纷种类中的重要部分。流官官员在西南少数民族地区滥用权力有以下几种情况：好大喜功，轻言开边，随便增加赋税，不尊重当地少数民族的风俗习惯，对少数民族首领横加指责，对少数民族群体滥用行政权力、贪财滥杀等。如东汉顺帝永和元年（136 年）武陵太守好大喜功，上书要求中央增加当地少数民族的赋税，皇帝听从他的一面之词，增加赋税，导致“冬澧中、溇中蛮果争贡布非旧约，遂杀乡吏，举种反叛”。[②] 南朝齐高帝时沈攸之因为随意增加西南诸蛮的赋税，当少数民族不服从时，又采用“禁断鱼盐”，导致“群蛮怨怒……抄掠至郡城下”。[③] 此次纠纷发生实质上是地方流官滥用行政权力，引起少数民族不满，进而出现起事。唐朝前期云南皮罗阁反唐事件，从某个角度看是当地官员对其妻子的奸辱引起，此纠纷最后演化成唐朝和南诏之间的大规模战争。唐朝元和时期辰、溆州少数民族起事是“辰、溆蛮酋张伯靖忌本道督敛苛刻，聚众叛”。[④] 此次起事是因为地方官员权力滥用引起。《宋史》认为唐朝以来西南诸夷起事是“间有桀黠贪利或疆吏失于抚御，往往聚而为寇，抄掠边户”。[⑤] 南宋嘉定年间黑风峒瑶族罗世传起事的原因是“罗世传与春叔罗时忿争仇杀，湖南抑孟传而右时。孟传怒，杀飞虎亲兵以叛”。[⑥] 此次起事是因

① （元）虞集撰：《平瑶记》，文渊阁四库全书本。

② 《后汉书》卷 86，“南中・西南夷传”。

③ 《南史》卷 42，“齐高帝诸子上”。

④ 《新唐书》卷 220，“南蛮传下”。

⑤ 《宋史》卷 495，“蛮夷传”。

⑥ （宋）叶适：《宝谟阁侍制知隆兴府徐公谊墓志铭》，载《水心集》卷 21，文渊阁四库全书本。

为地方官处理民族之间纠纷不公引起。明朝景泰年间金齿指挥使司毛胜在当地“广占夷田以为官庄，大取夷财以为供费”，导致当地“夷民视城市如陷阱，见差役即魂销”，[①] 最后出现少数民族与当地汉族重大族际纠纷。明朝很多官员已经发现西南少数民族大量纠纷是因为流官引起，于谦在《论抚绥瑶僮疏》中指出很多流官是“欺其远方无告，掊刻残忍，使不得安其生，谓其蠢尔无知，颠倒是非，使不得引其性”；[②] 景泰时两广总督王翱在《边情疏》中指出，“即害其生，又拂其性，虽良善懦之人，犹不免于动作”；[③] 明宪宗在成化十一年（1475 年）指出，“湖广、贵州等处苗蛮多因所司失于抚宇及贫穷所迫，不得已相聚为盗”。[④] 雍正十年（1732 年）普洱府发生傣族刀兴国为首的傣族、哈尼族与汉族纠纷事件，是因为流官知府的随从对土千户刀兴国的踏打污辱引起。清朝嘉庆元年（1796 年）顺宁府发生拉祜族、佤族与汉族、傣族之间的纠纷，是因为当地傣族土司和汉族流官对拉祜族、佤族等少数民族权力滥用造成。怒江傈僳族在清朝多次起事都是地方流官、土官滥用权力引起。如乾隆十二年（1763 年）弄更扒起事是因为驻防官兵滥用权力引起；嘉庆年间恒乍绷起事。民国时期在设设治局后，多次起事都是因为设治局的官员滥用权力引起。如 1917 年和沛三起事，是兰坪拉鸡盐的缉私官员和官差滥用权力引起当地傈僳族、白族、怒族等人反抗；1946 年贡山茨开“民变”是因为设治局局长赖汇生滥用权力引起，等等。

（六）单一型纠纷与复杂型纠纷

西南少数民族社会纠纷从纠纷涉及因素的多少，可以分为单一型纠纷和复杂型纠纷。单一型社会纠纷是指纠纷的内容只涉及某一社会因素，如人命、宗教和财产等。这类社会纠纷内容单一，解决起来相对容易。复杂型社会纠纷是指纠纷的内容涉及两种以上的社会因素，如一个社会纠纷中存在有人命、掠夺和财产等多种因素。这种类型的社会纠纷由于内容复杂，涉及各种因素，解决起来较为复杂，甚至会出现反复。西南少数民族社会纠纷中复杂型社会纠纷，特别是那些与政治、土地、矿产等权力和利益有关的社会纠纷往往导致解决十分困难。如宋朝乾道六年（1170 年）

---

① （明）李元阳：万历《云南通志·赋役志》，云南大学图书馆藏本。

② （明）汪少泉辑，孙维城等重辑：《皇明奏疏类抄》卷 62，四库禁毁书丛刊补编本。

③ （清）陈梦雷编：《古今图书集成》卷 1393，“职方典”，中华书局影印本 1934 年版。

④ 《明宪宗实录》卷 147，“成化十一年十一月癸丑条”。

西南少数民族起事的原因是“徭人与省户交争，杀二人死”，从此社会纠纷看，最初是因为当地瑶族与汉族百姓因为争夺土地产生纠纷，但由于械斗导致人的死亡，让纠纷更为复杂，最后沅州知州孙叔杰采用军事征伐，“叔杰辄出兵破其十三栅，夺还所侵地”。[①] 这样出现大规模的少数民族起事，导致社会纠纷更加复杂，形成了复杂型社会纠纷。清朝中期云南滇西回汉之争的社会纠纷也是由较为简单的争矿纠纷转变成复杂的人命、经济交织的纠纷，最后出现大规模的起事。

二、历史上西南少数民族纠纷的特点

历史上西南少数民族地区社会纠纷的特点可以概括为九个方面。下面对这九个方面进行逐一分析，揭示西南少数民族社会纠纷的特点及影响。

（一）多样性

多样性是指历史上西南少数民族的纠纷从种类、性质、内容上看都是多样的。西南少数民族不同民族群体在社会纠纷的数量、种类、形式上都有不同。西南少数民族社会纠纷从性质上可以分为经济型纠纷、政治型纠纷、文化信仰型纠纷；从对象上可以分为土地纠纷、权力纠纷、宗教习惯纠纷等；从民族主体上可以分为族内纠纷与族际纠纷；从纠纷的地域性上可以分为寨内纠纷、村寨之间的纠纷、跨乡里纠纷和跨行政区域纠纷，如跨县、府、州和省等。形式多样，种类繁多的社会纠纷构成了西南少数民族历史上社会纠纷的基本特点。

（二）地方性

西南少数民族社会纠纷的地方性是指不同地区社会纠纷所表现出来的地域上的差异。西南少数民族地区地理环境差异较大，不同民族所处的地域不同，生产、生活方式也不同，所以不同地区的社会纠纷在种类、形式上表现出较大的差异性。如云南迪庆地区、四川凉山地区的社会纠纷与西双版纳傣族地区的社会纠纷就表现不同，前者由于是半放牧、半农耕生活，社会财富主要是牛羊马，所以与牛羊马有关的财产成为社会纠纷的重点，甚至财富计算上也采用牛羊马计算。西双版纳傣族是以水稻为主的农耕生活，所以社会纠纷中水利、田产和水稻成为社会纠纷的重点，民众对土地、水利等问题特别敏感，在社

---

① 《宋史》卷394，“蛮夷传二”。

会纠纷中祭谷魂成为重要的内容。贵州、湘西地区的苗人，特别是清水江地区，由于木材是当地社会的重要经济作物，与之有关的社会纠纷成为主要内容。西南少数民族同一地域不同海拔生活着的民族不同，这些不同海拔的民族社会纠纷也表现出不同特点。如德宏地区的傣族与景颇族，虽然生活在同一地区，但由于傣族生活在坝区，景颇族生活在山区，两者的社会纠纷表现出来的特点也不同。

（三）民族性

西南少数民族社会纠纷中的民族性是指社会纠纷种类、性质、数量与各民族的民族特性之间具有很高的关联性。西南少数民族地区不同民族即使他们的生活区域相似，如德宏地区的景颇族与傣族，由于民族性格上的差异，社会纠纷也会表现出不同特点；大理地区的白族与其他民族，特别是彝族与回族在社会纠纷上表现出不同特点。对此，嘉庆十三年（1808年）四川总督勒保在《筹办马边、峨边夷务善后事宜》中指出当地彝族社会纠纷特点是“生熟各夷，虽有驯悍之不同，而素性大率好斗，凡遇雀鼠细故，以及互争界畔，既不赴官控理，亦不向土司申诉，动辄纠众争斗，彼此或有杀伤。数世仇恨不释”。[①] 这是彝族社会纠纷中民族性的体现。在《瑶僮传》中记载有“本类相仇，纤芥不已，虽累世必复。误杀者，以牛畜为偿，或数十头至百头，曰人头钱”。[②] 这里不仅指出苗族社会纠纷的复杂性，还指出他们解决纠纷的特点，从两个方面体现了苗族社会纠纷的民族性。

（四）宗教性

西南少数民族地区的社会纠纷还受到宗教因素的影响，因为各民族在历史上出现不同的宗教信仰，同一宗教不同教派会影响到各少数民族的社会纠纷。如佛教影响下的藏族与傣族在社会纠纷上表现出不同的特点。近代基督教传入西南少数民族后，信教民众与不信教民众在社会纠纷的种类、数量、解决机制上都不同。西南少数民族中教案纠纷是由于基督教传入后导致的。基督教对西南少数民族社会纠纷的影响很大，如怒江地区从20世纪20年代到1949年之间，即现在怒江州四个县的基督教徒达到

---

① 云南省编辑组：《四川贵州彝族社会历史调查》，云南人民出版社1986年版，第15页。

② （清）诸匡鼎：《瑶僮传》，载《小方壶斋舆地丛钞（第8帙）》，杭州古籍书店1985影印本。

21062人，占当地人口总数的10%，教堂有204座，各类教职人员达734人。[①] 苗族中有大量基督教徒，于是导致大量因信仰产生的纠纷。如清朝光绪三十三年（1907年）贡山出现怒族、藏族等反对当地基督教的“白汉罗教案”，形成了宗教纠纷。

西南少数民族地区大量存在因原始巫教而导致的社会纠纷。该类社会纠纷成为西南少数民族社会纠纷中较为普遍的类型。从记载看，几乎所有西南少数民族中都存在类似的纠纷，只是名称、形式略有不同。如彝族中的“发婆”、苗人中的“放五海”、傣族中的“琵琶鬼”、傈僳族中的“杀魂”等引起的社会纠纷。怒江傈僳族中由“杀魂”引起的纠纷成为当地社会重要的纠纷。大量调查资料反映了此种纠纷在怒江傈僳族中的影响。“‘杀魂’，在本村（德一登村）傈僳人中，过去和现在都是看成为一种最严重的事情，为‘杀魂’而引起的纠纷，乃至武装械斗这在以往历史上是造成氏族或村寨之间关系恶化的重要因素之一。”[②] 1944年“本村腊伯告之弟劳本吾死，认为是本族人黑阿忍撒了魂发生械斗，因没有打死人，结果吃血酒发咒了事”。[③] 这种类型的社会纠纷影响着西南少数民族的社会纠纷种类、数量和形式。

（五）文化性

西南少数民族传统文化特征各不相同，苗族、彝族有很强的复仇习惯，导致他们的社会纠纷表现出各自特点。如在各民族文化中对待社会纠纷中的重要因素各不相同，在财产理解上也不同。农耕民族重土地、水源，两者成为重要的财产，因为两者引起的社会纠纷特别难以解决；有些民族是游牧民族，在财产上重牛羊等畜产，对土地不是那样敏感。文化性还表现在对纠纷的态度上、解决方式的选择等方面，如无公共权力机构的少数民族群体在纠纷解决机制中多会选择盟誓作为纠纷解决后的效力支持，最为典型的是凉山地区的彝族、贵州苗族群体及云南景颇族等，它们在纠纷解决后都要举行盟誓仪式，以保证解决协议得到执行。西南少数民族历史上频繁械斗与他们所处的特定社会环境和社会结构有关，如瑶族

① 吴金福、李先绪、木春荣主编：《怒江中游的傈僳族》，云南民族出版社2000年版，第179页。

② 云南省编辑组：《傈僳族社会历史调查》，云南人民出版社1981年版，第76页。

③ 同上书，第57页。

"一有事故，凡十二代以上之外家，悉攘臂来助"。[①] 这种家族文化让他们械斗有了强大的力量基础。凉山地区的家支制成为当地械斗的重要组织力量。所以说西南少数民族纠纷类型受到各民族的文化影响。

（六）时间长

西南少数民族地区由于民族文化、宗教等方面的原因，很多社会纠纷往往持续时间长，导致不能有效解决，对社会影响很大。其中很多民族由于有复仇观，易让很多纠纷长期存在。如在苗族中有"遂至杀人被杀之家，举族为仇，必报。当而后已。否则亲戚亦断然助之，即抗到不悔，有谚云：苗家仇，九世休"。[②]《溪蛮丛笑》记载"夷性好杀，一语不合，便刺以刃，百十年必报乃已，名曰仇杀"。据《巴塘志略》中记载，当地藏族是"番人最争意气，一有仇隙，累世莫解；一人有怨，举村相助，是以常有聚众互斗之事，犹倮夷之打冤家也。虽土司亦无如之何，必得喇嘛从中劝和偿还数十年前死过命价，抢过牛马，对佛盟誓，方始解释"。[③] 西南少数民族中大量存在因很小的纠纷导致十几年、几十年不能解决，有的甚至达几百年。据调查峨边黑彝阿侯家和瓦克家因为曲诺争夺一粒子弹而引起了六年打冤家纠纷；布拖黑缙比补家内部为半斤食盐问题械斗了九年；美姑墨彝恩扎家和阿侯家因为一人当众放了一个屁，械斗了十三代，近300年。[④] 此外，一些政治性社会纠纷，特别是不同土司、地方政权之间因为争夺土地、领地、矿产及职位等，往往成为时间长、解决困难的社会纠纷。明朝时思州、思南土司因为争夺沙坑长期产生纠纷，进而出现战争，最后中央政府只好派兵征讨。明朝时对播州、水西、蔺川进行了长期的征伐，清朝平定大小金川进行了十几年的战争，这些都构成当地的社会纠纷。

（七）破坏性强

西南少数民族地区一些社会纠纷由于不能有效解决，或者本民族文化特点等因素，导致本来是当事人之间很小的纠纷往往转化成群体之间的纠

---

① 凌锡华：（民国）《连山县志》卷5，"瑶俗"。

② （明）田汝成：《炎徼纪闻》卷4，"蛮夷"，广西人民出版社2007年版。

③ 钱召棠：《巴塘志略·杂识》，《中国西南文献丛书（第1辑）·西南稀见方志文献》卷16，兰州大学出版社2003年版，第370页。

④ 参见四川省编辑组《四川彝族历史调查资料、档案资料选编》，四川省社会科学院出版社1987年版，第96页。

纷，长期的械斗导致当地社会人口、生产受到严重影响，产生了极大的破坏性。如凉山地区彝族家支组织对个体之间的纠纷解决的方式，这种个人纠纷全村相助的传统，把个人之间的恩怨扩张到了其他人身上，成为整个家支的纠纷，导致原有纠纷得不到有效解决，反而成为两个家支之间实力的大比拼，把个体之间的纠纷转成组织之间的纠纷。不可否认，这种方法存在合理性的一面，因为组织在解决纠纷时更加有力、有效，但它好像更倾向于报复而不是解决问题。这种机制的缺点是它没有尽可能地把纷争控制在现有范围内，反而使其扩大到群体之间；它没有即时解决纠纷反而使纠纷长期存在并殃及后代。西南地区的纠纷小到因个人之间的纠纷引起家族、村寨之间的械斗，大到因争夺土地、矿产资源引起土司之间的战争，以及因中央政府及地方流官政府各种原因引起的战争，往往导致大量人口死亡，社会秩序破坏。如“明代播州、蔺州、水西、麓川，皆勒大军数十万，殚天下力而后铲平之。故云、贵、川、广恒视土司为治乱”。[①] 明朝正德年间湘西保靖州所属的两江口土舍彭惠因为争地与保靖宣慰使彭九霄反复仇杀，数年不止，因此死亡的人数达五百多，前后奏诉累达八十多封，严重影响到当地社会秩序。清朝乾隆年间平定大小金川，第一次平定金川，历时两年，调兵七八万，加上役夫达二十万，耗资一千余万两。第二次金川之役，历时五年，调兵十万，耗资七千余万两。这些资金中，中央财政拨款6000万两，地方支援1000万两。无论是兵力还是财力，都是竭全国之力，可见破坏力之强。

（八）具有反复性

反复性是西南少数民族纠纷的一大特点。西南少数民族地区一些纠纷具有反复性，本来已经解决，但经过一段时间后，纠纷再起，反反复复。纠纷具有反复性主要来自政治、经济等因素。政治上夺争权力的纠纷在经历力量转变后纠纷再起，如村寨、家族、土司之间，当某一方力量得到加强后，往往再次挑起纠纷。经济上的纠纷，如争夺土地所有权、水的使用权、矿产的开采权等。这些纠纷在经过一段时间，纠纷双方力量发生变化后或者是因为新的原因，纠纷会再起。当然，还有文化上、民族上的因素，如复仇、械斗等问题。复仇、械斗问题非常具有反复性，凉山彝族中打冤家就具有相当的反复性，如井曲家与布兹家械斗经历了 24 年近 50

---

① 《清史稿》卷512，“土司传·湖广”。

次；井曲家与吴其家打了19年近30次；布兹家与吴其家打了13年，大小战斗达100次。[①] 民族纠纷的反复性增加了西南地区社会纠纷在解决上的困难。

（九）数量繁多

西南少数民族地区由于民族群体众多，国家对该地区的治理过程中存在中央与地方民族政权、地方各类头人之间，地方各级流官政府与各民族的土司、头人之间权力上的各种矛盾，不同村寨之间各种利益上的冲突，同一村寨之间不同宗族之间利益上的冲突、汉族移民与世居民族之间利益上的冲突、少数民族群体之间利益上的冲突等。这些导致西南少数民族地区各类社会纠纷数量十分繁多。以明代贵州为例，有学者逐年统计后发现在明代276年中，贵州发生战争的年份有145年，占一半以上的时间。[②] 据记载宣德五年（1430年）至崇祯十七年（1644年）200余年之间，苗民因各种原因产生的较大规模起事就多达300起，覆盖西南地区各县和相邻的贵州省大部分地区。四川凉山地区“1951—1954年，人民政府在自治州范围内调解了新旧及大小冤家达12000余件，仅布拖一县1952—1956年，共调解2000余件”。[③] 这些数据说明西南少数民族地区社会纠纷数量的繁多。

第二节　西南少数民族历史上的纠纷解决机制

西南少数民族在历史上由于存在文化、政治、经济、宗教和法律规范的多样性、复杂性，导致社会纠纷解决机制的多元化。分析西南少数民族社会纠纷解决机制，若综合考虑纠纷解决机制的特点、解决方式、解决主体等多重因素，可以将它们在历史上存在的纠纷解决机制分为复仇式纠纷解决机制、神判式纠纷解决机制、调解式纠纷解决机制、诉讼式纠纷解决机制和军事征伐型纠纷解决机制。在以上分类下，还可以再细分为多种次类型。如复仇式纠纷解决机制可以分为个体复仇和群体复仇。个体复仇可

---

① 参见四川省编辑组《四川彝族历史调查资料、档案资料选编》，四川省社会科学院出版社1987年版，第99页。

② 刘学洙：《明清贵州沉重的军事负担》，载《贵州师范大学学报》2001年第4期。

③ 四川省编辑组：《四川彝族历史调查资料、档案资料选编》，四川省社会科学院出版社1987年版，第99页。

再分为个体间肉体仇杀和巫术复仇；群体间的复仇有械斗。神判式纠纷解决机制根据内容与特点可以分为水审型神判、火审型神判、诅咒型神判、动物型神判、物质型神判、罚站型神判，等等。调解式纠纷解决机制可以分为少数民族村寨头人的调解、少数民族内部专业人员及特定人员的调解、宗教人士的调解、土司的调解、地方流官政府的调解和中央政府各级机构的调解。诉讼式纠纷解决机制可以分为地方民族政权及地方土司的诉讼机制、地方流官政府的诉讼机制及中央政府的诉讼机制。军事征伐型纠纷解决机制主要适用于大规模的社会纠纷，特别是涉及不同民族之间的仇杀、土司之间为争夺职位的仇杀等重大社会纠纷。从严格意义上看，还有一种个人之间的私了或容忍纠纷解决机制。虽然此类纠纷解决机制在消除社会纠纷上数量最多，但由于在纠纷解决的制度化上影响最小，加之对其机制很难进行分析，所以不再单独分析。在复仇式纠纷解决机制与神判式纠纷解决机制中存在学术界称为“私力救济”的内容，如个体间的复仇及诅咒神判。所以西南少数民族地区历史上各民族的纠纷解决机制是较为复杂、多元的。

一、复仇式纠纷解决机制

复仇式纠纷解决机制是指产生纠纷后，纠纷一方当事人采用以消除对方肉体、给对方带来肉体伤害及灾难等为目的，对纠纷另一方当事人施予相应的行为，进而消除与对方冲突的心理、行为和诉求的纠纷解决机制。复仇式纠纷解决机制主要包括群体之间的械斗和个体之间的肉体复仇。群体之间的械斗又可以细分为血缘复仇与地缘复仇两种。血缘复仇表现为家支、宗族、部族、部落、族群等之间的复仇，地缘复仇表现为村寨等形式的复仇。

（一）群体间械斗型纠纷解决机制

西南少数民族纠纷解决机制中存在群体械斗的解决机制。对械斗，不同民族有不同称谓，如彝族等民族称为打冤家、景颇族称为“拉事”等。此种纠纷解决机制是把个体之间纠纷转化成村寨、家族、家支或氏族间的群体纠纷，或者是村寨、家支、氏族或家族群体之间的纠纷。个体之间的纠纷引起械斗是因为当事人之间的纠纷形成后导致双方当事人亲属相助，甚至是全村或全族为之复仇，聚众斗殴。当然，西南少数民族历史上械斗十分普遍，是一种纠纷形式还是一种纠纷解决机制，存在不同的理解。

这里我们认为西南少数民族历史上的械斗是一种纠纷解决机制，是因为它与中原汉人及清朝福建、广东地区的汉人械斗略有不同。西南少数民族历史上的械斗具有很强的解决纠纷的功能，虽然它具有纠纷内容的基本特点。从史料看，西南少数民族产生纠纷时进行械斗导致纠纷的解决有三种形式：首先是双方通过械斗，导致互相皆有损失，特别是人员死亡、受伤出现相等，械斗停止，纠纷得以解决。其次，在械斗时有特定人员的卷入或者出面调解。最有特点的是在械斗不能停止时妇女出现在械斗场内，导致械斗停止，纠纷得以解决。最后是械斗中一方无法承受损失，请求停止械斗，采用其他方式解决纠纷，如请第三者调解，进行赔偿，消除纠纷。对西南少数民族的械斗形态、特点和作用进行较早、较为完整的记载，是宋朝洪迈的《容斋随笔》。该书记载有“方争时，以首博首，获首一二则溃去，明日复来，必相当乃止。欲解仇，则备财物以和，谓之‘陪头暖心’。战之日，观者立其旁，和劝之官虽居其中，不敢犯也”。[①] 械斗解决纠纷是一种特殊的方式，有时它可能导致更大、更久的纠纷形成，即出现多年的世仇纠纷。西南少数民族中械斗纠纷解决机制的大量存在，可能是因为很多少数民族在历史上没有形成强有力的公共权力机构来维持社会秩序、执行纠纷解决的结果。当个体之间产生纠纷时，为了让自己在纠纷中处于优势，只能让群体进来，即把个人的纠纷转化成群体纠纷，在解决上、保证执行上更为有力。其次是因为村寨、家族等群体之间由于没有公共权力维持，双方没办法达成妥协，于是采用械斗的方式让各自接受妥协，同时也执行达成的协议。械斗的出现还与西南少数民族群体生存观与现实相关，如怒江的那马人（白族）就有“一人一户的仇即全家族之仇”，凉山彝族有“一人、一户之仇就是全家支的仇”。西南少数民族中械斗解决纠纷是较为常见的，下面来看采用这种方式解决纠纷较为典型的几个民族。

西南地区的彝族、藏族都有械斗解决纠纷的习惯。有学者指出川西地区的彝族、藏族是“常以鸡虫得失之琐事，亦无时无地不为械斗之空气所笼罩。此种械斗风尚，夷区谓为‘打冤家’。向为各民族夷人在偷抢生活以外最主要的生涯。当冤家压境时，则亲戚相连，亲戚又约亲戚，往往牵动数十支夷家，范围及数百里，组成一军，约日而战。以此不能解决，

---

① （宋）洪迈：《容斋随笔》卷16，“渠阳蛮俗”，四库全书文渊阁本。

改日再战，再接再厉。终至双方力倦，气愤全消，或得有力中人调解，方能平息”。[①] 这里指出彝族、藏族的械斗可以导致双方因此气消而解决纠纷，或因械斗严重导致请中间人出面调解。贵州、湘西等地的“苗人”有纠纷时常采用械斗。按严如熤在《苗防备览·风俗上·打冤家》中记载，“两家战斗之后，计尸以相抵。除一命一抵外，多尸者为人命，则索牛马财物以偿，谓之‘倒骨价’”。[②] 台湾高山族人在械斗时则公开商定时日，通过械斗能有效地解决纠纷。“村落相仇，订兵期而后战。勇者数人前跳，被杀，则皆溃。其杀人者，贺之曰壮士。前杀人也，见者，亦贺之曰壮士。前故见杀也，次日即解嫌，和好如初”。[③] 由此可以看出，械斗成为纠纷解决的有效手段。佤族有村寨之间的纠纷，一般采用械斗解决。是否械斗由村寨头人会议决定。武器由各家参战的成年男子自备，武器有自制的长刀、标枪、弓箭和火药枪等。行动前由头人和魔巴杀鸡看卦，选出指挥者，由他率领寨人出战。通过械斗的消耗，当一方有和解的要求或者承认理亏要求和解时，经过与双方友好村寨的第三方调解，双方约定时间和地点举行“洗手”仪式，原来的仇家村寨化干戈为玉帛，不再械斗，纠纷得以解决。民主改革前怒江地区的白族、傈僳族等都有械斗解决纠纷的习惯。他们在械斗时由引起械斗的当事人双方把家族中的成员招来，选定日期，一般在虎日和猴日。械斗时由双方青壮男子参与，双方摆好阵势后举行祷告、祭祀，然后高喊三声“墨苏”。械斗后出现三种情况时停止：首先是伤亡过重，一方妇女跑到阵前，挥动裙子、头巾高喊停战，械斗必须停止，否则女方会自杀，她母亲家族会参加械斗；其次是双方死伤人数相等，自行停止；最后是因为消耗太大，双方无法承受，请中间调停赔偿，纠纷得以解决。[④] 总之，械斗导致纠纷通过此机制得以很快解决。景颇族把纠纷称为“拉事”，把解决纠纷称为“讲事”，但从某个角度上看，“拉事”是纠纷解决的一种形式。“拉事”有报仇抢劫等意思，是发生婚姻纠纷、财产纠纷、民族之间纠纷、历史仇杀及村寨之间纠纷后产生的一种报复方式。“拉事”本身具有双重含义：一方面它本身是纠纷的一

① 任映沧：《大小凉山倮族通考》第四章“氏族之间亲冤关系与胞族组织”，西南夷务丛书社 1947 年版。

② （清）严如煜：《苗防备览·风俗上·打冤家》，道光木刻本。

③ （明）张燮：《东西洋考·东番考·鸡笼淡水条》，丛书集成初编本。

④ 云南省编辑组：《白族社会历史调查》，云南人民出版社 1987 年版，第 102—103 页。

种，因为有人通过“拉事”为生，特别是抢劫的“拉事”具有破坏性，同时导致不同村寨、山官之间产生新的纠纷；同时它是解决纠纷的一种途径，即被人“拉事”后进行报复性“拉事”，或产生纠纷后进行“拉事”。通过“拉事”使一方或双方接受“讲事”（排解纠纷），最后把纠纷解决。“拉事正是解决村寨纠纷的一种方式。即受欺负或损失的当事人，向本辖区的山官提出申请，要求向对方索赔偿，山官随即召集头人等有关人员商议；或由山官出面，邀请对方村寨，拉一些牛猪这类回来，宰猪杀牛，等待对方请人前来解决”。[①] 从这里可以看出，拉事把纠纷从个体转化成群体，促使对方请求解决纠纷，或通过拉事逼使纠纷对方接受解决的提议。

分析此种纠纷解决机制在西南少数民族的纠纷解决中广泛存在的原因，可能与他们的社会结构是以宗族、家族、村寨为单位，很多没有更有效的公共权力组织，只有通过此种方式才能让群体得以有效生存有关。当然，从这种纠纷解决机制看，在西南少数民族中很多民族历史上把个体之间的纠纷，特别是人身伤害都当成对群体的伤害，而不是对个体本身。在这种行为中，人们不会以个体的物质利益作为衡量得失的标准，而更像是一个团体为了生存在竭尽全力，否则没有必要将其扩大为群体械斗。

（二）个体之间复仇型纠纷解决机制

复仇在纠纷中既是一种产生纠纷的手段，也是纠纷解决的一种方式。西南少数民族个体之间产生纠纷后，在私力救济上大量存在复仇形式。复仇的观念和习惯，在原始社会后期、奴隶社会前期普遍存在。如希腊人、希伯来人、阿拉伯人、印度人都公开允许复仇。《汉谟拉比法典》、《摩西法典》、《古兰经》和《摩奴法典》中认为复仇是正当的。罗马人在《十二表法》中保留了同态复仇的规定。中国古代也存在复仇观念，《孟子·尽心上》中有“杀人之父者人亦杀其父，杀人之兄者人亦杀其兄”。《周礼》中对特定人群、在特定条件下是允许复仇的。复仇可以细分为肉体复仇和精神复仇。肉体复仇包括杀仇人、自杀复仇；精神复仇主要是采用诅咒对方，让对方死亡或给对方带来灾难。复仇与群体械斗很多时候是相伴影随，难以区分的。但这里我们把复仇严格界定在个体复仇上，而排除

---

① 杨永生整理：《景颇族阿昌族社会历史调查文集》，德宏民族出版社2007年版，第30页。

群体械斗。

1. 肉体复仇

肉体复仇是通过将仇人从肉体上消灭，或通过自杀促使自己的家族、亲人为自己报仇。这里把前者称为仇杀，后者称为自杀复仇。仇杀型复仇是一般意义上的复仇。史料记载西南少数民族在产生纠纷后采用此种方式解决较为典型。如苗族、彝族等都是较为典型的群体。其中西南少数民族中被称为“苗人”的群体最为典型。有“苗家仇，九世休”的说法。明代田汝成在《炎徼纪闻》中对苗族这样记载，“睚眦之隙，遂至杀人。被杀之家，举族为仇，必报当而后已。否则，亲戚亦断断助之，即抗颈不悔。谚云‘苗家仇，九世休’，言其不可居解也”。[①]《黔书》中对“狆家苗”有“性险谲嗜杀，出入必负强弩带利刀，睚眦之仇必报”的记载。临安府志中有“全郡之夷，名为乌爨等蛮杂处，惟事剽掠，喜则人，怒则兽，无有息义，一言不合引刃仇杀”。[②]严如熤在《苗防备览·风俗上》中“打冤家”条下有“两家战斗之后，计尸以相抵。除一命一抵外，多尸者为人命，则索牛马财物以偿，谓之‘倒骨价’……斯上者不依苗俗，必人欲抵偿，则杀一人即添一仇，死者之子若孙，植树墓旁以记其恨。转相仇杀，滋蔓无已懈主矣”。[③]大量文献记载了西南少数民族的肉体复仇现象。

自杀复仇可以算作一种纠纷解决的方式。采用自杀复仇解决纠纷在西南少数民族中较为典型的是凉山彝族。当然，这种方式广泛存在于西南少数民族群体中。这是以家族为社会结构下的一种产物。在少数民族中，若因纠纷而自杀，对方便得负杀人的责任，否则会导致其他纠纷的出现。因此，很多民族往往制定法规禁止此类行为。如《相阴狄氏家谱·家规》第16条规定：“服毒坐拚，有干例禁。常有假意服毒，为作索之谋，解毒稍迟，遂至不可救药。被索者遭害，往索者丧身，两败俱伤，殊甚恸恨。犯者送官重惩不贷。”清代在湘西、滇、蜀、黔各族百姓中常有产生纠纷时服毒自杀复仇的行为。在黄钰辑点的《瑶族石刻录》中有禁止自杀复仇的规范。西南地区，凉山彝族社会的“斯吉比”是比较有代表性的自杀复仇制

---

① （明）田汝成撰：《炎徼纪闻》卷4，“蛮夷”，广西人民出版社2007年版。

② （明）李中溪：《云南通志》卷3，“地理志第一”。

③ （清）严如熤：《苗防备览》卷8，“风俗上·打冤家”，道光木刻本。

度。"斯吉比"是彝语音译，直译为"相互死给"。"斯吉比"即"死给某人"的简称，是彝族社会中一种较为普遍的社会现象，属于自杀行为的一种，即他因自杀。因为斯吉比事件是很严重的社会纠纷，通常会升级为家支间的冲突与纠纷，甚至常被认为具有与故意杀人案件相似或接近的性质。斯吉比案的基本构成是某两人因为纠纷，通常是些小事发生口角，一般是在纠纷中处于弱势的一方如果感到尴尬、受到侮辱、难堪，尤其是当众受辱，情面和自尊受到伤害时，他或她可能通过选择自杀，以死相争，报复对方，使之出现斯吉比。斯吉比事件的出现毫无例外地导致死者家支群体的卷入，让个体纠纷转化成群体纠纷。斯吉比者可以以自己家支力量和传统习惯法对纠纷的另一方提出赔偿，甚至还允许斯吉比者的家支不分青红皂白地袭击被斯吉比者，然后再进一步要求赔偿。如果对方家支不能满足斯吉比家支的要求，会导致大规模的家支械斗。

2. 精神复仇

精神复仇或称为巫术复仇、诅咒复仇，是西南少数民族中具有巫术与复仇双重内容的一种纠纷解决机制。当某人与他人产生纠纷后，不愿或不能采用肉体复仇时，会选择此种复仇方式解决纠纷。当然，这与西南少数民族历史上各类巫术信仰有关。西南少数民族地区民间多信巫鬼，故有借助这种神秘力量，通过相应仪式来报复对方，达到消除自己与他人间纠纷的目的。这种方式在西南少数民族中普遍存在于个体、群体私力解决纠纷的方式中。诅咒复仇在彝族中形式多样，《新唐书·南蛮传（下）》中记载有"夷人尚鬼，谓主祭者曰鬼主，每岁户出一羊或一牛，就其家祭之。送鬼迎鬼必有兵，因以复仇云"。凉山彝族中当某一家庭、家支、氏族灾难频出、厄运不断或怀疑有仇家在背地里施咒时，会请专业的毕摩主持，采用此种方式复仇对方。此种复仇方式有两类：施咒与反施咒。彝族称为"断口嘴"。此类机制的具体过程在记载上各有不同，最为详细的是林耀华的记载，具体做法有六种形式①：一是打狗念经，咒冤家遇狗死

① 白获在《倮罗的宗教和他们的巫师》中认为有三种：一是把牛羊鸡狗数十，上百头一齐打死，请毕摩们诵经施咒，将打死的一只白狗用木叉撑住放在重要路口，让仇家过来死亡；二是用活獐子或野鸡，由毕摩念咒后，指明冤家的方向，把它们投放到冤家的家里，让冤家死亡；三是扎草人无数个，写上冤家的姓名，毕摩找来患病死去的动物腿骨，毕摩一面念咒，一面有男子骑马打晃动的神幡，然而把这根骨头悄悄地埋到"冤家"的屋内、道路上或者田里，冤家若触了骨头会死去，或吃了这个田地长的粮食也会死去。

亡。死狗必吊在路中树上，使冤家不敢越境；二是打鸡诅咒，用鸡脑壳吊向冤家方向，使之为害仇人；三是用野鸡或野鸽，由毕摩写上冤家名字，紧系于鸟颈上，作法诅咒并放鸟飞到冤家地面，仇人即能得病死亡；四是束缚茅草命名成冤家形状，用鸡血鸡毛发咒送到冤家田园之中，冤家路过必遇恶鬼死亡；五是用木板刻成仇人形状，并用蛇血写上名字诅咒，暗中掷于冤家住处，必有天灾降于冤家住处；六是用癞子腿骨扎成草人，指冤家名字发咒，暗中放于仇人住屋或田间，使其中被咒的人死亡。① 当然，有施咒复仇就有反施咒复仇。《云南民族志·彝族志》中记载小凉山诺苏家族祭祀一种“节迴”（返咒），有时他们称为“大节迴”，意思是返送仇家施咒的恶鬼。它是带有浓厚的巫术性质的返咒仪式，整个仪式历时三天，由“节茨”、“节迴”、“基则卓尼说”和“博者苏”四个仪式构成。“节茨”仪式是把缠绕在人身上的不洁之物、隐藏在家里的鬼怪以及别人施咒变来的鬼怪驱逐出家里。第二天开始“节迴”仪式，这是整个祭祀的重点。“节迴”的核心仪式包括：转头，人们深信如此便能将纠缠在每个人身上的咒魔、病痛、鬼怪、污秽转嫁于羊的身上，带到仇家。杀生烧祭，祈求神灵助阵护法，保证仪式顺利、圆满、成功。捉仇家鬼，这一仪式中，返咒、施咒的对象“节”，是一个很模糊的概念，它并非具体指某个人、某个家庭或某个家支，而泛指那些曾经伤害过他们，有可能对他们施过咒术以及所有不怀好意的人。献毕祖，捉到“仇敌魂像”（草人）后，将头和腰献给毕祖神和山神，把脚放进道场中的“鬼屋”中，念诵《毕补》经。格依卓，把象征仇家魂像的草人锁进鬼屋，用刀枪奋力刺之。接着，毕摩齐声诵经施咒。之后的重要程式是“打鸡送节”。这一程序中毕摩所念经的内容大致有三部分：第一部分是请神送鸡；第二部分是劝鸡如何到仇家；第三部分是指示公鸡到仇家如何行事：“你这厉害的鸡，边走边叫到仇家。到仇家头一夜，屋内黑压压，锅庄裹黑裙；到仇家第二夜，房屋开口，锅庄说话；到仇家第三夜，男人砍树被树压死，女人挑水被水淹死，小孩拾炭被火烧死；到仇家第四夜，房屋遭雷劈，父子一起死，母女一起亡。”这种诅咒是祭祀者所希望产生的结果。仪式最后的部分是“瓦某夺”仪式，即抛鸡占验吉凶，预测仪式成功与否。第三部分大仪式是“基则卓尼说”，目的是调和家族成员之间的关系，并为每个

① 参见林耀华《凉山彝家》，商务印书馆1941年版，第98页。

家族成员除行解秽。第四部分大仪式是“博者苏”，这个仪式在一定意义上具有通过宴请各路神灵来安抚山神，请求山神宽恕人的过失、赐福于人的寓意。在这样的仪式中，人们希望借助超自然的力量来消灾解难，并达到报复仇家的目的。从上面的记载可以看出，彝族的这种复仇方式可以称为精神复仇，或称为诅咒复仇。因为通过此种形式让“受害”一方消除纠纷，进而成为纠纷解决的一种形式。我们在调查时，一些民族地区仍然存在这种形式，只是没有如此复杂的仪式。在文山州广南壮族村寨调查时，当地人就给我们讲当地“民族村寨如有人怀疑对方做了坏事，对方会在公开场所，要人很多，有人见证，双方当事人都在，另一方点香发誓说不是自己干的，如果是自己做的，天打五雷轰等毒誓，冤枉我的人要……在一些四十多岁的人的记忆里，村寨中3—5天就会有人在发誓了，现在少了”。①

复仇式纠纷解决机制在学术界又常称为私力救济。它是人类社会纠纷解决机制中最早的机制之一，是人类社会对纠纷最直接、直观的解决方式。从上面的考察看，西南少数民族纠纷解决机制中，在历史上，它一直有重要地位，并且形成了形式多样的复仇式解决方式。西南少数民族社会中大量存在此种纠纷解决机制与很多民族社会发展的水平有关，因为西南少数民族很多在社会结构中缺少强有力的公共权力组织，特别是纠纷解决机制的组织。这让各民族群体中个体私力救济成为必要。由于个体肉体复仇或群体械斗都会产生严重的社会后果，导致纠纷双方消失，失去了解决纠纷的最初目的，因为纠纷的解决不是消灭对方，而是让破坏了的社会关系得到恢复。从西南少数民族复仇式纠纷解决机制变迁和种类看，也是遵循这一原则的，因为西南少数民族复仇式纠纷解决机制从种类、形态和作用上看，很多已经发生了异化，即从直接的、赤裸裸的肉体对抗转化成仪式性、形式化和心理性的复仇形式。这是人类社会发展中实践理性的作用在驱动，因为肉体的直接对抗对纠纷解决来说是零和博弈，并不是纠纷解决的目标。西南少数民族个体复仇式纠纷解决机制开始出现诅咒式复仇，群体械斗中开始出现仪式化、形式化的械斗，且械斗时受到的约束越来越多。此种纠纷解决机制的存在与变迁还与人类社会组织结构变迁有关，随着人类社会发展到以血缘集团为中

① 广南县调查中某司法所副主任讲述。

心组成的氏族、家族为社会责任承担主体后，个体之间的行为往往由群体来承担其产生的社会后果。这种社会结构反过来加强了个体间复仇机制的有效性，因为群体让个体的行为产生预期的社会后果。当然，从西南民族复仇式纠纷解决机制的发展看，人类会通过一些制度来约束此种社会结构产生的社会影响。复仇式纠纷解决作为人类社会最早的纠纷解决机制，具有很大的直接性、直观性，但这种纠纷解决机制的存在是具有历史时空的，不能说是人类社会发展的失败。

二、神判式纠纷解决机制

神判是人类审判历史上存在于每个民族发展初期的纠纷解决机制。西南少数民族在1949年以前，多数还处在社会发展的初级阶段，他们的纠纷解决机制中神判占有重要地位。分析西南少数民族的神判，种类繁多，形式多样，有时神判成为纠纷解决的法定程序的组成部分。对神判的分析，可以根据神判使用的介质，分为水审型、火审型、动物型、武器型、占卜型、诅咒型、罚站型、发誓型、物质型，等等。[①] 根据神判在解决纠纷中的作用，可以分为查清事实、消除争议和确认、强化纠纷解决协议效力两种类型。神判的共同特点是有严格的、公开的仪式和预定的、公开的、明确的决定输赢的规则。神判在纠纷解决机制中以鬼魂观的存在作为前提，即相信存在外在的鬼魂，通过特定仪式能让它们把公正、真实的事实彰显出来，甚至做出相应的结果，让理屈者得到报应。神判在纠纷解决机制史上是形式正义的滥觞，是诉讼程序主义的前身，是人类对自身不信任的体现，是形式非理性的纠纷解决机制。神判是西南少数民族纠纷解决机制中固有纠纷解决机制中重要的一种，它不仅是西南少数民族民间纠纷解决的重要组成部分，甚至影响到土司正式解决机制，有时土司等地方司法机构在审理疑难案件时会采用此种纠纷解决机制。如清末瑞丽勐典景颇族、邦达人与勐典人因争水田产生纠纷，最后当地傣族土司通过神判闷水解决。[②] 西南少数民族中神判机制的发达与西南少数民族的鬼神崇拜有关。西南少数民族在1949年以前整体上生活在一种神鬼观的世界中，对

---

① 印度《那罗陀法典》第102条规定了八种神判：火审、水审、秤审、毒审、圣水审、圣谷审、热油审及抽签审。

② 云南省编辑组：《景颇族社会历史调查》（三），云南人民出版社1986年版，第99页。

鬼神的崇拜构成了其传统文化的一部分。《后汉书·西南夷传》中指出西南少数民族是“俗好巫鬼禁忌”；[①]《周书》称“俗畏鬼神，尤尚淫祀巫祝”[②]等。

（一）水审型神判

水审型神判是指通过水中的神来让真实的清白者和理亏者得到彰显的神判形式。水审型神判主要有在特定的江河里让当事人沉浮及闷水等形式来获得结果。其中闷水有两种形式：一是若当事人沉下就无罪；二是当事人浮起就无罪。闷水神判在傣族中较为流行，按傣族法律及史料，主要适用在涉及土地纠纷时，特别是村寨之间的土地纠纷。闷水神判在《汉谟拉比法典》[③]、《西双版纳傣族封建法规·财产继承》上都有规定，后者在第八十三条规定：“抢占他人的财物或田、地、园界、村界，告到官府评理判决，信告输，罚其‘编沙’召勐；谁告赢，要经受‘点蜡烛闷水’的考验。最后真正输的一方，罚银九百九十罢。若仅是寨、园、田界，输的一方，罚三百三十罢或五百五十罢，赢的一方，不需‘点蜡烛闷水’，找出当事人出庭作证即判决。”[④]《西双版纳傣族封建法规·争田地的处置》中有相同规定。[⑤]此种纠纷解决机制得到具体个案支持的，在傣族纠纷解决中是被适用的。傣历1137年（1784年）勐遮土司与景真土司夺争勐遮曼滚的山地——马鞍坡。此纠纷由傣历1137年争到傣历1146年，傣历1146年举行了几方会商，仍然得不到解决，最后把纠纷“呈奏至景洪宣慰使处请求解决”，宣慰使采用闷水神判。此纠纷解决的具体过程在《勐遮历史点滴》中有记载，“宣慰命以蜡条祭神佛前，命景真和勐遮召勐各派人沉入水，谁先浮出水面，谁即无理（为输）”，[⑥]按《解决景真、勐翁和勐遮为安麻山地界争执纠纷事略纪要》记载，在举行前先拟好处罚条款，具体是“第一，地方的事其价值如‘兰’（百万之意思），寨子

---

① 《后汉书》卷86，“南中·西南夷传”。

② 《周书》卷49，“异域志上”。

③ 该法第2条和第132条规定对于被控有巫术及通奸的妇女可以到河中进行神判，以洗自己的被巫。

④ 杨一凡主编：《中国珍稀法律典籍续编》（第九册），黑龙江人民出版社2002年版，第466页。

⑤ 同上书，第534页。

⑥ 云南编辑组：《傣族社会历史调查》（西双版纳之九），云南人民出版社1988年版，第139页。

的事其价值如‘先’（十万之意思）。第二，哪方输了，就按上数罚银，若果是输方求饶，就把罚银数减少三万三千；要是再三告饶，就减少三千三百。其他礼仪开支在外”。[①] 接着举行神判仪式，当时请了全勐的佛爷、波占、头人到场。佛爷诵经，波占与昆欠分别向天神、地神致祝祷词，双方陈述引起纠纷的经过，祈神灵判明真假。这种神判采用下沉者为真，反之，则是霸占、欺骗者。最后是“景真觉入水的人先浮出水面，宣慰使认定（景真）无理，命其（将霸占之地）归还勐遮”。[②] 于是按规定罚款，但胜方把罚金七“怀”银退还给败诉方。傣历 1147 年六月景真又与景鲁产生土地纠纷，勐遮土司与景真交涉没有办法解决，于是告到宣慰使哪里，宣慰使还是采用闷水神判。“宣慰使仍以蜡条祭神佛，在景洪南万河白塔下沉水解决。景真沉水之人先浮起，宣慰使命景真退还所占勐遮地”。[③] 云南的阿昌族对偷牛、马以及山林和土地等重大纠纷，若没有办法审理清楚时，也采用“闷水”神判。“闷水”由族长、寨主或庙主、道士主持，把两根长竹竿插入小河或深塘中，令双方当事人各顺着一根竹竿潜入水下，谁在水中闷的时间长，谁就得胜；谁在水中闷不住，先露出水，谁就输理而受到惩罚。这些文献资料展示了水审神判的具体形式与内容。

（二）火审型神判

火审型神判是指用与火有关的物质和材料进行的神判形式。火审型神判是通过与火有关的物质间接来审，主要有在热水、热油中捞物等。当然，有直接在火中取出某物的神判，如拨火椿、端铁犁铧等形式。从相关材料看，西南地区少数民族火审型神判主要采用的是间接方式，具体可以分为热水审、油锅审、点蜡烛和同时燃烧某物质等。

1. 热水型

此种神判就是把水加热、烧开，把特定的物体放在热水中，通过特定仪式让纠纷当事人从开水中把某物捞起来，看谁被灼伤定输赢。这种神判通常使用在偷盗案中当事人不能获得共识，又不能通过其他证明的纠纷

---

① 云南编辑组：《傣族社会历史调查》（西双版纳之二），云南人民出版社 1988 年版，第 108—109 页。

② 云南编辑组：《傣族社会历史调查》（西双版纳之九），云南人民出版社 1988 年版，第 139 页。

③ 同上书，第 140 页。

中。清代檀萃记载武定府土人“有争者，告天，煮沸汤投物，以手捉之，屈则糜烂，直则无恙”。[①]《苗俗记闻》中记载有“若小隙争论不已，则彼此以期日、地，辨曲直。两寨之人及两家戚属左右列，中设一大镬满贮以水，置一斧，燃以沸。两造各言是非，言竟，互鸣金，声震林谷，金尽。彼此仰而呼天，移时各以手入沸汤中取斧。得斧而手无恙者为直，焦烂者为曲。如直在左，则右者奔，奔不脱者群执而杀之”[②]。傣族中某纠纷当事人不能获得一致意见时，“这样还审判不出结果，最后就念经，祭神，烧着火或煮着开水，把东西放在开水里面或火里面，使犯罪的人用手去取，请神来审查，就可以鉴别出谁是好人，谁是坏人”。[③] 景颇族在偷盗纠纷中若失主和嫌疑者对事实争执不下时，会请山官和寨头主持，把特定东西投到滚开的水中，让当事人用双手去捞，以手是否灼伤定输赢，即嫌疑者的手被灼伤就认定其有偷盗行为，否则没有。这种神判程序是由巫师主持仪式，当事人对天发誓，然后把特定物体从加热的水中捞出，输赢、清白与否是看是否捞出和手是否被灼伤。凉山彝族中有在开水中捞鸡蛋或小石子的神判，具体是把水烧开，放入鸡蛋或小石子，让嫌疑者用手捞，若捞出来手没有被灼烧，则为清白。举行神判前会让原告与被告交出一定数量的金银，若被告确定为清白，原告的钱物交给被告，相反，则交给原告。西南少数民族中有的民族会把捞开水神判写入乡规民约中，咸丰四年（1854 年）侗族立的《永远遵照》碑中规定“村寨难免有事，或遇婚姻田土等事例，当经中理论。倘若不清，照俗捞汤表白。如系枉控，罚钱三千文入公”。[④] 这里把捞开水神判写入当地田土、婚姻纠纷的解决中，作为法定形式被确定下来。

2. 热油型

此种神判又称为捞油锅，是用火把油加热烧开，把特定物体放在油中，通过特定仪式让纠纷当事人从热油中把特定物体捞起来，看手是否

① （清）檀萃辑，宋文熙、李东平校注：《滇海虞衡志校注》，云南人民出版社 1990 年版，第 334 页。

② （清）方亨咸：《苗俗记闻》，载《小方壶斋舆地丛钞（第 8 帙）》，杭州古籍书店 1985 影印本。

③ 云南省编辑委员会编：《傣族社会历史调查》（西双版纳之二），云南民族出版社 1983 年版，第 108—109 页。

④ 吴江编录：《侗族部分地区碑文选辑》，1989 年，第 7 页。

被灼伤来定输赢。捞油锅神判在西南少数民族中适用较为广泛，是普遍使用的神判。从记载看，主要适用在被指控为放药、放蛊毒或诅咒致人生病、死亡的纠纷中。此外，还适用在土地、债务、偷盗等纠纷中。对此，有学者指出“这种捞油锅要是用在被人指控为偷人、杀人、杀魂而本人又坚决不承认时，特别是杀魂，更是当地谈虎色变的巫术，即将别人魂魄设法摄去，置对方于死地，如果‘查出’是杀魂，光赔偿钱物还不行，一般要远远逐出村寨”。① 这是此种神判适用的对象及性质最为完整、本质的表达。《真腊风土记》中载，“且如人家失物，疑此人为盗，遂以锅煎油，极热。令此人伸手于中，若果偷物，则手腐烂，否则皮肉如故。云番人有法如此”。阿昌族中产生纠纷时采用捞油锅神判，具体是争执双方选定时间、地点，在一空旷地方烧一锅油，请寨中的“吾曼作”和“作借”作公证人，要祭祀寨神“色蒙”，待油锅滚沸后，双方同时伸手入油锅中，谁被灼伤则为输，输者要赔偿相当于失物数量的数倍的钱物。西南民族的乡规民约中有规定，如广西在康熙十一年（1672 年）立的《高增款碑》中明确规定对争议山林、田产不能解决时，采用捞油锅方式解释。“议山场杉树，各有乡界，争论，油锅为止；义卖田不典，将典作断，一卖百了，止（此）田有粮无粮，无粮之田以后说田有粮，进油锅为止。”② 这种形式是有明确的个案的。同治三年（1864 年）四川宁远府冕宁县彝族中有一案，典史是李宗义、李宗颜兄弟于同治二年（1863 年）雇百姓陈双福作佣工，同治三年（1864 年）正月初二李家丢失了一件衣服，怀疑被陈双福所偷，但没有证据证明，所以进行捞油锅神判。“安置油锅。李宗义望空祷告，伤者是贼，李宗颜下手先捞，已被油烫，次逼民子伸手下锅，将钱捞起，毫没损伤。伊等计谋不遂，甜言慰子，不准声张，将米三升折作挂红。民知投明头人地保知，讵伊弟兄以强压弱，恶言横估”。事后，陈双福的父亲把此事上诉到知县那里，当时知县批语是：“捞油设誓系属乡愚恶俗，例应严禁。”③ 这在事实上承认了这种纠纷解决方式的合法性。怒江傈僳族中捞油锅神判主要使用在被指控为“杀魂”纠纷的案件中。杀魂，

① 云南省编辑组：《白族社会历史调查》（二），云南人民出版社 1986 年版，第 101 页。

② 邓敏文、吴浩：《侗款研究》，中国社会科学出版社 1995 年版，第 145—146 页。

③ 四川省编辑组：《四川彝族历史调查资料、档案资料选编》，四川省社会科学院出版社 1987 年版，第 384—385 页。

傈僳语称为“肯扒”，或“扣扒”，意为“迷人的人”，是“一种所谓能够足以谋害人致死的巫术”，某人因某些家庭、家族或村寨有人大量死亡，怀疑某人来索取灵魂。当然，捞油锅不仅适用在“杀魂”案中，还适用在其他纠纷中，只是“杀魂”纠纷中被怀疑者要证明自己清白只能通过此种方式，否则就等于默认自己有此种行为。怒江的俄夺底乡（1949 年称为腊吐底保）在 1949 年前 20 年多年里发生过 10 件通过捞油锅解决的纠纷，具体是 2 件偷盗案，2 件通奸案，1 件债务纠纷案，5 件杀魂案。捞油锅神判时以一定数量的牛羊猪为赌注，赢者获得相应的财物。如 1953 年教徒普儿山、李马博指控拉今我为“扣扒”，拟砍杀拉今我，被本氏族内部人劝阻，最后各以猪三头打赌捞油锅，因为拉今我手没有伤，原告认输，拉今我获得猪三头；1954 年色得村思卜家连死 5 人，认为同村里柏普是“扣扒”，最后通过捞油锅神判解决此次纠纷。① 怒江地区白族支系那马人在产生养药鬼和撒魂鬼纠纷时，被怀疑者要获得清白，主要采用的办法是捞油锅，那马人称为“抓陆”。②

3. 用火烧物型

这种神判有烧香、点蜡烛、拨火椿、烧铧铁、烧写有生辰八字的纸条等。烧香或点蜡烛由相关神职人员主持，举行仪式后同时点燃香或蜡烛，看谁的先烧尽，先烧尽者胜诉。佤族中有烧线香神判，当失主、嫌疑人对事实争执不下时，就请董萨主持仪式，董萨念了相关咒语后，同时点燃线香，看谁的先燃烧尽，谁就清白。点蜡烛神判时纠纷双方约定时间、地点，请来公证人，双方各点蜡烛一支，蜡烛先灭者为输，即赔偿失物。阿昌族有纠纷双方到寺庙里，将各自的理由、咒语、生辰八字写在纸上，请道士或和尚念经请鬼，念到早晨公鸡叫第一声时，当事人双方把写有字的纸条放在香炉中焚烧，立即取出后洒上油后再烧，立即再用脚踩灭，打开看，谁的生辰八字烧完谁无理。③ 怒族人的拨火椿神判是把一条长约二尺的石块一半埋入土中，周围架起柴火来烧，把石头烧热后，嫌疑者对天发誓后赤手去拔烧热的石块。如果拔出来，并且手没有烧伤的认为是清白，

① 参见怒江州地方志办公室编《怒江史志资料》（第 1 辑），怒江州地方志办公室，2003 年，第 192—198 页。

② 云南编辑组：《白族社会历史调查》（二），云南人民出版社 1986 年版，第 41 页。

③ 陇川县史志办、政协陇川县文史委编：《户撒史话》，云南人民出版社 2002 年版，第 265 页。

或者是石头被烧断了，也是清白。[①] 凉山彝族有端烧红的铧铁、石头等神判。端犁铧神判是某人遗失了财物或金钱，不能找到偷盗者，用此来确认怀疑的偷盗者，具体是请毕摩作法，将铁犁用炭火烧红后，由毕摩诵经念咒，所有失主指控的嫌疑人都用手来举烧红的犁铧，若是偷盗者，则必烧至喊叫。“据云此法甚为有效”。[②] 这些神判的基本因素是火，所以把它们归入火式神判。

（三）武器型神判

武器型神判主要是采用某种物质进行特定的行为，以出血或者其他约定的现象出现确定输赢的神判形式。如采用相互殴打对方的头，失主和“被疑者”相互打对方的头（自己不打找别人打也可以），哪个被打出血，就认定哪个输，双方都出血或都不出血，则认为都没有错。用竹签扎手，双方请公正的老人或头人用竹签扎手，竹签扎下去拔出来时，谁的血急速流出，则认为是输；谁的血慢慢流出则认为清白；若两者出血的情况一样，则认为都没有错。佤族中“叫天”神判也是武器型神判的一种，具体是失主与嫌疑者对事实争执不下时，双方把长刀横在头上，请董萨念咒语，谁错就让雷打死。

（四）动物型神判

动物型神判是通过特定的动物，让它们进行特定的行为，产生特定结果确定输赢的神判形式。此类神判的典型代表是汉文化中记载的皋陶通过獬豸举行的审判。西南少数民族中佤族有一种叫爬螺蛳的神判，即在一个大铁锅内画上一些方格，装上水，捉一些螺蛳来，放在方格里，认定一个方格内的螺蛳代表失主，其余方格中的螺蛳各代表一个“被疑者”，看代表失主的螺蛳爬到哪个方格里的螺蛳旁，便认为失主旁的这个螺蛳代表的怀疑者是有错的。彝族、苗族、佤族等族中的斗鸡、斗牛和砍鸡头、砍狗头可以当作动物型神判。凉山美姑县彝族中有“发生赖债的事情，就吊死偿价或打鸡狗诅咒，用以解决”。[③] 打鸡狗神判在凉山彝族中称为“克瓦努”，主要用于解决产生纠纷后双方不能达成协议的案件。如“某甲称

---

① 杨一凡主编：《中国珍稀法律典籍续编》（第十册），黑龙江人民出版社 2002 年版，第 423 页。

② 王成圣：《倮罗的神权思想》，载《边疆通讯》第 3 期。

③ 杨一凡主编：《中国珍稀法律典籍续编》（第十册），黑龙江人民出版社 2002 年版，第 439 页。

某乙之祖人欠其祖人之债，而某乙则绝不承认，彼此纠纷，则主张打鸡狗了事”，具体是取一只鸡或狗，当场声明理由，双方念出誓词，立即举行，若系某甲打死鸡或狗，则某乙必须照数还债，若为某乙打死鸡或狗，则某甲不能再索要。“举行完毕，即从此了事，双方均不能再提”。[①] 此种神判形式在西南少数民族中解决债务纠纷方面非常有效。

（五）发誓型神判

发誓型神判，或称诅盟型神判。西南少数民族中由于相信对神盟誓的效力，所以在纠纷解决中大量存在此类纠纷解决机制。发誓型神判的最大特点是纠纷双方通过特定的诅盟仪式，让纠纷得到解决。此类纠纷解决机制与诅咒型神判的最大区别是它的主体是纠纷双方，双方在自愿前提下进行。诅咒型神判是指纠纷主体中一方当事人在对方不知道的前提下独自举行，以便让对方得到某种报应。西南少数民族好诅盟是一种地域性文化与风俗，自古皆然。《华阳国志·南中志》中记载南中诸民族是“其俗征巫鬼，好诅盟，投石结草，官常以盟诅要之”。[②]《滇海虞衡志》中记载有“白人（白族）……尚巫好盟，拔石结草，官常盟诅要之”。[③] 遵义及贵州史书上记载“民信巫鬼，好诅盟。嗟呼！此不独遵义也，黔之民亦然”。发誓型神判在西南少数民族纠纷解决机制中的作用有两个方面：首先是作为一般神判，使用在疑难案件的审判中；其次是作为加强某纠纷解决结果效力的机制。因为西南少数民族纠纷解决机制中普遍存在缺少强制执行的外在公共权力组织，所以纠纷解决的结果只能依靠当事人的自愿执行，于是纠纷解决结果在执行时存在执行力不足的问题，发誓往往作为保证执行的力量。

1. 作为审理过程的机制

发誓型神判作为疑难案件的审理机制是较为常见的神判，具体是举行特定仪式后，在某神前发誓，谁不敢发誓谁就输。两者都愿发誓则纠纷就算解决，以后哪方出现病灾就认定他理亏。由于西南少数民族具有浓厚的鬼神观，很多人宁可接受不公正的指控或调解，也不敢轻易发誓。史书上记载“苗人事件排解……其讦告不明之事，亦必誓于神焉。谓之开

① 毛筠如：《大小凉山之彝族》，四川民族出版社1946年版，第123页。

② 常璩著，刘琳校注：《华阳国志校注》，巴蜀书社1984年版。

③（清）檀萃辑，宋文熙、李东平校注：《滇海虞衡志校注》，云南人民出版社1990年版，第351页。

庙吃血”。[1] “苗人”对此十分谨慎，志书上说“其入庙，则膝行股栗，莫敢仰视。抱歉者则逡巡不敢饮”。[2]《孟连傣族封建习惯法·继承的规定》中有“债主说不清就祈祷天神，赢了，欠债人要加倍赔还”。[3] 迪庆州在宣统二年（1910 年）结底村与乃日村产生牧场纠纷，结底村提出要按藏族的传统习惯到喇嘛寺喇嘛面前“吃咒”，但乃日村不同意，最后结底村上诉到官府，要求官府下令乃日村到喇嘛寺喇嘛面前神判，在状文中有“唯有再叩仁天，饬令乃日村民，前赴大寺前吃咒”。[4] 阿昌族中若产生纠纷，双方争执不下时，当事人就约定时间、地点，扔下赌注，祭祀寨神“色蒙”，然后赌咒说：“如果我偷了你的东西，要死绝死败，愿输赌注”，等等。赌咒后则看后来的应验。敢于面对寨神赌咒发誓自己无错的，就等于胜诉。哈尼语称赌咒为“巴拉勒毛”，如某家的猪丢失，失主怀疑为某人盗去，往往请追玛公断，如被怀疑者拒不承认，双方采取赌咒。方法是置一竹桌，桌上放一碗清水，赌咒双方相对而坐，追玛或公断人坐在中间，被告一方用食指在碗中蘸一点水搽在额上，发誓说：“我向祖先发誓，没有偷某某的猪，如果偷了，被雷打死，被毒蛇咬死，被豹子咬死，被大树打死，被火烧死”，等等。原告一方也用食指蘸一点水，搽在前额，发誓说：“我向祖先发誓，我的猪是被某某偷去的，如果是我诬陷他，就让雷打死，被火烧死”，等等。然后赌咒双方把碗中水各喝一半。[5] 对于信奉神灵崇拜和祖先崇拜的哈尼人，向神灵或祖先发誓是一件极为严肃、神圣的事情，他们相信神灵和祖先的英明，一旦誓言中的判断或辩解与事实不符，咒语中的惩罚会降临到自身身上和村寨中。怒江傈僳族中若发生偷盗、通奸，当事人双方不承认，会采用抛血酒和吃血酒诅咒神判。抛血酒采用在通奸纠纷中，祭司主持仪式，把血酒抛上天时，“向天盟誓，说一方错指，或者另一方犯罪不承认，必受天惩，在三日内死去，反之将活百年、千年”；吃血酒使用在偷盗牲畜时，仪式与前者相同，只是被指控一方为证明自己无罪，“头包白纸，手握长刀，饮血向天

① 段汝霖：《楚南苗志》卷 4，岳麓书社 2008 年版，第 177 页。

② 胡朴安：《中国风俗》（下），九州出版社 2007 年版，第 143 页。

③ 杨一凡主编：《中国珍稀法律典籍续编》（第九册），黑龙江人民出版社 2002 年版，第 583 页。

④ 参见王恒杰《迪庆藏族社会史》，中国藏学出版社 1995 年版，第 249 页。

⑤ 云南省编辑委员会：《哈尼族社会历史调查》，云南民族出版社 1982 年版，第 145 页。

盟誓，如犯此种行为三日内三遇天惩，如对方错指将活百岁、千岁”。①对此类神判，下面有一份典型的判文：

> 立甘愿入庙社后字人，毛呈上寨众等廖贵、廖珍、廖照、廖杨冈、廖良铁、廖仁红等。尝思世人不平则鸣，对人以无讼为贵。况吾等因与毛呈田寨为地争竞，土名枫木漕一共五漕、五奇，原系吾等公山，伊说伊地，请中理论，头甲人等亥豕难分。窃思官山府海，各有分别，土产山业，岂无其主。一比心甘祷神，何若做亏心事，举头三尽，有神明，瞒心味己，一动一静，神明鉴察，毫发不爽。而我等各缘庚帖，甘愿入庙祈神。
>
> 各大神圣论座前鉴察报应，谁是谁非，神明本是无私，分明究治。倘若我等何人风云不测，命入黄泉，实定诈骗欺夺，其班牌钱项尽属田寨。而我等产族邻不得说长道短，倚命而让祸端。如有悔言，自甘其罪。口无凭，立甘愿字，付与地方执照为据。
>
> 甘愿立字人上寨众等廖杨冈、廖铁福、胜仁贤。
>
> 头甲执字人廖金书、潘金旺、陈景章。
>
> 地方证人廖秀荣、元华、金成、光清、仁盘、玉连、日映、贵发、福金、学继、美昌、仕美，潘美仁、玉陈福贞、学茂、永义。
>
> 代口代笔人潘廷范请笔五百文。
>
> 光绪六年二月初二立。②

上面是一份发誓神判文书，从中可以看出当事人想通过此文书让神明给无理方降灾，让正义实现，自己的冤得到洗明。此份神判文书体现出神判是当事人已经穷尽世俗的纠纷解决手段后所采用的一种形式。从此文书看，此种神判更像是诅咒式，但通过此种仪式，当事人内心的不满得到了表达。当然，在当事人所在的语境下，由于对鬼神的信从，要做出此种行为是需要相当大的勇气的。因为报应理论在当地社会生活中具有强大的影响力。

---

① 参见怒江州地方志办公室《怒江史志资料》（第1辑），怒江州地方志办公室，2003年，第191—192页。

② 杨一凡主编：《中国珍稀法律典籍续编》第十册《司法文书》，黑龙江人民出版社2002年版，第790—791页。

2. 作为加强某纠纷解决结果效力的机制

发誓型神判有一类是使用在某一纠纷已经解决完成，但为了让双方严格执行而举行发誓。西南少数民族发誓神判中此类较为常见。史料记载“苗人事件排解，及命案倒偿骨价之后，必凭神发誓，然后可免翻悔”。[①]这里指出“苗人”在解决纠纷后，特别是涉及人命案的赔偿时，会对神发誓，确保解决的效力。怒江白族调解纠纷后“为了防止日后有人翻悔，双方举行杀狗发咒，表示日后决不翻悔。如若翻悔，就要像被杀死的狗一样短命，不得好死”。[②] 说明杀狗盟誓的功能是加强解决协议的效力。彝族中盟誓较为典型，在达成纠纷解决协议或某一协议后会举行钻牛皮饮血酒的仪式。“在彝族地区，举凡战争、议和、个人间的重大协商，以及和外族交往商定协议等，皆必须由双方盟誓，借冥冥中的鬼神力量加以约束”；[③]“由双方宣誓者，各出鸡一只，酒若干斤，共出牛一头，各自请一毕摩……诅咒如任何一方，违背誓约，即如鸡牛而死，以此而维系彼此互不滋事……此虽为一种简单动作，可是凡在这种场合中都非常的严肃，却有不少的强暴而凶狠的夷人头目，受作这种仪式的约束……这种仪式有系冤家和解后举行的”。[④] 说明此类神判在彝族纠纷解决机制中的作用与效力是保证达成协议的执行。彝族人在冤家械斗中胜利后，也会举行仪式，称为“断口嘴”，即胜利一方请毕摩将“白鸡白狗打死，埋在敌人住所周围，使被逐的敌人永远不敢在此落土，否则会如鸡狗之死去”。[⑤] 清代西宁、川西北地区藏族有“议罚赔偿东西，有推卸难措不能赔出者，遂令伊发咒免赔，如日后查出，先前系隐瞒故骗，将伊另外罚九样东西，连前所罚一并入官”。[⑥]《西宁青海番夷成例》第十二条规定“凡称无力完纳罚服牲畜者，令小头目于该部落内，选有颜面之人立誓，具保无力。立誓之后，若被查出者，将查出牲畜罚服外，向立誓之人，罚一九牲畜”。[⑦]

① 段汝霖：《楚南苗志》卷4，岳麓书社2008年版，第177页。

② 云南省编辑组：《白族社会历史调查》，云南人民出版社1988年版，第115页。

③ 林耀华：《中国少数民族原始宗教资料丛编·彝族卷》，中国少数民族原始宗教资料丛编课题组，1992年，第233—234页。

④ 王成圣：《倮罗的神权思想》，载《边疆通讯》第3期。

⑤ 白获：《倮罗的宗教和他们的巫师》，《京沪周刊》1947年第21期。

⑥（清）曹抡彬等修，曹抡翰等纂：（乾隆）《雅州府志》卷13，“夷律”，《中国地方志集成》（63）《四川府县志辑》，巴蜀书社1992年版。

⑦ 张济民主编：《青海藏区部落习惯法资料集》，青海人民出版社1993年版，第286页。

四川冕宁县光绪二十六年（1900 年）四月初一日《高兴田兄弟永杜后患约》是高兴田、高永增、高相臣三兄弟争财产相互争诉不休，地方官在审理后，让他们凭神发咒确保判决的效力。“沐饶县主吩谕五省首人查街等至庙理剖，弟兄各捏各言，难以分理。弟兄甘愿凭神发咒，从此先前家屋财目，高兴田、高永增二人心甘愿意，永远再不向高相臣生事，倘若日后再借故向高相臣滋事，自愿认迭之罪”。由于三兄弟各说各的理，最后是到当地神庙凭神发咒，以和解方式解决，由于怕过后无凭，所以“特立永敦和睦杜出后患文约合同与五省客会首人等庙内存据。倘后若言不复初，各来庙将合同揭出，照据治究禀办。空口无凭，立合同为据”。[①] 怒江怒族在械斗后举行和解仪式上有发誓的程序，具体是由调解老人端酒对天发誓，“自此以后，息事宁人，永不反悔。然后双方同时喝这碗酒，并钉一个木椿在大树上或岩缝里，请示立此为凭”。[②] 从本质上看，这里的发誓是对达成协议遵从的一种强制力。此种方式甚至地方官员都会采用此来强化与西南少数民族达成的某些协议。瑶僮族中，在解决纠纷后“抚安僮老为其和毕，则截刀为誓，始不报冤，谓之赔头”。[③]

（六）物质型神判

物质型神判是采用特定物质，在特定仪式和程序后看是否产生特定现象决定输赢，具体有煮米、嚼米、捏生鸡蛋、喝血酒、摸铅、斗牛角等形式。煮米是当失主和偷盗嫌疑人对偷盗事实争执不下时，各用相同大小的米包，用线系好后，同时投入一个锅中煮，到一定时间后同时取出，若谁的米煮不熟谁就输，就是说当嫌疑者的米没有煮熟，就认定其有偷盗事实，就得按偷盗行为处罚。嚼米是让嫌疑人嚼特定的米，胜负是看嚼碎后米中是否带有血丝，有则败诉，无则胜诉。凉山彝族举行嚼米神判是把红白米各一撮置于桦叶上，由毕摩念经后，被告宣誓，祝告神灵，把相关米放入口中咀嚼，碎后看是否带有血丝，确定输赢。捏生鸡蛋是当发生偷盗时，对某人仅是嫌疑，嫌疑者不承认又不能证明自己清白时，双方用此办

---

① 四川省编辑组：《四川彝族历史调查资料、档案资料选编》，四川省社会科学院出版社 1987 年版，第 376 页。

② 杨一凡：《中国珍稀法律典籍续编》第十册《司法文书》，黑龙江人民出版社 2002 年版，第 422 页。

③ 王士性：《广志绎》卷 5，“西南诸省”，中华书局 1997 年版。

法解决争议。举行时请山官和寨头等人到场作证，先由董萨（景颇族中从事神职的人）念咒，然后由嫌疑者捏生鸡蛋，捏破了就认定嫌疑人有偷盗行为，按偷盗物的赔偿标准赔偿。怒族有喝鸡血酒审判，具体是先由巫师念经，然后杀一只公鸡，将鸡血和入酒里，让嫌疑人喝下，如三年内喝酒者不生大病、不死亡，就认为他是清白的。[①] 彝族人中有一种“漂灯草”，作为确定偷盗纠纷的神判，具体是用“数寸长的灯草二根，一根带箭头，与另一根斜搭成十字形式，浮之水面。毕摩念经后，吹一口气促草浮动。被嫌疑者站列于四周，灯草停止漂动时，箭头指向何人，何人即是盗犯”。[②] 折蒿子秆神判是彝族当中妇女或少年人之间因口舌引起纠纷，当一方怀疑另一方搬弄是非，被怀疑方找不到证据证明自己清白时，会采用从地方折取一段蒿子秆，对天诅咒发誓后，将蒿子秆一折两段，向东方丢去。于是，是非争吵就停止，因为对方已经用生命担保。[③] 摸铅在阿昌族中作为一种神判使用，具体是把一块铅熔化后，在寨主、族长主持下，令双方用手去摸，敢摸者为胜。斗牛角是佤族的一种神判，具体是两人若产生纠纷后又不能解决时，“各人出牛角比赛，甲牛角长，便是甲理是，乙牛解短，便是乙理屈，自家退让，不敢再争”。[④] 以上神判是通过特定的物质特性来确定纠纷的结果。

（七）罚站型神判

罚站型神判是让纠纷双方当事人站在特定物体上，举行特定仪式，若谁出现预定的结果，谁就败诉的神判形式。如佤族有站穴顶板，挖一个深半尺左右，大小能容双足的穴，让双方轮流站在穴内，公证人将一块木板放到站者的头上，连放三次，每次几秒钟。若站不稳板子掉下来就算错了，站得稳板子没掉下来就清白，双方情况一样都没有错。《真腊风土记》中记载：“又两家争讼，莫辨曲直，国宫之对岸有小石塔，事十二座，令一人各坐一塔中。其外两家自以亲属，互相提防。或坐一二日，或三四日。其无理者必或征候而出。或身生疮疖，或咳嗽热症之类。有理者

① 杨一凡主编：《中国珍稀法律典籍续编》（第十册），黑龙江人民出版社 2002 年版，第 423 页。

② 林耀华：《中国少数民族原始宗教资料丛编・彝族卷》，中国少数民族原始宗教资料丛编课题组，1992 年，第 232 页。

③ 参见白芝、尔姑阿呷《凉山彝族习惯法》，《彝族文化》1999 年刊，第 136 页。

④ 胡朴安：《中国风俗》（上），九州出版社 2007 年版，第 311 页。

略无谶事。以此部判曲直，谓之天狱。盖其土地之灵有如此也。”以上是此种神判的两种形式。

（八）占卜型神判

占卜型神判是通过特定仪式，借助特定介质，通过预定的图像、符号及形式确定纠纷结果的神判形式。占卜型神判在古代汉人先民中普遍使用，至少在夏商两朝是重要的审判形式，当时主要采用的是动物骨占卜神判。《礼记·曲礼》中记载有“卜筮不过，卜筮不相袭。龟为卜，荚为筮。卜筮者，先王之所以使民信时日，敬鬼神，畏法令也。所以使民决嫌疑，定铖与也。故曰‘疑而筮之’”。[①] 这里指出汉人先民采用卜筮方式解决疑难案件。西南少数民族中占卜神判是重要的神判形式，主要有鸡骨卜、羊骨卜、狗骨卜、木刻卜、鸡蛋卜、草卜、胆卜、肥卜、竹签卜、石头卜、环珓卜、衣襟卜、围腰卜和手相卜等近二三十种形式。元朝李京在《云南志略》中记载“罗罗”是“以鸡骨占验吉凶，酋长左右，斯须不可阙，事无巨细，皆决之”。[②] 明朝景泰《云南图经志·曲靖府》记载有“土人称巫师曰：‘大奚婆’。遇有一切大小事，怀疑莫能决者，辄请巫师以鸡骨卜其吉凶”。[③] 这些说明彝族人用鸡骨占卜神判，解决疑难案件。阿昌族善于用卜卦来解决生活中各种大事小事，占卦者有活袍、巫师和普通人。清代檀萃辑的《滇海虞衡志》中记载有“峨昌，一名阿昌。性畏暑湿，好居高山，刀耕火种。妇女以红藤为腰饰，祭以犬，占用竹三十三茎，略如蓍，嗜酒负担，禽兽虫豸皆生啖之”。[④]《云龙记往·阿昌传》中提及阿昌族惯以占卜定吉凶，审理纠纷。“后又能揲蓍三十三根，九变以卜吉凶，夷人服其神明，呼为‘阿弥’。”[⑤] 20世纪50年代民族调查资料表明，阿昌族占卜解决纠纷的方式有鸡蛋卦、刀卦、米卦、鸡骨卦和阴阳卦等。哈尼族在产生纠纷

① 《礼记·曲礼》，载《四书五经》，北京古籍出版社1995年版。

② （元）李京：《云南志略》。

③ 云南省编辑组：《云南地方志道教和民族民间宗教资料琐编》，云南人民出版社1986年版，第144页。

④ 檀萃辑：《滇海虞衡志》卷13，“志蛮”，《小方壶斋舆地丛钞》，杭州古籍出版社1985年影印本。

⑤ 董善庆：《云龙记往·阿昌传》，见李春龙、刘景毛点校《正续云南备征志精选点校》，云南民族出版社2000年版，第169页。

时则采用看手相占卜，哈尼语称为“贾摸牟”。此种占卜多用在财物被盗或家畜走失时，但仅有尼帕能看手相，凡求看者，手中要拿一个鸡蛋，立于掌中。尼帕念了巫词后，收下鸡蛋作为报酬。其法是根据求看者手掌上的纹理，判断所丢失的财物为何人盗去，或者是家畜走失在何方。[①] 这种看手相占卜方法盛行于西双版纳地区的哈尼族。景颇族中有“鸡蛋灵”与“鸡蛋卜”两种占卜方式，“鸡蛋灵”是景颇支的，“鸡蛋卜”是载瓦支的，“鸡蛋灵”是“用一口锅或一个竹筒，内放清水，用一个鸡蛋啄破一洞，蛋清流入锅口或竹筒中，再在受害人与被嫌疑人的房上各拿稻草二根为代表，放在锅里或竹筒里，盖上盖子，几分钟后揭开看草上是否沾了蛋清，哪家房上的草被沾上蛋清就算输了”。[②] 可以看出，这是占卜神判。

（九）诅咒型神判

诅咒型神判是指某人产生纠纷后，没办法查清和证明自己清白，或者没有办法获得自己认为是“公正”、“公平”的结果，于是纠纷当事人一方采用诅咒自己心中怀疑者和纠纷另一方当事人，以达到纠纷解决目的的神判形式。“倮俗凡憎怨于人而不能报，则延巫作法，咒一鸡或猪羊，打而死之，以其头向门外，念经咒久之，谓此鸡羊猪之鬼，即将痛恨怨家而住祟之。”[③] 这里记载的是一种诅咒神判，它是一种单向行为。苗人“遇有冤忿，必告庙誓神，刺猫血滴酒中饮以盟心，谓之吃血。吃血后三日，必宰牲酬愿，谓之悔罪做鬼……其誓必曰：你若冤我，我大发大旺；我若冤你，我九死九绝”。[④] 此种是一种诅咒型神判，希望通过神灵解决纠纷。《滇海虞衡志》中记载有“地羊鬼……与人仇，能以木石易其脏府，遂不救”。[⑤] 这里采用诅咒方式解决“与人仇”的纠纷。西南彝族中此种形式最为普遍。凉山美姑县彝族中有“妇女被掠、冤家械斗打不过对方、买卖土地纠纷、被究而找不到偷窃者，都可以请毕摩来打鸡狗诅咒

---

① 云南省编辑委员会：《哈尼族社会历史调查》，云南民族出版社 1982 年版，第 145 页。

② 杨永生整理：《瑞丽县勐典寨社会历史调查》，德宏民族出版社 2007 年版，第 160 页。

③ 任乃强：《西康图经》，南天书局发行 1935 年版，第 303 页。

④ 胡朴安：《中国风俗》（下），九州出版社 2007 年版，第 143 页。

⑤ （清）檀萃辑，宋文熙、李东平校注：《滇海虞衡志校注》，云南人民出版社 1990 年版，第 344 页。

对方”。[1] 彝族在产生冤家械斗前会采用诅咒与反诅咒，反诅咒称为“断口嘴”。[2] 这种诅咒成为彝族个体或群体用来自我解决纠纷的一种方式。佤族中若失物者在物品不见后先叫还两夜，没有人还，就请董萨念恶咒，后把鸡头砍下埋于地中，诅咒偷东西者死去。这是相信神鬼有明察事实的能力，同时也有让偷盗者受罚的能力。

> 具阴呈献状人白门潘氏，系广西省桂林府义宁县龙胜分府官衙塘桐木冲獞民人氏为白平屈冤，累遇叠害事。情小民于本年七月初一日被盗。恶棍潘光美，年生于辛卯年二月十五日辰时，人面兽心，起意偷盗田地谷米等件。又至十四日，请中向说盗案，及来诈索钱文一千二百文，凭中过交。窃念前因，多端需索过甚，暗敲索，为此难以安身，只得上天无路，入地无门，故以诚心纸香，乞叩本宅土地、龙君神主位前，伸叩本乡庙王、广福侯王、摩天大帝祠下，呈叩奏上玉皇大帝、众圣天神，准奏牒文，传下十殿阎君、天神大圣，凭纸赏差提究。善恶冤枉，嫁害无辜，被伤良民难安，到速亲奏，情蒙天神下降，思念小民善者，必降添寿，虑者必受灾刑，得入地狱，小民情安。为此民间暗里受害，现身多端，免受冤伸。是惟全家伸叩天恩，日日百奏，时时念问，令旨报下，神对显愿吉祥，为此阴呈，伏乞伸叩。[3]

此文是一个典型的发誓性神判，并且发誓是由一方完成。它是当事人通过此种行为诅咒另外一方受到神的制裁，由此来实现自己的诉求。这是人类在绝对弱势及世俗救济不足时采取的一种诉求方式。

---

① 杨一凡主编：《中国珍稀法律典籍续编》（第十册），黑龙江人民出版社 2002 年版，第 453 页。

② 对彝族的此种神判过程，近代学者在调查报告中多有记载：白荻：《倮罗宗教和他们的巫师》，《京沪周刊》（第 1 卷）1947 年，第 21 页；庄学本：《彝族调查报告》，1941 年 5 月；任乃强：《西康图经》，南天书局 1935 年版，第 303 页；林耀华：《凉山彝家》，商务印书馆 1941 年版，第 98—99 页；徐益棠：《雷波小凉山之罗民》，金陵大学中国文化研究所 1944 年版，第 78—79 页；王成圣：《倮罗的神权思想》，载《边疆通讯》第 3 期；巴莫·阿依：《凉山彝族的“晓补”反咒仪式》，载《世界宗教研究》1989 年第 3 期。

③ 杨一凡主编：《中国珍稀法律典籍续编》第十册《司法文书》，黑龙江人民出版社 2002 年版，第 789 页。

神判在人类社会各种纠纷解决机制中是脱离复仇式纠纷解决机制后出现的第二种最为普遍和重要的纠纷解决机制。考察人类历史，会发现神判普遍存在于所有民族的特定发展阶段。神判是人类认识发展历程中的产物，任何民族都经历过。神判对人类诉讼式纠纷解决机制的最大贡献是提供了程序主义为内容的形式主义。神判以形式主义为特点获得人类社会中所有民族的接受。在人类社会发展中，人类经历了对自身不信任的历史。当人们发现人类自身无法摆脱个人情感等因素制约时，让他人解决纠纷时又没有办法保证解决者的绝对公正时，于是，人类在外在、独立存在的世界中找到“神”的想象下产生了神判。神判以外在的神为前提，以形式主义为特征，以结果的预定、公开为取向。所有神判都有严格的形式主义，结果都是公开的、预定的。这样神判第一次显示了人类理性的取向与特征，满足了人类对纠纷解决中形式主义的需求。西南少数民族在历史上，各民族都存在形式多样的神判。神判在西南少数民族中的作用表现复杂多样，如认定事实、直接产生裁决结果、保证纠纷结果的执行等。从实证角度看，神判的存在还与公共权力组织不发达有关。西南少数民族的神判与其他民族的神判是一致的，如神判过程严格的形式主义，程序步骤严格的公开、预定，审判结果公开、明确等。神判的出现除了与人类发展中理性追求下的不足有关外，还与人类对神的认识有关。人类从原初的无知状态发展到自我认知的状态时，存在过对外在神的高度认同时期。没有对神的确信，就无法保证神判的有效运作，而神判的消失也以人类对神的否定为前提。现在世俗的诉讼程序是在消除了神判外衣下保留它的精神实质的一种纠纷解决形式。

三、调解式纠纷解决机制

复仇式纠纷解决机制与神判式纠纷解决机制对纠纷双方来说都是非理性的，并且在解决纠纷时付出相当大的代价，两种纠纷解决机制在适用时是作为最后的手段使用，而不是作为纠纷解决的优先手段使用。西南少数民族在历史上形成了一些更为理性的纠纷解决机制，那就是把纠纷交给当事人以外的第三者进行调解和诉讼审理。其中调解式纠纷解决机制在西南少数民族，特别是一般民众的日常纠纷解决中具有重要地位，是他们解决民间日常纠纷最常使用的方式。此种纠纷解决机制具有很强的理性、世俗性，且很多民族都形成了较为完善的机制。

（一）诸民族群体中各类头人的调解机制

西南少数民族在自己的历史发展中，社会结构形成了以村寨、家族、氏族、部落为基本单元，在社会生活中构成了较为稳定的特定地缘或血缘为纽带的社区组织，① 各种类型的社区头人对社区内部事务具有重大决定权，构成了社区社会秩序的维持者、纠纷的解决者、安全的保护者。西南少数民族历史上社区社会的运行具有高度自治性，甚至是绝对自治性，在他们的社会中纠纷解决以村寨、家族、氏族和部落中各类头人为主体。西南少数民族地区村社头人名称繁多，形式多样，产生途径各不相同，但在他们社区中的功能却很相似，构成了西南少数民族社会中世俗纠纷解决机制的第一级机制。西南少数民族地区少数民族的社会组织形式多种多样，具体名称各有不同，如有溪、峒、源、寨、团、隘等，组成的社会组织有佤族的窝朗制、基诺族的长老制、黎族人的合亩制、毛南族的村老制、彝族的家支制、壮族的寨老制、苗族的鼓社制、瑶族的石牌制和瑶老制、傣族的村社制等。社区头人名称各不相同，有首、头、目、长、老等，如寨老、族长、庙老、伙头、召曼②、目老、山官、苏易（凉山彝族的家支头人）、苏温、排头、牌头、火西、土官、理老、款老、都老等。西南少数民族社区头人形成途径有选举、世袭和委任三种，每种又可分为多种次类型。如选举产生的具体形式有 13 种，分别是口头提名、众人表决、射箭比武选举、比赛酿酒、烧香选举、簸杨选举、占卜选举、抽签选举、滚簸箕选举、立蛋选举、斗牛选举、吊石选举和抛铜钱选举等。③ 当然，西南少数民族地区在中央政府把治理力量推到基层社会后，它们的社区结构会因国家设立中原地区基层社会组织，如里甲制度、保甲制及乡约制等后发生变化，但由于中国古代特有的社会结构形式，国家在设立各种类型的基层社会组织时，很多时候这些基层社会管理人员仍然是各少数民族社区传统头人兼任，出现社区自然头人同时兼任中央政府设在地方基层社会管理

---

① 西南少数民族社会结构多数是一种以村寨为基本结构的社区，可以称村寨、村社社会。当然，像吴文藻先生指出的那样，也可称为社区。他认为“社区即指一地人民的实生生活而言，至少包括下列三个要素：人民；人民所居住的地域；人民生活的方式，或是文化”。（王同惠：《广西省象县东南乡花蓝瑶社会组织》“序言”，商务印书馆 1936 年版。）

② 布朗族村寨头人称为召曼。召曼是通过三次抽签产生，即让所有适年青年在佛教僧侣的主持下进行抽签，三次中二次抽到写有“召曼”的人出任该职。

③ 参见张冠梓《论法的成长》，社会科学文献出版社 2002 年版，第 304—309 页。

人员的现象。

西南少数民族在各自的历史发展中形成了世俗的村社自然头人的纠纷解决机制，这种纠纷解决机制形式、种类繁多，成为西南少数民族纠纷解决机制中世俗的部分，是他们社会纠纷解决中最有效的部分，承担着西南少数民族内部绝大多数纠纷、有些时候是所有的纠纷解决任务。如苗族中理老评裁制、[①] 瑶人中石牌头人和瑶老制、景颇族山官及苏温解决机制、布朗族的召曼头人、阿昌族的家会制度，[②] 等等。西南地区壮族、瑶族等社会纠纷的解决上村寨头人成为重要的承担者，本地少数民族内部社会纠纷由此得以有效消解。“有所争不决，则推其乡高年众所严事者往直之，谓之叫老。老人以为不宜，则罚酒食分飧谢罢，故瑶人讼，鲜至官府”。[③] 广东地区瑶族有相同记载，“有事交争，则延邻里责让之，名曰放酒。其不直者，罚输放酒钱，犯奸者则鞭扑”；[④] “号为瑶甲，以后瑶族事无大小，听其公断，本中夜不闭户，路不拾遗，偷盗欺凌，杀无赦”。[⑤] 清代赵翼在广西镇安府为官时，两年仅坐堂审理诉讼两起，自叹民风简朴，然而究其原因，主要是当地少数民族把纠纷交给了村寨头人解决。“镇安府在粤西之极，西与云南土富州接壤……然民最淳，讼狱稀简。县各有头目，其次有甲首，如内地保长之类，小民视之已如官府。有事皆先诉甲目，跪而质讯。甲目不能决，始控头目，再不能决，始控于官，则已为健讼者矣”。[⑥] 1949 年以前民间村寨头人是西南少数民族地区民间纠纷解决的主体，只是村寨头人在不同时期、不同民族中略有不同，特别是在国家力量进入后，往往以保甲长、乡约等身份出现，但他们本质上是各民族的传统头人。西双版纳地区在 1949 年以前“人民遇有田土、婚姻、口角，及冤抑不平之事时，即往投之。保甲受理，便僻壤双方当事质问。谈判场所，是借民房。通常原被两不同室，距远尤远。原告发言，被告不知，被

① 苗族中的理老有三个级别，分别是村寨内的纠纷解决者的理老、解决重大纠纷的理老和处理某个地域内重大纠纷的理甲或理贾。

② 家会制度是阿昌族中的一种家族组织，是解决各氏族间的纠纷解决机制。

③ 嘉庆《广西通志》卷 278，“列传二十三·蛮夷一”。

④ （清）姚柬之：《连山绥瑶厅志》卷 4，“风俗”。

⑤ 刘运锋：民国《乐昌县志》卷 3，“地理志三·风俗·附瑶俗”。

⑥ （清）赵翼：《粤滇杂记》，载《小方壶斋舆地丛钞（第 8 帙）》，杭州古籍书店 1985 年影印本。

告发言，原告莫闻”。[①] 这里指出1949年以前西双版纳地区傣族社会纠纷解决的基本机制。但这里的保甲长就是他们传统社会结构中的头人。因为西双版纳傣族社会中乡一级中有火西头人及村社议事会“贯”，其中社村议事会具体由“波曼”（寨父）和“咩曼”（寨母）及若干头人共同组成。他们在景龙金殿国地方政权中被任命为“帕雅”、“鲊”等，基本职能是“管理村社民众的婚姻和解决民事纠纷等”。[②] 这些基层头人成为基层社会纠纷的重要解决者。“波郎所管辖的村寨地域内，凡一切民事纠纷和诉讼，村寨当权头人解不了的，就报告波郎处理，处理不了才转报议事庭”。[③] 这构成了西双版纳地区基层社会纠纷解决机制的结构。

怒江地区傈僳族在1949年以前，纠纷解决主要由头人、老民、村约、乡约[④]等进行。“傈僳彼此间之诉讼事件，较小者由地方保甲长或村中老民予以调处，案情重大者或经村中头人、老民调处”。此处说明傈僳族的纠纷解决中头人、老民是重要的内部解决主体。这些头人、老民在解决纠纷时“两造各以一碗酒、一只鸡致献，于是原告蹲左、被告踞右，先由原告取长寸许之竹片若干节，逐条诉陈理由。原告诉毕，复由被告诉陈理由。中席之判事者，倾耳静听，待两造诉毕，判词已成竹在胸，于是按是非情理，予以判决。罚金分交胜诉者或地方公益事业。两造服叛后，不仇视，不嫉妒，转而想到吃‘和气酒’”。[⑤] 这段文字较为详细地描述了傈僳族社会纠纷解决中传统社区头人解决纠纷的过程。贵州地区苗人是“诸寨共于高坦处造一楼，高数层，名聚堂。用一木杆长数丈，空其中，以悬于顶，名长鼓。凡有不平之事，即登楼击之。各寨相闻，俱带长标利刀，齐至楼下，听寨长判之”。

云南景颇族中解决纠纷的是村社苏温（又称为波勐）和长老[⑥]、上

---

① 云南省西双版纳地方志办公室编：《西双版纳傣族自治州志·下册》，云南省地矿局，2003年，第900页。

② 云南省编辑委员会编：《西双版纳傣族社会综合调查》（二），云南民族出版社1984年版，第5页。

③ 同上书，第8页。

④ 傈僳族的村、乡约与汉人地区是国家设立的基层同一名称的人员不同，它是傈僳村寨自卫组织设立的，是一种自治人员。

⑤ 怒江州地方志办公室编：《怒江史志资料》（第1辑），怒江州地方志办公室，2003年，第349页。

⑥ 长老指各村寨中有势力家族中的长辈。

级山官，形成村社头人、山官与村社头、山官委员三级纠纷解决机制。具体是当一个村寨内出现轻微刑事和民事纠纷时，往往由寨头和各姓长老出面解决。这类纠纷具体有村寨内因债务、婚姻、偷窃、口角及土地纠纷。当事人不服可以申诉到山官，山官在调处村社内纠纷时往往与村社头人组成调解委员会。清末王子树山官早乐东“每当解决纠纷时，他把常用的一块篾席铺开，酒筒摆上，请岳家兄弟和有声望的老人参加。听完双方申诉之后，他先提出自己的解决方法，再征求岳家兄弟和村寨老人的意见，说：‘这样定是否合理?’得到多数人的支持时才最后裁决”。[①] 这体现了山官头人在解决纠纷时采用的基本模式，它实质上是一种委员会制。

西南少数民族村寨纠纷解决机制中除了村寨头人解决外，还存在通过一些更高级别委员会的纠纷解决机制。调解委员会制度是西南少数民族内部解决自身纠纷的重要机制，它体现了一种原始民主制度。这种委员会机制是解决村寨家族及村寨之间重大纠纷的机制。如景颇族中产生重大纠纷时由双方当事人的所管山官及其他山官组成调解委员会；凉山彝族中家支内部若遇到重大纠纷时会组成“蒙洛”、“蒙格”或“吉尔吉铁”调解委员会。[②] 这种委员会解决的是“本家支的人命事件、杀外家支的人要赔命价、本家支的人通奸”等。[③] 如家支内通奸等重大纠纷组成“吉尔吉铁”委员会审理。凉山普雄彝族中“四十几年前（1910 年前后），阿侯家洪车支之阿假欧觉黑达和同支的姐妹阿侯玛玛通奸，被家门人发觉。家支头人和有关的家门的人速即召开了‘吉尔吉铁’，议决处死。会后令其亲族弟兄勒死欧觉黑达，同时，迫令阿侯玛玛服鸦片自尽”。[④] 西南少数民族村寨级社会纠纷解决机制中的最高级别是由头人、老人组成的纠纷解决委员会。他们承担着西南少数民族地区土司政权及流官政府进入前重大纠纷解决

---

① 德宏州政协文史组编：《德宏州文史资料选辑》（第四辑），德宏州政协文史组编印，1985 年，第 176 页。

② 彝族的此种委员会分别有两个级别：家支头人组成的委员会及全体家支成员组成的委员会。

③ 杨一凡主编：《中国珍稀法律典籍续编》第十册《习惯法》，黑龙江人民出版社 2002 年版，第 453 页。

④ 同上书，第 455 页。

的任务。在没有土司、土官地方政府的纠纷解决机制及流官政府的纠纷解决机制之前，西南少数民族社会中的纠纷解决以此委会员为世俗最高纠纷解决机制。清朝末年广西金秀瑶《罗香七村石牌》中规定："如村中田地山场界限不分明，争斗打架，即由父老调处。若不能解决，再请邻村父老调处。若不能解决，邻村父老同本村父老负责担保，不准斗争，和平解决。"① 这里规定最后的解决是由本村父老及邻村父老组成委员会解决。

西南少数民族中有些民族在历史上已经形成了相应的地方政权，如贵州的罗殿鬼国、西双版纳的景龙金殿国及各类土司政权，他们往往任命各类村社头人，把纠纷交给他们解决。傣族土司政权中有圈（相当于现在的乡）官审理圈内纠纷。德宏地区在《芒市边民的摆》中记载芒市"全境共分八斡，每斡正副管理各一人，叫做斡头和斡尾，总理斡内各村寨的行政事务，如征收租谷、摊派捐款、早派夫佚及调解纠纷。斡以下，各村寨又设管理一人，称老辛，其秉承斡头来执行一切事务"。② 这样老辛、斡头成为当地村社组织纠纷调解者。

西南少数民族纠纷解决机制中此类纠纷解决机制得以存在与长期保留，是因为各少数民族除了在国家设立流官县级政权以前，主要社会治理者是村寨头人。在改土归流后，国家设立了县级，甚至是里甲级社会组织。但西南少数民族由于各种原因，仍然会制定乡规民约，或者地方政府出于少数民族内部纠纷内部解决的动机，会制定相应法令承认村寨头人的此种纠纷解决权。

首先，西南少数民族制定自己村寨的乡规民约时明确规定产生纠纷时先由村寨头人解决，不能时再交给上级机构，特别是地方流官政府。清朝道光二十六年《安龙阿能寨佈依族公议碑》中规定"禁有口角细故，要经头人，不可枉控"，③ 明确规定本寨纠纷先由本村社头人解决。道光二十九年（1849 年）瑶族《龙脊乡规碑》中规定"各村或有小事，即本村老者劝释更（便）宜可也"。④ 光绪十七年（1891 年）《潘内寨团律乡约

---

① 黄钰辑：《瑶族石刻录》，云南民族出版社 1993 年版，第 211 页。

② 田汝康：《芒市边民的摆》，云南人民出版社 2008 年版。

③ 杨一凡主编：《中国珍稀法律典籍续编》第十册《司法文书》，黑龙江人民出版社 2002 年版，第 269 页。

④ 同上书，第 275 页。

碑》明确规定"议地方遇有大小事务，准请甲头及公举之老人，再三理论或判不清，方可兴讼。倘有刁顽之辈，不由分论，而擅词讼控者，地方合具公呈，毋得推诿"。[①] 宣统二年（1910 年）《册享者六众寨合气协防合同》中规定"凡寨内有不平争端，不论大小事件，必当凭寨老理明排解。若冒渎不明，突然具控经官，众公罚钱千文"。[②] 从这些乡规民约中可以看出，西南少数民族在纠纷解决中有国家正式的诉讼机制可以利用时，很多时候民间社会还是把由本民族、本村寨内解决纠纷作为前提。有些时候，在乡规民约中甚至规定由本村寨头人解决作为必需的程序，否则要受到处罚。咸丰五年（1855 年）《有食上村村规民约碑》中明确规定"凡钱账田土，互相口角，必先通知老人。倘有藉事生端，妄经官府者，必究"。[③] 同治二年（1863 年）布依族制定《丫他八窝齐团合同》中第二条规定"如婚姻、田土、口角细故、大小事件，各寨各劝了解。倘有抗拗，解团理论，公同处治"。[④] 此处把社会纠纷解决限定在村寨头人及乡团内部。

其次，中央与地方官员会分别颁布法律承认村寨头人在本社区纠纷解决上有优先权。乾隆七年（1742 年）湖广总督孙嘉淦提出对苗人的纠纷应由苗人头人解决。"夫苗人散居而无统，故各服其头人，其势然也。凡作奸寓匪之处，兵役侦之而不知者，头人能知之；斗争劫杀之事，官法绳之而不解者，头人能调之。故治苗之道，治其头人而已。但头人甚众，不可无所统摄，应于各寨之中，用其头人立为寨长，一峒之中，取头人所信服者立为峒长，使各约束寨长而统于县令。众苗有事，则寨长处分而息之，寨长所不能息者告之峒长；峒长所不能息者告之县令。"[⑤] 嘉庆十九年（1814 年）在《治瑶洞律碑记》中有"查苗瑶风俗，当素朴实称意，

① 杨一凡主编：《中国珍稀法律典籍续编》第十册《司法文书》，黑龙江人民出版社 2002 年版，第 305 页。

② 黔西南布依族苗族自治州史志办编：《黔西南布依族清代乡规民约碑文选》，1986 年，第 105 页。

③ 杨一凡主编：《中国珍稀法律典籍续编》第十册《司法文书》，黑龙江人民出版社 2002 年版，第 281—282 页。

④ 黔西南布依族苗族自治州史志办编：《黔西南布依族清代乡规民约碑文选》，1986 年，第 95 页。

⑤ 故宫博物院明清档案部编：《清代档案史料丛编》（第 14 辑），中华书局 1984 年版，第 156 页。

不知有构讼。一切婚姻田债，许其该管洞寨处理”。[①] 这里地方官员公开承认村寨头人具有调解本村寨内部民事纠纷的权力。《乡党禁约碑》中有“禁婚姻坟墓争端之事，宜村发现纠纷不息，经鸣头甲公断。如不遵者，宜甲头带告，送官究治”。[②] 此类规范在清朝存留下来的地方官颁布的法规中较多。《章程永固碑》中有“地方如有雀角事故，必经团理剖曲者公罚，不得恃横抡控”。[③] 这些地方官员颁布的法规承认并强化了村社头人在村社纠纷解决中的地位。

（二）少数民族内部专业人士与特定人员的调解机制

西南少数民族群体在历史发展中，有些民族已经分化出专门的纠纷解决主体，提供相对专业的纠纷解决服务。这种群体较为典型的有凉山地区彝族的德古、苗人的行头和寨老、瑶族的款头等。西南少数民族在纠纷解决机制中存在特定人员调解机制，其中最有代表性的是妇女在纠纷解决中的特殊作用与地位。

1. 特定专业人士的调解机制

西南少数民族中一些民族形成了专门的纠纷解决主体，他们不是村寨中的头人，而是村寨中专门解决纠纷的人员。苗瑶族中称为理老、乡老、凉山彝族称为德古。从这些人在纠纷解决中的作用、地位看，都是专业人员。闵叙在《粤述》中记载苗瑶等族有“寨老者，即本地年高有行之人。凡里中是非曲直，俱向此老论说，此老一一评之。如甲乙俱服，即如决断；不服，然后讼之于官。当其论说之时，其法颇古。甲指乙云，某事如何，寨老则置一草于乙前；乙指甲云，某事如何，寨老又置一草于甲前。论说即毕，赛老乃计算而分胜负”。[④] 在《蛮司合志·湖广》中有相似记载：“争讼则推一人断曲直，曰行头。曲者纴以筹。计所纴多则掷筹三，曰天减一，地减一，行头又减一。然后，责赎其作者。”明朝田汝成《炎徼纪闻》中记载“苗人”产生纠纷时，解决的机制是“推其属之公正善

---

① 杨一凡主编：《中国珍稀法律典籍续编》第十册《地方法规》，黑龙江人民出版社2002年版，第95页。

② 杨一凡主编：《中国珍稀法律典籍续编》第十册《司法文书》，黑龙江人民出版社2002年版，第148页。

③ 同上书，第149页。

④（清）闵叙：《粤述》，载《小方壶斋舆地丛钞（第7帙）》，杭州古籍书店1985年影印本。

言语者，号曰行头，以讲曲直”。[①] 广西壮族“有争，以年高位寨老判断，不能平者，始告诸官。通常的纠纷，不经官断”。[②] 从大量史料看，此类纠纷解决的人员已经出现专门化了。

西南少数民族相对专业人员解决纠纷最典型的是凉山地区彝族社会中的德古。德古在当地彝族社会中的作用从“汉区的官府，彝区的德古”、“德古睡觉不理事，纠纷就会闹翻天”的格言可以看出。“德古是对调解纠纷者的泛称，源于远古彝族氏族社会职能中专事于调解纠纷的‘莫’这一职级”。[③] 对“德古”调解案件的结果任何人都得遵守。按1956年民族调查，美姑县德古可以调解的纠纷有“与外家支的冤家械斗；债务纠纷、婚姻纠纷、杀人及赔命价、拴人或盗窃、分绝产、土地纠纷等”。[④] 彝族社会中德古来源不受等级限制，黑彝、白彝以及家奴都可以成为德古，其产生条件是对彝族习惯法、案例十分熟知，并且为人公正、能言善辩。“苏易并非选举产生，而是由于常调解事情，主持公道，因而在群众中有威望，群众常找他调解事情，因此自然产生。苏易的地位不能世袭”。[⑤] 所以把德古当成专业化纠纷解决人员，它与毕摩作为祭祀群体，与家支头人苏易等人都不同。德古调解案件的结果任何人都得遵守，彝族社会有“穿草衣的不怕披毛披毡的”；[⑥] “最没有名望的人调解成功的纠纷，即使是最有名望的人也不能重新进行调解”。[⑦] “三岁孩子说好的纠纷，六十岁老人也不能改”；“用金子做腰带的人，推翻了不用麻绳做腰带的人调解成功的纠纷”。[⑧] 对德古在彝族社会中的纠纷解决功能，学术

---

① （明）田汝成：《炎徼纪闻》卷4，“蛮夷”，广西人民出版社2007年版。

② 同上。

③ 彝族对于调解纠纷、审判案件的人称为“德古”，对于“德古”所从事的法律事务，称之为“莫”或“莫木搓”、“莫萨”、“莫图莫机”、“莫木萨体”、“木呷牛呷”等，即对从事调解纠纷及审判案件之事，不称作“德古”，而称之为“莫”，德古是对从事“莫”（调解纠纷者）的总称。

④ 杨一凡主编：《中国珍稀法律典籍续编》第十册《习惯法》，黑龙江人民出版社2002年版，第452页。

⑤ 同上。

⑥ 穿草衣是指彝族社会中的平民和家奴阶层，披羊皮是指黑彝阶层。

⑦ 以上所引见白芝、尔姑阿呷《凉山彝族习惯法》，《彝族文化》，1999年刊，第121页。

⑧ 海乃拉莫等：《凉山彝族习惯法案例集成》，云南人民出版社1998年版，第13页。

界已经有不少研究。[1] 怒江地区白族支系那马人的“此莫”在纠纷解决中的作用与德古相似，他们不是世袭，是自然形成，负责整个社会中世俗纠纷解决。云南德宏陇川阿昌族中的“乌蒙作”，意思是村寨中的老人，即寨老，具有专业解决纠纷的功能。因为“乌蒙作”并不是每个老人都可以出任，他们是那些专门负责解决村寨内纠纷的人员。出任人员是德高望重、能说会道、主持公道、有一定办事能力、为各姓氏所公认的老人，而且他们与阿昌族社会中村寨头人不同，因为村寨头人称为“作借”。这些民族中的特定专业人员肩负着本民族中解决社会纠纷的任务，成为本民族社会中纠纷解决的专业人员。

2. 特定人员的调解机制

西南少数民族在历史上存在妇女在特定情境下调解特定纠纷的机制。这里把妇女调解纠纷的机制作为一个种类分析是因为这种纠纷解决机制与前面的专业人员具有解决纠纷的专门知识不同，妇女在特定情境下调解纠纷不是因为她们的知识与技术，而是她们的特殊性别与社会关系网。妇女在很多民族当时的社会中承担着人口生产的重任，所以械斗中保护妇女是让人口得到恢复的基本前提。当然，妇女还有一个特殊的社会关系，那就是母亲家族，若伤害妇女，会导致她母亲家族卷入械斗，让不停战的一方受到两股力量的打击。凉山彝族中若妇女调停时不停战，妇女会采取两种措施：“一是当阵自杀，另一是脱下裙子，表示被两军所辱，这样，女方的亲戚，便可不问是非曲直，联合起来向不愿停战的一方攻击，为这女子复仇”。[2] 从史料记载看，这种纠纷解决机制在西南少数民族中存在较为普遍。贵州、湘西等地“苗人”群体中存在大量此方面的记载。“生苗、红苗，若同类相杀，以妇人劝方解”。[3] 云南滇西北地区诸民族中，如纳西、傈僳、藏等民族在产生纠纷时，特别在械斗时，妇女可以在特定场景下进行调解。李京《云南志略》记载“末些蛮”（纳西族）“少不如意，鸣钲相仇杀，两

---

① 近年学术界对凉山德古的性质、作用、地位及在纠纷解决中的作用研究很多，基本共识是德古是凉山地区彝族中专业分化出来的纠纷解决者。它与苏易（家支头人）、毕摩（宗教人士）都不同，三者构成了凉山彝族传统社会中的三大传统社会中的权力主体，维持着凉山彝族传统社会秩序。

② 李文海主编：《民国时期社会调查丛编·少数民族卷》，福建教育出版社 2005 年版，第 188 页。

③ 田雯：《黔书》。

家妇女中间和解之，乃罢”。① 《滇海虞衡志》中记载有“么些……少不如意，鸣钲鼓相仇杀，妇女投场和解，乃罢”。② 明朝万历时李元阳《云南通志》中记载有“境内夷么些、古宗……相仇杀，两家妇女投皆和解乃罢”，③ 就是发生械斗时，只要双方妇女出来调解，纠纷可以和解。海南黎族人械斗时已经相对缓和，因为他们已经按步骤举行。“其俗最重复仇，名算头债。然不为掩袭计。先期椎牛会众，聚竹箭三，刃其干，誓而祭之，遣人赍此矢告仇。辞曰：‘某日某时相报，幸利刃煅矛以待。’仇者谋于同里，亦椎牛誓众如期约。两阵相当，此一矢来，彼一矢往，发毙其一而后已。或曲在此，曲者之妻于阵前横过，呼曰：‘吾夫之祖父负汝，勿毙吾夫，宁毙我可也。’其直者妻呼其夫曰：‘彼妻贤良如是，可解斗。’亦即释焉，如已报矣。若力微不能敌，则率同里避之。报者至，见无人相抗，即焚其茅荜曰：‘是惧我也，可以雪吾先人耻矣。’凯还不再出”。④ 从这里可以看出，黎族人在械斗时已经把械斗仪式化，转化成较为理性的选择，当事人可以选择不同方式来结束纠纷，整体看至少有三种：有人被射死；一方妇女出来调解；当事人一方不接受械斗。

西南少数民族地区基层社会中的纠纷解决机制很发达，形成了所谓的“瑶杀瑶，不动朝；僮杀僮，不告状”⑤ 的纠纷解决局面，使他们的社会可以在相对自治中维持自己社会的运作。

（三）土司调解机制

西南民族地区历史上，中央政府广设土官、土司，即任命少数民族中各类首领为当地各级地方官员。这种制度从秦汉时期的边郡县制到唐宋时期的羁縻州县制，再到元明清时期狭义上的土官土司制，西南少数民族地区一直存在由本民族头人出任当地官员的制度。西南少数民族土官土司官职上承担纠纷解决的有：土府、土州、土县、长官司、巡检司等。土官土司的性质较为特殊，构成了当地社会纠纷解决中的重要组成部分。土官土司在解决纠纷中存在两种类型：调解与诉讼。当然，土司采用调解解决纠

① 王叔武：《云南志略辑校》，云南民族出版社1986年版，第93页。

② （清）檀萃辑，宋文熙、李东平校注：《滇海虞衡志校注》，云南人民出版社1990年版，第332页。

③ （明）李元阳：《云南通志》卷4。

④ （清）屈大均：《广东新语》卷7，“黎人条”。

⑤ 王士性：《广志绎》卷5，“西南诸省”，中华书局1997年版。

纷的主要是小土司。此外，部分相当于县州府以上的土司在解决纠纷时，有些也采用调解形式。

这里分析土官土司的调解纠纷解决机制。明万历时龚一清针对广西三江县的《善后六议》中提出“分设土舍，以束诸猺。怀远大猺峒二，峒置六刀，付与各酋。每猺犯法，请刀行诛”。该县志中解释是：“县境瑶、壮、伶、侗，盘踞山谷，耐杀喜斗，向示羁縻，不习官法，为以彝治彝计，乃设六刀酋长，缘大瑶峒二峒，置六刀，付与各酋，每瑶犯法，请刀行诛。”[①] 这里把当地社会纠纷交给中央任命的土官，土官成为当地社会纠纷解决中的重要机制。“僰夷不知文字，惟以木刻为符，各执其半。如约赏酬，毫发无爽。如有不平赴酋长口讼，以石子计其人之过。酋长因而训之，使改，不改则死”。[②] 这里采用调解解决纠纷。德宏地区的傣族土司成为元明清时期重要的纠纷调解机制。“芒市边民地区，遇有重大案件直接由土司审断，但土司处理民事案件，须收纳坐堂费，数目大小以案情为转移。根据案件的判决比例来看，在当地遇有民事案件，大都调解了事。刑事案件则从习惯。然在此比例上，刑事案件仅占极少部分”。[③] 这里体现了德宏地区纠纷解决上土官土司是重要的解决机制。西双版纳地区在民国时期柯树勋在改革当地诉讼时，规定各勐土司“民刑诉讼专归委员审理裁判。虽边民习俗，民事仍报该管土司叭目在议事庭诉理调度”。[④] 这里把西双版纳地区民事纠纷交给土司调解。怒江地区各民族在元明清时期归土司管辖，由于流官政府没有进行有效的管理，“故土司之权力甚大，边民之贡赋、诉讼、抚绥、教化，均由土司办理之”，以致当地“傈僳彼此间之诉讼事件，较小者由地方保甲长或村中老民予以调处，案情重大者或经村中头人、老民调处，原告不服者，则报请所属土司、乡公所或县政府、设治局审理”。[⑤] 迪庆地区嘉庆二十四年（1819 年）发生归化寺

---

① 广西壮族自治区编辑组：《广西侗族社会历史调查》，广西民族出版社 1987 年版，第 36—37 页。

② 天启《滇志》，“羁縻志 · 第四 · 僰夷风俗”。

③ 田汝康：《芒市边民的摆》，云南人民出版社 2008 年版。

④ 云南编辑组：《傣族社会历史调查》（西双版纳之九），云南人民出版社 1988 年版，第 198 页。

⑤ 怒江州地方志办公室编：《怒江史志资料》（第 1 辑），怒江州地方志办公室，2003 年，第 350 页。

大喇嘛、觉厦、八康参、十六名老僧和僧众1200名控告小中甸境夷民温布洛单、松那九、松那扎什等不领沙盐、不交纳柴驮等纠纷，此诉讼提到当时丽江府分驻中甸抚夷府。虽然此案是“本府再三开导，无如二比（即双方）一词，纷纷执拗”，最后是“今据农布土守备、大中甸境千总（温布登珠）、小中甸境士千总齐礼培初、土把总松那齐礼、恩珠诺布从中劝解，小中甸康参130个僧众情愿代认去五属卡每年夷民所领沙盐，以及供应柴驮”，双方才“二比和息，具结前来”。[①] 从此处看，本案是由地方土司调解。可以看出土司成为当地社会纠纷解决中的重要机制。在元朝后，土官土司成为西南各少数民族纠纷解决中调解的重要机制之一。

（四）宗教人士调解机制

宗教人士在西南少数民族纠纷解决机制中作用较为明显。这里的宗教是广义的，包括少数民族各类原始宗教。宗教对西南少数民族的影响在元朝李源道的《创修圆通寺记》中有较为深刻的说明：“滇以南俗尚狰狞，喜格斗攻敚，刑教所不能束，而奉三宝尤至，户有梵宇，昕夕熏燎，钟磬相闻，少老牢自持律，不轻毙一蚁，岂非三恶、八难、十缠、九恼之戒，有以革其面而律其心矣。”[②] 西南少数民族对各类宗教的信仰较为虔诚，所以宗教人士在西南少数民族的纠纷解决中作用较为明显。西南少数民族地区宗教人士包括原始宗教人士，如东巴教的东巴、彝族的鬼主和毕摩、佤族的魔巴、景颇族的董萨等；道教的道士，如瑶族的道公；佛教的僧侣；近代基督教的传教士等。西南少数民族历史上宗教人士对纠纷解决的作用主要有两个方面：首先是参与各种纠纷解决，特别是神判。西南少数民族在举行神判时都由各类宗教人士主持。其次是宗教人士直接调解纠纷，成为纠纷的直接解决者。这里主要分析第二种纠纷解决机制下宗教人士的作用。

宗教人士由于自身的特殊性，在西南少数民族的纠纷解决机制中成为重要主体。其中最典型的是佛教僧侣，藏族与傣族明清时期全民信仰佛教，僧侣成为纠纷解决的重要主体。傣族地区出现械斗纠纷时，只要和尚及巫师坐其间，械斗就停止。藏族中佛教僧侣成为纠纷解决的重要主体。

---

① 参见《中甸藏文历史档案资料汇编》，云南民族出版社2003年版，第238页。

② 杨世钰主编：《大理丛书·金石篇（10）》，中国社会科学出版社1993年版，第18页。

《滇海虞衡志》中记载有“古宗……强悍难治，纠众互斗，喇嘛排解乃散”;[①]“虽土司亦无如之何，必得赖喇嘛从中劝和，偿还数十年前死过命价，抢过牛马，对佛盟誓，方始解释。遇有命案，土司将凶手收押黑房，逃往喇嘛寺抱住旛竿，可免收押”。[②] 寺院和喇嘛在迪庆藏区取得对民众纠纷调解权至少在清朝建国时就开始了。余庆远在《维西见闻录》中有“其性强悍，偏执而能制，稍不如意，则纠党互斗，喇嘛排解之乃散”的记载。这说明喇嘛在当地社会纠纷解决中的作用。宣统二年（1910年）六月结底村与乃日村发生纠纷时，上诉状中指出“窃缘乃日村霸夺小的牧场，去岁经控于大寺及交沙二处”,[③] 这里“交沙”就是“觉厦”的另译，说明解决者是宗教人士。中甸地区归化寺具有审理当地民众民事纠纷的功能。迪庆地区归化寺为主体组成的“吹云会议”成为全境内最高纠纷解决机制。瑶族中记载有“瑶甲死前，必以方术授其人，谓之‘渡身’。其人预斋三日，至期有七日功课，竖刀鸣角，略如巫觋，用费破巨，此人即号为瑶甲。以后瑶族事无大小，听其公断，有疾病瘫疽，乞其符水治之”。[④] 这里瑶族中的宗教人员，还负责民众的纠纷解决。

近代基督教传入西南少数民族后，少数民族中教民的纠纷解决机制开始发生变化，不再把自己内部发生的纠纷提到本民族传统纠纷解决机制中寻求解决。如苗族不再通过议榔、寨老解决纠纷，彝族不再通过土目、土官来解决纠纷，傈僳族不再通过“伙头”、族长等来解决纠纷，而是通过布道者或教会中的长老、执事解决教民间的纠纷，使教民从本民族传统纠纷解决机制中脱离出来。《中华归主》一书中记载贵州“各乡村苗族中之信徒多有被任为长老执事各职，此辈为会众领袖，宣讲圣道颇具口才，并管理各乡村中之集会事宜，更能设法使不到会者均能到会听道。各总堂每月有长老会议，凡信徒有不规则行动，即于会中提出讨论云”。[⑤] 这里后

---

① （清）檀萃辑，宋文熙、李东平校注：《滇海虞衡志校注》，云南人民出版社1990年版，第339页。

② （清）钱召棠纂辑：《巴塘志略·杂识》，《中国西南文献丛书》第1辑《西南稀见方志文献》卷16，兰州大学出版社2003年版，第370页。

③ 王恒杰：《迪庆藏族社会史》，中国藏学出版社1995年版，第249页。

④ 民国《乐昌县志·风俗》卷3。

⑤ 《中华归主：中国基督教事业统计（1901—1920）》（上册），中国社会科学院世界宗教研究所，1985年，第376页。

半句说的是教民中有违法和纠纷，由每月总堂长老会议解决。如1951年中央访问团在武定地区调查到当地教会对通奸男女处罚时，女的采用剪光头游村，男的“放大牛”，即抄没家产和驱逐出寨。从这里可以看出，在处罚方式上教会会采用各少数民族传统处罚方式。此外，报告中还写道，“类似的事情外国牧师在洒普山处理了很多”。[①] 民国时期滇东北、黔西北的苗、彝族传教中，党居仁、柏格理在这方面是相当有代表性的例子。对此，周国华在1942年撰写的《册享县乡土志略·风俗习尚·宗教》中说：“过去苗夷头脑中只有主教，不知有政府，民、刑案件，均由神父裁决。”云南武定地区的苗族、彝族教民中在产生纠纷时多由教会布道员进行调解。由于当时武定地区十分之七以上的少数民族是教民，导致十分之七以上的当地少数民族间的纠纷由教会内部解决。当教民间有纠纷时，如不先报教会处理，就会受到教会的处罚。这种强制性规定教民间的纠纷由教会解决，改变了西南少数民族中信教者在纠纷解决上的方式，脱离了各自在历史中形成的传统处理方式，如伙头、寨老等解决机制，脱离了纠纷解决中的神判等方式。由于纠纷解决机构的变化，导致处罚和纠纷解决方法上的转变。内地也一样，光绪二十七年八月初八日（1901年9月20日）《革职留任河南巡抚松寿奏请将法主权安西满赏给花翎二品顶戴片》中说“法国主教安西满在豫省传教三十余年，与地方官民相处无猜，督率副主教、司铎、执事人等亦能遵守约束，调和民教”。[②] 这里说到了传教士处理教民内部纠纷。教会中主持解决教民纠纷的可以是外国牧师和传道长老等，在处理上可以给予罚金或宣布罪状等，甚至出现教会或外国牧师要求地方政府按教会要求处理教民纠纷等现象。

（五）流官政府的调解机制

西南少数民族纠纷解决机制中存在流官政府的调解机制，虽然这种机制在历史发展中存在渐进过程，但秦汉以后一直存在着，且这种机制在权力位阶上一直处在优势地位，成为纠纷解决机制中最具国家权威的解决机制。

1. 地方流官的调解

西南少数民族的纠纷解决机制中地方流官政府是重要的纠纷解决机

---

① 云南省编辑组：《中央访问团第二分团：云南民族情况汇集》（下册），云南民族出版社1986年版，第17页。

② 朱金甫：《清末教案》（第三册），中华书局1996年版，第103页。

制。因为从秦朝起，西南少数民族虽然存在各种类型的地方民族政权组织，但中央都会在地方设立各种类型和性质的地方流官政府，如秦汉时期的边郡太守、唐朝时期的节度使等。这些地方流官政府在权力上由于受到中央政府的支持，处于绝对优势地位，地方民族政权是无力与中央政府对抗的，所以地方流官政府有维持地方秩序，解决地方各民族头人、群体纠纷的权利与义务。地方流官政府对西南少数民族纠纷解决有两种形式：调解与诉讼。调解是早期的主要形式，特别是涉及西南少数民族政治性及重要经济利益的纠纷时，多采用此种机制。当然，特别重大的政治案件较早被纳入诉讼解决机制中，到明清时期成为诉讼审理的重要对象。

地方流官政府调解西南少数民族纠纷是较早和较常用的方式。虽然到元朝后，地方流官政府大量把西南少数民族纠纷强制纳入诉讼管辖中，但在解决上主要采用调解方式。汉朝成帝河平年间夜郎王兴和句町王禹、漏卧侯俞为争夺领地相互仇杀，最后是牂牁太守陈立设计杀了夜郎王兴，解决了此次纠纷。史书记载地方流官政府在受理西南少数民族纠纷时多采用调解，而不是审判，其中最典型的是下面的记载："苗人案件，不肯轻易出官听审，必须文武官弁齐赴两造适中之地，就近唤集，质讯排解。夫所谓排解者，盖取排难解纷之义。其时，两造鲜不倔强，官为之理谕而劝导之，牙郎难复从中解说之，争论逾时，然后渐就消释。否则今日不结，继以明日。明日不能，俟之后日。毋欲速，毋执己见，从容办理，乃获归结。"① 这里指出地方流官受理苗人案件时，在解决上采用的是调解而不是审判。流官在西南少数民族诸多纠纷中主要是各类土酋、群体之间纠纷的调解者。元明清时期有"苗人不忘九世之仇，往往相杀无已。惟恃流官一诚劝谕，能为息争"，"峒苗仇杀后，汉官为之讲歹。两造各积草为筹，每讲一事，举一筹，理诎者弃其筹，筹多者负者以牛马偿之，纷乃解"。② 说明苗族产生械斗纠纷时，中央设在地方的流官以第三者身份采用调解方式解决各民族的纠纷，成为西南少数民族仇杀械斗纠纷解决的重要机制。明朝万历年间保州土司彭象乾在任职时，他的异母弟象坤想夺他的职位，永顺土司助他的弟弟，酉阳司冉御龙听到后施救，于是出现相互

① 段汝霖：《楚南苗志》卷4，岳麓书社2008年版，第177页。

② 李文海主编：《民国时期社会调查丛编·少数民族卷》，福建教育出版社2005年版，第397页。

仇杀。辰州知州瞿汝稷采用的是“传檄开谕，始解”，[①] 就是由知州调解了此次纠纷。清朝康熙年间乌蒙、威宁两土司相互仇杀，四川巡抚年羹尧遣官员调解，两土司拒绝不出来接受调解，于是上奏中央，派四川、云南、贵州三省督抚出面审理，贵州巡抚刘荫枢先到，派遣官员招谕，“威宁土酋听命，乌蒙土酋亦自缚出就质，咸愿服罪释仇，苗以无事”。[②] 此案在地方大员主持下采用调解方式解决。

宋朝国家对少数民族的纠纷解决上承认“和断”。这种纠纷解决机制由两类人主持：一类是少数民族首领主持调解；另一类是少数民族产生纠纷，由流官主持举行调解，采用少数民族的方式解决。“以诏书犒赏诸羌，阅其人马，为立条约：‘若仇已和断，辄私报之及伤人者罚羊百、马二，已杀者斩。负债争讼，听告官为理，辄质缚平人者，罚羊五十、马一。贼马入界，追集不赴及本族，每户罚羊二，质其首领。贼大人，老幼入保本砦，官为给食；既不入砦，本家罚羊二。’”[③] 这里的“和断”是对少数民族纠纷的承认，但从中可以看出国家通过“立条约”形式对羌人的纠纷解决机制进行相应规制。元朝张庭瑞任诸蛮夷部宣慰使时，采用调解方式解决了汉人与少数民族之间产生的人命纠纷。“碉门羌与妇人老幼入市，争价杀人，碉门鱼通司系其人。羌酋怒，断绳桥，谋入劫之。鱼通司来告急，左丞汪惟正问计，庭瑞曰：‘羌俗暴悍，以斗杀为勇。今如蜂毒一人，而即以门墙之寇待之，不可。宜遣使往谕祸福，彼悟，当自回矣。’惟正曰：‘使者无过于君。’遂从数骑，抵羌界。羌陈兵以待，庭瑞进前语之曰：‘杀人偿死，羌与中国之法同，有司系诸人，欲以为见证耳。而汝即肆无礼，如行省闻于朝，召近郡兵空汝巢穴矣。’其酋长弃枪弩罗拜曰：‘我近者生裂羊脾卜之，视肉之文理何如，则吉其兆，曰：‘有白马将军来，可不劳兵而罢。’‘今公马果白，敢不从命。’乃论杀人者，余尽纵遣之”。[④] 张庭瑞处理的方式是调解。盈江县支那石分山官荣氏在清朝咸丰时期与当地傣族发生土地纠纷，相互仇杀了三年，傣族本想请南甸土司主持解决，但由于战乱，于是把纠纷提到腾越府。最后腾越府

---

① 彭剑秋：《溪州土司八百年》，民族出版社 2001 年版，第 24 页。

② 《清史稿》卷 276，“刘荫枢传”。

③ 《宋史》卷 314，“列传七十三·范仲淹传”。

④ 《元史》卷 167，“列传五十四·张庭瑞传”。

派人到地那坝主持调解，此案是在流官政府的主持下调解解决。[①] 1912 年后，国民政府开始在西南边境及民族腹地大量设立设治局，设治局在解决当地少数民族纠纷时主要采用的也是调解，成为国家解决当地少数民族纠纷的重要机制。此种机制在怒江地区较为典型，如 1924 年碧江第一乡的普罗乡紫竹村的甲长约阿普扒的女奴隶被赤瓦村甲长的男奴隶拐走，于是双方产生纠纷，互打冤家。后来设治局派人进行调解，要求赤瓦村甲长赔偿约阿普扒家属命价十两银子，牛十五头，双方饮和气酒，割绳，并且罚凶手四十元钱。[②] 从记载看，民国时期设在云南边境地区的流官设治局在处理当地少数民族纠纷时往往采用调解机制。

2. 中央政府及皇帝调解型

西南少数民族产生纠纷时，中央政府相关机构会派官员到事发地调解。历史上西南少数民族之间的重大政治性纠纷，特别是涉及不同地方民族政权、土司之间争夺领地、土司职位、土司与地方流官产生的重大政治性纠纷时，皇帝会派出特别使臣到地方调解，史书上一般称为“诏谕之”。此种解决机制成为西南少数民族历史上虽然解决纠纷数量不多，但是作用重大的解决机制。中央政府对西南少数民族地区族际纠纷，特别是涉及两个少数民族群体之间的纠纷往往采用中央政府居间，派出相关官员进行调解。明朝时滇、黔、川三省交界地区的彝族长年相互仇杀，最后由中央政府出面，召集他们进行居间调解。“万历六年乃令照蛮俗罚牛例处分，务悔祸息争，以保境安民，然终不能靖也”。[③] 西南少数民族中此种纠纷解决机制开始较早，秦汉到元朝以皇帝名义处理少数民族纠纷上主要采用此种方式。汉朝成帝河平年间夜郎王兴和句町王禹、漏卧侯俞为争夺领地相互仇杀，汉中央先派大中大夫蜀郡张匡持节调解，但没有成功。唐宋时期，特别到了元朝，此种纠纷解决机制表现得更为明显。因为元朝开始西南少数民族地方政权在性质上转变成中央在地方设立的特别行政机构，各少数民族的地方政府人员成了为皇帝保土安民的地方特别官员。由于这些土官土司的权力与流官有很大区别，他们有权力直接把自己的纠纷提交给皇帝，由皇帝裁决他们之间及与流官之间的纠纷。元朝至元十七年

① 德宏州政协文史委：《中国景颇族山官》，德宏民族出版社 2001 年版，第 303 页。

② 怒江州地方志办公室编：《怒江史志资料》（第 1 辑），怒江州地方志办公室，2003 年，第 453 页。

③ 《明史》卷 311，“列传一九九 · 四川土司”。

（1280年）发生罗氏国主阿察反叛，当时云南、四川行省讨伐他时，“八月二十九日阿察遣阿榨、阿麻二人至四川诸蛮夷部宣慰使司自言无反意，但云南平章听我仇人乌锁纳之言，织罗我罪，朝廷不知，我今赴阙，听圣裁”。[①] 这里阿察认为自己是被云南行省流官诬陷而被罗织罪名，于是把纠纷交给皇帝裁决。泰定二年（1325年）威楚、大理等处少数民族起事，云南行省提出军事征伐，但皇帝提出采用“诏谕之”。《招捕总录》上大量记载了西南少数民族产生纠纷时，处理上多用此种方式。当然，调解是有前提的，若不服从则会采用军事征伐。明朝初期贵州水西土司奢香与地方官员马晔产生纠纷，她赴中央把纠纷交给明太祖朱元璋裁决。麓川政权在明初扩张掠夺其他土司领地时，被掠夺者就把纠纷交给皇帝，由皇帝派行人钱古训和李思聪来调解。麓川政权内部产生权力纠纷时，思伦法就到南京明太祖朱元璋处控诉，明太祖派沐春领兵代表自己进行调解。清朝时这种纠纷解决机制可以适用于一般民众之间，即西南少数民族若有不平的纠纷可以到北京告御状，由皇帝派大臣或者下诏书让地方大员代表自己出面调解，调解后把结果报告皇帝认可或裁决。除了皇帝外，中央政府的相关部门也会采用这种方式调解西南少数民族地区的纠纷。

西南地区各民族在历史发展中受到两种力量的控制，即本民族形成的非公共权力组织的社会结构与分化成公共权力组织的一些地方政权及中央政府。两种社会控制力量使西南少数民族地区纠纷解决机制存在由两者调解的机制。由第三人调解在整个纠纷解决运作中，与复仇式和神判纠纷解决机制相比具有更强的理性。西南少数民族中，哪怕社会结构是以村寨为中心的村社社会，或是以部落、氏族和家族为中心的原始社会后期的社会，在发展中都出现了世俗的、以各类头人或专门分化出来的人员为中心的主导调解机制，使以个体为中心的私力救济和神判只作为补充性纠纷解决机制。从西南少数民族传统社会中形成的调解机制看，相关人员在解决纠纷时开始以“中立”者的身份出现，调解者居于中间地位，甚至有些民族已经分化出专门人员与阶层承担纠纷解决，使纠纷解决者更具“专门”性，如彝族中的德古阶层。一些民族形成了对纠纷解决者自然选择、人品素质的要求。这些调解机制的内容与特征体现出人类对纠纷解决机制的基本要求。西南少数民族由于存在宗教，不管是原始宗教还是佛教、道

① 《招捕总录》，宛委别藏本，台湾商务印书馆影印，第36—37页。

教和基督教，在西南各民族社会中普遍存在公共权力缺少或不足的社会现实下，宗教人士成为西南各民族社会纠纷解决中的重要组成部分。西南民族地区自秦汉以来，中央政府就以各种形式出现在他们的社会秩序形成中，加上各民族在历史发展中有些也形成了地方政权，两者在不同层次上提供着调解机制，只是存在时间、地域和民族上的差别。世俗调解式纠纷解决机制，特别是各民族头人及特定专业人士与特别人员，是1949年以前西南少数民族地区社会秩序的重要维持力量，是最为重要的纠纷解决机制，它使西南少数民族地区社会有了解决纠纷的重要机制。

四、诉讼纠纷解决机制

西南少数民族在解决纠纷时存在诉讼纠纷解决机制。诉讼纠纷解决机制主要有地方政权或土司衙门的诉讼纠纷解决机制、地方流官政府的诉讼纠纷解决机制和中央诉讼纠纷解决机制。

（一）地方政权与土司诉讼纠纷解决机制

西南少数民族在纠纷解决中存在本民族内部的诉讼型纠纷解决机制，主要是因为历史上西南少数民族建立了各类地方性政权，比如历史上有名的夜郎国、滇国、哀牢国、白狼国、句町国、罗殿鬼国、南诏国、大理国、金龙景殿国、麓川国等。这些地方政权有的已经有完善的诉讼制度，如南诏国、大理国从中央到地方都有专门负责司法的机构。南诏国有专门负责司法的中央司法机关——法曹或刑曹①，后改为罚爽。此外，还有断事曹长，地方府级机构中有“陀西，若判官”。此种制度在大理国同样如此。西南民族地区此类地方政权在司法制度上已经有较为完善的诉讼制度。此种情况在后来称为土司的西双版纳地区的景龙金殿国也形成了完善的诉讼制度。历史上西南少数民族地区存在大量此类地方政权，它们形成了相应的司法组织，承担着本政府管辖内解决纠纷的任务。由于此类政府已经有正式公权力，在解决纠纷时已经与中央政府一致，公共权力的效力保障已经形成。

元明清时期西南少数民族地区大量土官土司拥有司法权。土官土司具有双重性质，它们在解决辖区内各民族纠纷时采用了诉讼纠纷解决机制，

① 《蛮书》中，“士曹”为工曹，“法曹”为刑曹，而《南诏德化碑》的碑阴题名中，有士曹，凡三例，而无工曹；有法曹，凡二例，而无刑曹。

而不全是调解机制，是西南少数民族地区诉讼纠纷解决机制的组成部分。历史上西南地区的土官衙门在汉官地方权力进入前和进入后，都是当地各民族纠纷解决的重要机构。傣族在民国时期的《普思沿边开发方案》中提出“取消宣慰土司司法权”的建议时，指出思茅、西双版纳地区“本境人民，每有争执纠纷，习惯上均由村寨头目解决，如是层递以至于土司署以至宣慰司署。现虽有政府之设立，介人民诉件，仍少经由县府解决，此应彻底纠正者”。[①] 说明土司是当时的诉讼机构之一。康熙四十四年（1705 年）有“覆准苗民犯轻罪者，听土官自行发落外”。[②] 这里明确规定土官具有审理本民族内部轻微纠纷诉讼的权力。土司，特别是县级及以上的土司，构成了西南少数民族纠纷解决中诉讼机制的重要制度。土司诉讼纠纷解决机制在怒江地区同样存在，“傈僳彼此间之诉讼事件，较小者由地方保甲长或村中老民予以调处，案情重大者或经村中头人、老民调处，原告不服者，则报请所属土司、乡公所或县政府、设治局审理。傈僳因知识及财力关系，诉讼多至县政府为止”。[③] 同治年间《来凤县志》上有“土人有罪，小土知州、长官等治之，大则土司自治。若客户有犯，则会经历，以经历为客官也”。[④] 这里明确记载若是当地少数民族之间的纠纷就由当地土司衙门审理。宋洪迈《容斋四笔》中记载靖州、武冈、桂阳地区的瑶族“蛮酋自称为官，谓其所部之长曰都模，邦人称之曰土官……有罪则听其所裁，谓之革断”，[⑤] 说明当地瑶族的社会诉讼纠纷是由他们的土官审理。

云南德宏地区的景颇族、德昂族、阿昌族等由于与傣族土司有特殊的关系，当他们与汉族、傣族及本民族之间产生重大纠纷时都会把诉讼提到傣族土司衙门审理。陶思曾在《藏輶随记》中记载：“野人……归我国辖者，均分隶于干崖、南甸、陇川诸土司，但许理其词讼，而禁其收税。”[⑥]

① 云南省西双版纳地方志办公室：《西双版纳傣族自治州志》下册，云南省地矿局，2003 年，第 900 页。

② （清）席裕福、沈师徐辑：《皇朝政典类纂》卷 374，“刑六 · 刑名律 · 化外为有犯 · 条例”，台湾文海出版社 1983 年版。

③ 怒江州地方志办公室：《怒江史志资料》（第 1 辑），怒江州地方志办公室，2003 年，第 349—350 页。

④ 同治《来凤县志 · 杂缀》。

⑤ （宋）洪迈：《容斋四笔》卷 16，文渊阁四库全书本。

⑥ 云南省编辑组：《景颇族社会历史调查》（四），云南人民出版社 1986 年版，第 150 页。

这里说干崖、南甸、陇川等地的傣族土司对景颇族有"理其词讼"的权力，没有征收税收的权力，要指出的是土司衙门并不对所有景颇族山官辖区内的人都有这种权力，主要看景颇族山官与傣族土司之间的关系，也就是傣族土司对山官地区的控制力度有多深。从记载看，提交到傣族土司衙门来解决的纠纷主要是景颇族与其他民族产生的纠纷，如与汉族、傣族之间的重大纠纷，当然也会有景颇族内部的重大纠纷。20 世纪 50 年代民族大调查时陇川邦瓦乡的景颇族人说本辖区的山官对辖区内的民众纠纷不能解决时，民众可以请傣族土司管爷出面解决，但得送给管爷 30—50 背柴。① 在调查中有一个案例，一位名叫董老四的人指称邦瓦人梅普盖偷牛，双方争执不下，各自送给早堵山官一头牛，山官早堵不能解决，于是他们把纠纷提到司署请土司解决。② 清朝末年瑞丽地区勐典与邦达景颇族因田水产生纠纷，在山官不能调解时，就把诉讼提到傣族土司那里，最后采用闷水神判解决。③ 这里虽然采用神判，但审理者是傣族土司。

（二）地方各级流官政府

西南少数民族纠纷解决中，地方流官衙门一直是重要诉讼审理机关。同时，中央设在地方的流官政府的重要职能之一，也正是审理少数民族内部不能解决的纠纷。当然，地方流官衙门的诉讼受理是有级别的。地方流官衙门在西南地区的纠纷解决中不同时期具有不同的作用与功能，元朝以后较为明显。宋人周去非在《岭外代答·风俗》中记有其亲身经历的一个案例："瑶人无文字，其要约以木契合二板而刻之，人执其一，守之甚信。若投其牒于州县，亦用木契。余偿摄静江府灵川县，有瑶人私争，赴县投木契，乃一片之板。长尺余，左边刻一大痕及数十小痕于其下，又刻一大痕于其长，而于右边一大痕牵一线道合于右大痕，又于正面刻为箭形，及以火烧为痕，而钻板为十余小窍，各穿以短稻穰而对结绉焉。殊不晓所谓。译者曰：'左下一大痕及数十小痕，指所论仇人，将带徒党数十人以攻我也；左上一大痕，词主也；右一大痕，县官也；牵一线道者，词主遂投县官也；刻为箭形，言仇人以箭射我也；火烧为痕，乞官司火急施行也；板十余窍而穿草结绉，欲仇人以牛十余头备偿我也，结绉以喻牛角

① 云南省编辑组：《景颇族社会历史调查》（一），云南人民出版社 1986 年版，第 164 页。

② 同上书，第 169 页。

③ 杨永生整理：《瑞丽县勐典寨社会历史调查》，德宏民族出版社 2007 年版，第 129 页。

云。'"[1] 说明当地少数民族把诉讼提交到了地方流官政府，只是起诉书采用本民族刻木方式。元朝《翰林学士承旨欧阳公行状》记载泰定元年（1324 年）欧阳玄任武冈县尹时赤水、大清两峒的少数民族起事，原因是"我曹非不畏法而擅兴兵，缘诉其事于县，县不为直，而吏更需求无已，徭役横敛，掊克百端，使终岁劳苦，无以为生，情有不堪，发愤就死耳"，此次少数民族起事是因为地方官员在审理他们的诉讼时不公正导致，最后是"归理其诉"，[2] 起事平息。这说明少数民族已经把诉讼起诉到流官政府。明朝在统一云贵时，太祖于洪武十六年（1383 年）正月初三日下诏要求云贵各民族把自己的纠纷起诉到官，由官府审理。"本处人民归附之后，凡有诉讼，须经官陈理，毋得擅相仇杀"。[3] 明弘治十四年（1501 年）六月有官员上奏，要求"严责成云贵、两广、湖广、四川土官土人有争地、争官者，巡抚、巡按等官督委巡守等官亲临勘报，如延至一年以上者，住俸"，对此皇帝认为"卿等所言，皆切时务……俱准行"。[4] 明朝时地方省级官府成为地方土司之间各类纠纷的重要审理机构，特别是争夺、争官仇杀的纠纷。这里要求西南地区的地方高级官员加强对当地少数民族重大诉讼的审理。康熙四十四年（1705 年）清朝制定法律，规定苗族的重大案件交由流官政府审理，"覆准苗民犯……若杀死人命、强盗、掳掠及捉拏人口索银勒赎等情，被害之苗赴道厅衙门控告，责令土官将犯苗拏解，照律从重治罪，藏匿不送者，将土官照例严加议处"。[5] 从这些法律看，西南少数民族的纠纷多交由地方流官衙门管辖。从个案看，西南少数民族地区少数民族最先把族际纠纷提到地方流官衙门中。道光十年（1830 年）永昌府腾越厅出现傣族土司与汉民田土纠纷案，具体是盏西南甸出现土司将田土私典卖与汉民后，汉民开荒为隐粮税而向土司纳租规避法律而引起权属纠纷。案件发生后知府周澍判决"今令萧姓人等写立租贴交与土司收执，土司仍给执照，以昭信守。永不准起佃、短租"，

---

① （宋）周云非：《岭外代答·风俗》。

② （元）危素：《危太朴续集》卷 7。

③ 余宏模：《明代贵州彝族历史资料选编》，《民族研究参考资料》（第二集），贵州省民族研究所，1980 年，第 9 页。

④ 《明孝宗实录》卷 167。

⑤ （清）席裕福、沈师徐辑：《皇朝政典类纂》卷 374，"刑六·刑名律·化外为有犯·条例"，台湾文海出版社 1983 年版。

对戈姓典买的田地，“惟有将戈姓得典蛮仑寨脚田亩准土司照赎回”。后上报云南巡抚同意拟判。[①] 四川凉山地区在清末时有知县在《创定汉夷简明约章》中规定“官兵、汉民如与夷人有釁，准由地方官处治，不得仍前私斗，以致犯法”，[②] 这里规定产生族际纠纷时不能通过械斗解决，只能通过官方来解决。流官政府对少数民族诉讼的管辖，清朝时云南边境景颇族开始出现，按记载陇川勐约拱东山官第一代山官排早诺（1835 年任拱东山官）时，由于他发展过快，导致他叔叔乱莫不满，于是乱莫把排早诺告到腾越府。[③] 明代四川盐井卫左、前二所与云南永宁府、丽江府的争地纠纷，此纠纷始于洪武年间，在永乐、正统、嘉靖、弘治、万历年间都由两省地方大员会审过。

西南民族地区清朝以来，特别是改土归流后，虽然当地社会结构发生的变化很少，但在纠纷解决上却发生了重要的变化，具体是国家司法权成为影响当地社会纠纷解决的重要力量。当地人民有了新的纠纷解决途径。这主要表现在一些重要的纠纷开始被国家管辖和当地百姓主动把纠纷提到流官官府处寻求解决。最有特点的是乾隆三十四年（1769 年）春迪庆地区格鲁派与噶玛派喇嘛产生纠纷，起诉到丽江府和维西协副将那里，最后诉讼到云南总督处才结案。在乾隆三十六年（1771 年），黄教与格鲁教派在归化寺发生械斗案，最后中甸地方官府把案件相关人员解赴到永昌府进行审理，在审理中适用了国家法律，按“律载聚众共殴杀三人，而非一家者，应拟斩决，奏请定夺等，读机那加一犯喝令放枪致毙；别藏众纠闹，致毙三命，均照杀三人而非一家例，应拟斩决”。对四川来的翁结等人，由于施放鸟枪杀人，“照故杀人律，拟斩监候”，其他人则“听从别藏纠约同往行凶之佃民”及“随同附和赴寺争闹，均属不法，亦请遣发乌鲁木齐，赏给种地兵丁为奴”，对德格土司进行“咨查”，对中甸同知、中甸都司都进行处罚。[④] 此外，光绪二十三年（1897 年）发生陶瑶殴毙杨氏女案，案件发生后，被流官政府进行管辖，当地土司要求按“夷情”处理。“杨氏毙命，复经五境老民、伙头再三恳援照夷情办理”，当地流

---

① 参见《清代武定彝族那氏土司档案史料校编》，中央民族学院出版社 1993 年版，第 26—30 页。

② 徐怀璋纂修：民国《昭觉县志稿》卷 3，“政教”，1920 年铅印本。

③ 德宏州政协文史委编：《中国景颇族山官》，德宏民族出版社 2001 年版，第 149 页。

④ 王恒杰：《迪庆藏族社会史》，中国藏学出版社 1995 年版，第 183 页。

官不同意，最后是上报到云南按察司处，经云南巡抚和总督同意后，才按当地民族习惯法处理。在批语中有“兹于执法之中，参以权宜之计，姑准将陶瑶免其接例招解，由该厅酌年限，暂行监禁，微示惩儆，嗣后该厅无论民夷，有犯人命等案，罪应论死者，均应按例写拟招解，永不准以牛马银钱抵偿，请归外结，亦不准援此案及以前外结成案为例”。[①] 可以看出，虽然流官官府最后同意按当地习惯法处理，但是经过了云南地方最高长官的特批，同时特别说明此案不能成为判例在以后相同案件中被援引。此案最后赔偿了300两银子才结案。此案判决说明此时司法上，流官政府取得了相当重要的地位。此外还有乾隆四年（1739年）三月发生在归化寺的庄户“罗扔”三百户联名向当地政府起诉归化寺的压迫和掠夺。乾隆六年（1741年）发生中甸结底村庄民诉厂哈三村人等关于山场使用权的讼诉；乾隆六年五月还有一案是中甸那翁配从、那布七里等土司百姓诉归化寺僧庄户关于东葱边珠山林林木砍伐权纠纷案。在具结状中有“结得小的等与归化寺僧庄户，互争东葱边珠山林一案，控经天台，蒙当堂公断，仍照旧两下同为砍伐”。[②] 这说明争执的是关于此山林中林木的砍伐权。甚至出现当归化寺与当地藏民产生纠纷时也把诉讼提到流官政府的现象。《云龙记往·段保世职传》中记载，明代嘉靖三十五年（1556年），云龙地区段氏土司承袭发生纠纷，“（段）文显卒，耀率傈僳五百余人，抄其家，尽杀其妻子。文显舍目段早邦预闻其谋，携文显幼子绶夜渡江潜逃。耀以杀胞叔家属并劫掠民间，提举司申报上官，檄各土司擒之，尽诛其党，赦耀”。官府对此土司承袭案件进行司法管辖并以国家法作出判决。万历四年（1576年）间，云龙地区段氏土司又发生争斗仇杀，“段进忠、进义、进孝纠夷民杀土官嘉龙。其子保告于各土司，擒之，解省枭示”。[③] 西南少数民族纠纷解决机制中诉讼解决机制自秦朝以后就存在不同程度的地方流官诉讼解决机制。当然，随着社会发展，一些少数民族也在规约中规定，产生纠纷时，重大纠纷交由官府审理。如瑶族中有“瑶小争，则瑶管为之解剖，大争乃讼于官”；[④]“小争则峒长分解，大事难决

① 参见王恒杰《迪庆藏族社会史》，中国藏学出版社1995年版，第249页。

② 王恒杰：《迪庆藏族社会史》，中国藏学出版社1995年版，第199页。

③ 董善庆撰：《云龙记往·段保世职传》，见李春龙、刘景毛点校《正续云南备征志精选点校》，云南民族出版社2000年版，第170—171页。

④ 同治《酃县志》卷7，“户口·瑶俗附”。

乃讼于官，然亦罕有至者”。[①] 雍正十年（1732 年）贵州按察使方显在奏折中明确提出可以按苗例的刑罚方式处罚“各寨仇杀、斗殴、人命，凡具报道官，即准理……或其中有情愿照苗例以牛马赔偿，不愿检验终讼者，似应念其归附日浅，准予息结”。此奏折上报后，雍正皇帝批“伊议论甚是”。[②] 西双版纳地区在民国时期柯树勋就规定在诉讼上各勐土司“民刑诉讼专归委员审理裁判。虽边民习俗，民事仍报该管土司叭目在议事庭诉理调度”。[③] 这里把当地的刑事案件及重要民事案件归地方流官政府审理，地方流官成为诉讼审理的主体。

民国时期，西南少数民族地区都设有流官县政府、设治局、垦殖机构，可以说所有少数民族地区在纠纷解决机制上都有地方流官政府的审判机构，在云南边境地区同样如此，如怒江、德宏、西双版纳等地区都设有设治局，负责审理当地的诉讼纠纷。“傈僳彼此间之诉讼事件，较小者由地方保甲长或村中老民予以调处，案情重大者或经村中头人、老民调处，原告不服者，则报请所属土司（如该处尚有土司）、乡公所或县政府、设治局审理。傈僳因知识及财力关系，诉讼多至县政府为止，绝少上诉者”。[④] 只是当时的设治局在审理案件时问题较多。

（三）中央司法机关

西南少数民族地区产生重大诉讼时，特别是涉及地方安全、社会稳定的诉讼时，中国古代历朝都相当重视，加上少数民族首领往往把案件直接诉到中央，所以很多重大纠纷在解决上往往是由中央司法机关审理或者派出特使到地方审理。中央政府会明确规定地方诉讼交给中央，明朝《职官志五·土官》中有“有相仇者，疏上听命于天子”。[⑤] 这里要求西南地区土官土司把相互之间的仇杀纠纷交给皇帝审理。明朝时在此方面成为中央政府审理西南少数民族纠纷的主流，永乐年间永乐帝审理过思南宣慰使田宗鼎和田琛争地案、都督马煜鞭打奢香案等有名的案件。德宏州景颇山

① （嘉庆）《九疑山志》卷 2，“风俗·瑶峒”。

② 《雍正朝汉文朱批奏折汇编》（第 22 册），江苏古籍出版社 1989 年版。

③ 云南省编辑组：《傣族社会历史调查》（西双版纳之九），云南人民出版社 1988 年版，第 198 页。

④ 怒江州地方志办公室编：《怒江史志资料》（第 1 辑），怒江州地方志办公室，2003 年，第 349—350 页。

⑤ 《明史》卷 76，“职官志五·土官”。

官排启仁说："明朝后期，我家（南甸土司）与卯兆土司争圭地，双方告状到朝廷，我家告败，从瓦甸迁到了滇滩关。"[①] 可知此纠纷提到中央，由中央审理。从历史上看，西南民族地区少数民族在出现重大纠纷时，中央政府和地方政府积极进行管辖，把重大纠纷纳入自己的诉讼管辖中。元仁宗延祐元年（1314 年）下诏"湖广、云南边境诸蛮互相仇杀、掳掠人民，如能悔过自新，即与免罪"。[②] 这里明确规定云南少数民族之间产生际族仇杀、抄掠等案时要受流官政府的管辖。元朝对西南少数民族因争土地、官位承袭、抄掠产生的重大纠纷，中央政府会采用"招捕之"，即逮捕到中央进行审理。泰定四年（1327 年）开南州土官阿只弄掠夺当地，中央任命"云南行省招捕之"。[③] 洪武二十七年（1394 年）九月，云南乌撒军民府知府卜穆奏诉沾益州屡侵夺其地，后来是中央"诏令西平侯沐春理断之"。[④] 同年二月沐春判决把乌撒与沾益所争的土地判给乌撒卫官军。宣德八年（1433 年）六月中央就遣行人章聪、侯琎与四川巡按御史李实及三司会审乌蒙、乌撒二府争地仇杀案，会审后"盖所争者，初本乌蒙之地，为乌撒所据，今乌蒙耆老念其世亲，以所争地十之三让乌撒，治沟为界，永息争讼"。[⑤] 正德年间芒部土舍陇寿与庶弟陇政及兄妻支禄等争袭仇杀，中央"事闻，命镇守中官会抚按官捕治"。成化二十年（1484 年）贵州播州出现杨爱与哥哥宣抚杨友相互起诉，把诉讼打到皇帝那里，最后是"帝命刑部侍郎何乔新往勘"。[⑥] 嘉靖三十九年（1560 年）东川土官阿堂杀其他土官夺其土地，于是被害土官把诉讼起诉到官府，"九鼎及禄位与罗雄土官者浚等，各上书讼堂罪"，最后是"下云、贵、四川抚按官会勘。堂听勘于车洪江，具服罪，愿献所劫府印并沾益、罗雄人口牲畜及侵地，乞贷死"。[⑦] 此案就由中央委托地方三省大员代为审理。天顺二年（1458 年）云南南甸发生当地傣族土官宣抚司刀落盖诉南宁伯

① 德宏州委员会文史组编：《德宏州文史资料选辑》（第四辑），德宏州委员会文史组印 1985 年版，第 98 页。

② 《元典章》卷 2，"圣政二 · 霈恩宥"，中国广播电视出版社 1998 年版。

③ 《元史》卷 30，"泰定帝二"。

④ 《明太祖实录》卷 234。

⑤ 《明宣宗实录》卷 103。

⑥ 《明史》卷 312，"四川土司传"。

⑦ 《明史》卷 311，"四川土司传"。

毛胜、腾冲千户所千户蔺愈强占田产案件，起诉到中央，案件转到户部后，要求“请令云南都、布、按三司同巡按监察御史诣彼从公体勘，所占地方田寨照数退还，干碍毛胜、蔺愈，径奏拿问”，地方审理后上报中央，明英宗同意判决。[①] 此案虽然具体审理的是云南地方官员，实质上是由中央正式审理。天顺九年（1465年）贵州安顺土知州张承祖与所属宁谷寨长官顾钟争地仇杀，中央是“下巡抚究治，命各贡马赎罪”。[②] 正德十五年（1520年）中央派都御史吴廷举到保靖审理彭九霄与大喇司土舍彭惠争土纠纷。“十五年，钦委都御史吴廷举亲诣踏勘，断以溪水七十二条四至界限归彭惠管理，敕立石碑喇竹口金斗山，永杜争端”，此次审理终于把“积五六代的争地问题始获最后解决”。[③] 天启元年（1621年）三月乌撒土知府安效良入侵沾益，同时土舍安官保、水西、镇雄土舍也参与掠夺，最后被中央派云贵川三省大员会审，判决“官保依律正罪，其抢掳沾益军民屯寨人财，烧毁房屋，逐一赔偿。水西、乌撒、镇雄助兵恶目各数十名擒拿正法，及安氏，奢社辉等各加罚治”。[④]

诉讼解决纠纷的形成是一个社会中公权力组织对该社会作用已经很强时的产物。在人类社会治理中，公权力组织的作用与私人“自治”的程度是成反比的。西南少数民族在秦汉以后，不同民族、地区就受到了不层程度、层次的流官政府的治理。中央流官政府对西南民族治理的最大功能是提供一种有别于传统自身的纠纷解决机制——诉讼。同时，西南民族地区不同民族、地区也形成了一些层次不一的地方政权。这些地方政权对治理下的民众也提供一种诉讼式纠纷解决机制。于是，西南少数民族在地方政权治理下的民众在纠纷解决上开始受到诉讼机制的影响，虽然在诉讼依据上可能是习惯或法律等形式多样的法律，但都存在诉讼纠纷解决机制。流官政府提供的诉讼机制在西南民族中所产生的作用是十分复杂的，因为不同民族、地区、时期流官的力量是不同的。由于流官政府在权位上、解决的理性上较其他机制有优势，所以西南民族地区流官政府的诉讼机制还是具有较大的优势。流官政府在对西南民族提供诉讼时，在管辖上是一个渐进的过程：最初是政治性的纠纷，特别是那些严重危害社会秩序及以地

---

① 《明英宗实录》卷298。

② 《明史》卷316，“贵州土司传”。

③ 彭剑秋：《溪州土司八百年》，民族出版社2001年版，第32—33页。

④ 《明熹宗实录》卷3。

方各头人为主体的社会纠纷，慢慢地才转向重大刑事案件，最后是一般的民事案件。国家在审理西南民族案件时存在管辖与法律适用的分开，即国家管辖的案件在法律适用上并不必然导致适用国家法，在适用国家法时也并不必然导致适用国家法中的处罚。这些司法诉讼使国家在西南少数民族的诉讼机制中呈现出灵活性与原则性，使得国家的作用与功能得到较好的发挥，但又不会出现过度干预带来治理上的困境。

五、军事征伐型纠纷解决机制

西南少数民族重大纠纷的解决机制中，存在通过军事征伐解决的机制。这是中国古代所谓“大刑用甲兵”的一种体现。西南地区很多民族有自己的政权，拥有自己的军队，当因政治权力引起纠纷时，往往以兵对抗，此时中央政府在解决时，必须以军事征伐为手段才能解决。此类纠纷解决机制解决的纠纷是西南各民族间争夺土地、争夺官位承袭及由地方流官权力滥用引起的重大社会纠纷。用此种机制解决的重大纠纷在历史上比较多，历朝历代都有。如明朝时武定地区由于汉族官府对当地彝族头人权力滥用引起当地彝族起事，清朝乾嘉时期湘西地区由于汉族移民与当地少数民族因土地纠纷引起苗疆各少数民族起事和道光年间云南永胜彝族由于土地纠纷起事等，都是通过军事征伐解决的。当然，从每次重大社会纠纷发展到采用军事征伐看，虽然把此纠纷解决了，但往往导致大量人员伤亡，加上军事征伐中会出现无辜人员的死亡，为新纠纷产生埋下动因。唐朝中期节度使章仇兼琼开步头道，筑安宁城，引起南中诸爨起事，唐中央派南诏首领皮罗阁出兵征伐，南中诸爨在大军压境下上书认罪，停止动乱，最后得到赦免，但南诏势力成为影响唐朝统治云南地区的力量。

西南少数民族地区国家采用军事征伐解决社会纠纷的具体形式是：首先是大兵压境，让纠纷当事人，特别是酋长、土司出来受审，承认罪行。国家对此采用宽恕或罚一定财物，即元朝时的“罚而不废”的处理方式。如南宋乾道六年（1170 年）沅州地区瑶人因知州孙叔杰权力滥用起事，当时采用的是调集官兵，大兵压境。宰相虞允文提出的解决方案是“量遣官军，示以兵威，徐以盟誓，自可平定”，后来朝廷接受他的建议，“俾叶行代叔杰，开示恩信，谕以祸福，遂招降之，边境悉平”。[①] 明朝永

① 《宋史》卷394，“蛮夷传二”。

乐八年（1410 年）贵州思南州田琛、黄禧与田宗鼎争地、争权相互诉讼，田宗鼎把诉讼提到中央，最后派行人“蒋廷瓒召之，命镇远侯顾成以兵压其境，执琛、禧械送京师，皆引服”。[①] 此案是在军事征伐的压力下解决的。其次是带兵到纠纷地区，用军事作为后盾，让纠纷者出来受审。最后是采用军事行动，把起事者消除，进而重构地方社会秩序。历史上对西南少数民族地区酋长为首的起事，特别是内部之间的纠纷，往往采用招谕，若不听再采用军事行动。元明两朝对西南少数民族土司相互仇杀，或由此引起的重大政治纠纷，一般先采取招谕，即进行调解，若不听从，就派兵征伐，抓主犯进行审理判刑。如至治元年（1321 年）时蒗渠州知州刺俄杀兄刺秋后，“（刺）俄集众依摩些俗，杀马牛各一，焚刺秋尸，明日逼其嫂梳蛮塔为妻及夺刺秋所部百姓”，后来官军对他征讨时，刺俄说：“父祖宣命俱在子合处，又藏印不与尔客官行用，我兄弟自相仇杀争夺山寨，不关尔番汉官事。梳蛮塔系我嫂，我杀兄刺定、刺秋，故以嫂为妻”。[②] 明朝成化八年（1472 年）十月贵州总兵都指挥同知吴经上奏称九姓长官司土官蒙存与族人蒙理互相仇杀，攻袭长官司所在地，不听招谕，要求派兵征伐。兵部认为“蛮夷仇杀，恐因而煽惑为患，宜行镇守总兵、巡抚三司管官悉抚谕；如强犷不服，逮问如律”，[③] 最后皇帝同意此方案。这是此类纠纷解决机制中较有代表性的个案，国家一般不愿在西南少数民族土司出现仇杀时就出兵，但若国家干预后，不听国家调解，就会出现国家强制派兵征伐，强制解决纠纷。国家对西南少数民族之间的社会纠纷，特别是族际纠纷采用军事征伐的行为是一种非常手段，是西南少数民族地区纳入国家治理后国家实现其权力的一种表现。但不可否认，它构成了西南少数民族社会纠纷解决机制的一种特殊类型。

军事征伐作为一种解决社会矛盾纠纷的机制，是最后使用的手段。中国古代由于政治结构上存在特殊的臣属关系，很多地方民族政权在性质上具有双重性，即它既是当地民族的政府，又是中央政府的一个地方行政区和地方官员。其中，前者的特殊性在于这些地方民族政权往往拥有自己的军队。当他们出现叛乱或严重违法时，中央政府和地方流官政府对他们进

---

① 《明史》卷 316，“贵州土司传”。

② 《招捕总录》，宛委别藏本，台湾商务印书馆影印，第 18 页。

③ 《明宪宗实录》卷 109。

行司法管辖时，他们往往会不服从，甚至武装对抗，于是采用军事征伐成为解决此类纠纷的最后手段。同时，在中国古代传统文化上，认为王者之政中，军事征伐是一种王者解决与臣民间纠纷的最后手段。于是，中国古代较早就有“大刑用甲兵”之说，把军事征伐作为解决社会纠纷的一种手段。西南民族地区中央政府在对各民族群体的社会治理上，在历史上具有较高的独特性，中央政府作为对地方社会秩序的最后维持者，当地方出现重大政治性社会纠纷，特别涉及各民族公开争夺领地，发生武装对抗，或对中央政府公开不服从时，一般都会先采取政治解决、司法解决，若都不起效时，就会采用军事征伐。当然，作为军事征伐，它让社会纠纷在强力下得到解决，甚至让纠纷一方消灭，但对整个社会的影响却是十分巨大和不利的。分析这种解决机制，可以说是中国古代“大刑用甲兵”的传统法律制度体系中的一种延续。作为中央政府对西南民族地区社会秩序维持与控制的一种手段，军事征伐在西南民族地区的社会纠纷，特别是政治性、重大安全性社会纠纷的解决中，起到的作用是不可否定的。观察当今世界，此种机制依然存在。

第三节 历史上西南少数民族纠纷解决机制的特点

西南少数民族纠纷解决机制种类繁多，形式多样，构成了人类历史上多元社会治理中纠纷解决机制选择上的典型案例。分析西南少数民族纠纷解决机制的特点，表现如下。

一、多种多样的纠纷种类共存

西南少数民族社会纠纷按不同标准可以分为不同种类，由于政治力量的多元、民族群体的繁杂、社会结构的多样、文化特征各异、发展水平不同，西南少数民族纠纷种类表现出多样性、特殊性、地方性、民族性、宗教性、文化性和立体性等特点。这些特点决定着西南少数民族在纠纷解决机制上必然存在和需要不同的纠纷解决机制来解决不同性质、内容的纠纷，以实现差异性社会的需要。西南少数民族社会纠纷从性质上可以分为经济型纠纷、政治型纠纷、文化信仰型纠纷；从内容上可以分为土地纠纷、权力纠纷、宗教习惯纠纷等；从民族性上可以分为族内纠纷与族际纠纷；从纠纷的地域性上可以分为寨内纠纷、村寨间的纠纷、跨乡里纠纷及跨行政区域纠纷，如跨县、府、州、省等。如云南景颇族传统社会虽然以村寨为中心集族而居，但整体上明显表现出受傣族、汉族等其他民族影响，相互关系十分复杂，纠纷形式上表现出的不仅仅有山官辖区内部民众的一般纠纷，还有山官之间的纠纷，甚至是超出山官辖区的纠纷，如族群与族群、山头与坝区、中心与边缘区之间的纠纷。多种类型的纠纷导致景颇族传统社会必须由多元纠纷解决机制来提供解决不同纠纷的需要。纠纷的多样性、差异性决定着对解决机制需求的多样性，以满足不同主体、不同类型、不同文化、不同特征公平、正义的需要。

二、多元纠纷解决机制并存

西南少数民族固有纠纷解决机制在历史上成为与历代中央王朝正式司法机制相并行的一套制度，共同维护着西南地区的秩序和稳定，体现出中华法律文化多元一体格局的特色。如云南景颇族中就表现出：首先，景颇族传统的社会中除了世俗的纠纷解决方式还存在神判纠纷解决方式。其次，景颇族传统社会中在纠纷解决机制上存在以山官为主，傣族土司和中央流官政府相结合的“山、土、流”的多元纠纷解决机制。三者有不同的地位和作用，如山官制度在景颇族社会秩序的形成上起到关键作用，但在政治权位上拥有绝对力量的是流官政府。认真分析西南少数民族历史上的多元纠纷解决机制，具体包括两个方面的内容：解决机制的多元与解决主体的多元。

（一）纠纷解决机制的多元

西南少数民族在历史发展中形成种类繁多，具有各民族特征、地方特征及基本一致等各类纠纷解决机制，其中比较有代表性的各少数民族固有纠纷解决机制有：凉山彝族家支纠纷解决机制和德古纠纷解决机制、侗族的侗款制、苗族榜榔制和鼓社制、壮族的寨老制、瑶族的瑶老制和石牌制、景颇族的山官制、基诺族的长老制等。它们体现了各民族对自己纠纷解决的组织、依据、途径和形式等方面的制度设计。各少数民族纠纷解决机制针对本民族群体内部的纠纷解决需求设置，对本民族群体以外的纠纷则多诉诸武力或正式的国家及土司纠纷解决机制。西南少数民族的纠纷解决机制具体种类有复仇式纠纷解决机制、神判式纠纷解决机制、调解式纠纷解决机制、诉讼式纠纷解决机制和军事征伐型纠纷解决机制等。复仇式纠纷解决机制包括个体复仇、群体复仇。个体复仇有个体间肉体仇杀、巫术复仇；群体间的复仇有械斗。神判式纠纷解决机制根据内容与特点可以分为水式神判、火式神判、诅咒式神判式、动物式神判、物质式神判、罚站式神判等。调解式纠纷解决机制包括少数民族村寨头人的调解、少数民族内部专业人员及特定人员的调解、宗教人士的调解、土司的调解、地方流官政府的调解和中央政府各级机构的调解等。诉讼式纠纷解决机制包括地方民族政权及地方土司的诉讼解决机制、地方流官政府的诉讼解决机制及中央政府的诉讼解决机制。除了上面分析的多种纠纷解决机制外，一些民族还有一些较有特点的纠纷解决机制，如凉山彝族纠纷解决机制中有一种以斗富、斗狠拼财富与勇气为目的的纠纷解决机制。斗富与斗狠是纠纷解决中两个相互延续的阶段，即产生纠纷后请几十个人主持调解。先采用斗富，即相互之间同时宰杀相同的牛，一方若不能支持即为输，双方同意停止，标志纠纷已经解决。斗狠是斗富不成功时采用的延续方式。斗狠时先采用赤手相互摔跤，若一方失败，或不能分胜负，同意和解，那纠纷就解决；若不能解决时再采用各自去找仇家械斗仇杀，若两方都战死或都活着回来，纠纷也算解决。① 从此种纠纷解决机制可以看出，它是不以伤害对方，而看对方勇气为目的的一种纠纷解决机制。

（二）纠纷解决主体的多样性

西南少数民族纠纷解决主体形式多样，不同民族有不同的解决主体。西南少数民族的纠纷主体有流官政府的各级官员，民族地方政权的正式政府组织，土司政权的各类官员，村寨社会结构中的各类头人，家族、家支、宗族的头人，各类宗教的宗教人士等。当然，西南少数民族地区纠纷解决机制的主体在称谓上有差异，组织形式上有不同。侗、布依、水等族有“款”约，“款”是以氏族血缘为核心、以地域为纽带形成的社会组织，它既保留着浓厚的原始民主议事痕迹，又带有自治联防的职能，是具有部落联盟性质的社会组织制度。“侗置乡村，汉置衙门；侗置石头法，汉置枷锁”。② 苗族的“议榔”是一种地缘性的议事制度，其中包括一些仪式和规约制度，实际上是苗族基层社会民主议事、立法的制度。“款”的“款首”和“议榔”的“榔头”，都是村寨中经民主协商推选出来的

① 白芝、尔姑阿呷：《凉山彝族习惯法》，载《彝族文化》（年刊）1989 年，第 137—138 页。

② 参见全国政协暨湖南、贵州、广西、湖北政协文史资料委员会编《侗族百年实录》（上册），中国文史出版社 2000 年版，第 214 页。

人员，主要职责是调解纠纷、执行惩罚。瑶族社会中的“瑶老”① 是主持村寨纠纷调解的人。此外，瑶族的“石牌”头人负责调处村民纠纷。景颇族社会中的山官、苏温等是纠纷解决人员。基诺族村社社会中的“卓巴”（寨父）和“卓生”（寨母）两个长老是内外纠纷的解决者。彝族社会中的德古、家支苏易头人成为纠纷的解决者。迪庆地区藏族有老民、伙头等人负责纠纷解决。

三、多元规范体系共存

西南少数民族在纠纷解决中适用的规范是多元的，有国家的法律、土司的法规、本民族的固有法、习惯、习俗、禁忌及宗教戒律等。法律有国家法、地方各级流官政府制定的法规。地方政权的法律，如彝族有《夜郎君法规》等。土司制定的地方法规，如《孟连宣抚司法规》、《孟连傣族封建习惯法》、《西双版纳傣族封建法规》、《西双版纳傣族封建法规和礼仪规程》、《勐海傣族寨规与勐礼》、《西双版纳傣族法规》和《西双版纳傣族社会民刑法规》等。各民族通过自己的组织制定的种种准法律，如瑶族的石牌律、侗族的侗款和苗族的议榔等。习惯的种类包括世俗的、宗教的内容。景颇族传统社会中，自元朝起，在规范体系上虽然一直以本民族传统规范为中心，但存在傣族土司的法律规范和中央政府的法律制度的影响。在纠纷解决时，不同层次上存在适用不同法律规范的现象。但到了明清，特别是清朝中后期，随着中央政府法律适用的扩大和深入，导致国家层次上的法律在景颇族传统社会中的作用得到加强。这种规范体系的特点存在于整个西南少数民族，体现着西南少数民族社会纠纷解决中依据的多元性特征。

四、法律适用经历了固有法为主到国家法为主的历程

西南少数民族纠纷解决中，法律适用的变迁经历了从各民族固有规范为主体，到国家法与各民族固有法均衡，再到国家法为主体、各少数民族固有法为补充的历史历程。当然，西南少数民族的纠纷解决中在法律依据上一直存在多元法律规范。西南少数民族纠纷解决中法律适用上要区分民

---

① 各地区具体称谓上略有不同，滇南地区称为“目老”、滇西南和桂西南一带称为“丛会”等。

事案件和刑事案件，在刑事案件中又要区分轻微刑事案件与重刑案件。因为不同案件在法律适用上国家有不同的程序设置和实体法适用要求，判决中引用法律原文的要求也有程度上的不同。重刑案件，特别是死刑案件，必须明确写明适用的法律与相关理由，涉及法律解释与类比适用时，还得呈报刑部及中央相关部门做出解释和裁决。民事案件中区分债务纠纷、土地纠纷和侵权纠纷等，其中涉及土地纠纷的案件中又要区分涉及土司、村寨的领地纠纷，还是不同民族家庭纠纷，还是族际之间的家庭之间的土地纠纷，因为这些不同的纠纷在中央政府的审理时在法律适用上是不相同的。

中国古代历朝都努力把西南少数民族的刑事案件、民事案件中涉及领地纠纷的案件纳入国家管辖中，管辖范围从最初威胁皇权的政治类案件扩大到严重危害社会秩序的案件和各民族内部社会主体犯罪的案件。历朝统治者都不断在扩大对民族地区刑事案件管辖的范围。尤其是进入元、明、清时期，随着国家正式官僚体制在民族地区的逐步推进，国家对民族地区刑事案件的管辖范围得到进一步扩大。当然，当国家对西南少数民族刑事案件管辖的范围扩大时，国家对西南少数民族地区的治理也在深入。

西南少数民族纠纷纳入国家司法管辖后，存在着纠纷管辖与法律适用分开的情况，就是说国家对少数民族社会纠纷的管辖在法律适用上并不必然完全适用中央法，其中有适用中央法的，也有适用少数民族地方法、固有法的。如在刑事案件的法律适用时又存在把罪名与刑罚分开的，根据案件性质、当事人民族的属性等，在具体适用上分别适用不同法的罪名与刑罚。如有罪名上适用国家法中的罪名，刑罚上适用少数民族固有刑罚或是国家特别刑罚等。这种分开适用可以让国家有效进入少数民族的社会纠纷解决中，同时又不因为适用中央法带来不利的效果。此种法律适用在秦朝就已开始，成为中国古代对西南少数民族社会纠纷管辖上法律适用中的特点。

通过对西南少数民族纠纷解决中法律适用的分析，可以看出中国古代统治者在西南少数民族实行的法律制度虽然形式多样，但要达到的目标却都是一致的，即不激化矛盾，适应各民族地区独特的社会经济和文化状况。国家把各民族在政治上纳入一体，在法律上则灵活多样地承认少数民族内部的相对“自治”，即在一定程度上认可各民族的固有法律。在具体的运作中，为实现政治上的统一，国家把危害皇权和影响社会稳定的案件最先纳入国家司法管辖中。而为实现少数民族地区在法律上的相对“自治”，则在具体案件的法律适用上存在各种变通，针对不同民族地区制定符合本民族习惯的特别立法。如清朝根据蒙古族的习惯法制定了适用于蒙古族的《蒙古律例》，及适用于西北地区、西藏地区、南方民族地区的专门法律。虽然国家在西南少数民族的法律适用上有适用各少数民族固有法律的司法实践，在本质上却是国家拥有对西南各少数民族固有法律的认可选择权。在这种司法运行模式下看起来法律是多元的，但实质上却是有相应的统一性。①

五、西南少数民族地区正式纠纷解决机制功能普遍不足

西南少数民族地区不管是国家还是地方民族政权、土司官衙普遍存在正式纠纷解决机制功能上的不足，是导致西南少数民族地区纠纷解决机制多元的根本原因。具体表现在以下几个方面：

首先，西南少数民族在历史发展中形成了自己的纠纷解决机制。西南少数民族在历史发展中，不管有没有形成政治共同体，在任何发展阶段的民族，都形成了形式多样的纠纷解决机制。这种纠纷解决机制由于受到经济发展水平、文化、宗教等因素的影响，导致它们内容的多样性。

其次，中央政府在对西南少数民族的治理模式选择上具有相对自治的制度设置，即承认各民族自身制度在本民族内部的不同程度的效力，只是受到国家影响的程度有深浅不同，如边郡县制、羁縻州县、土官土司制度。改土归流后，在基层社会上国家尽量任命村寨传统头人做基层社会的管理者，让他们处理村寨内的纠纷。如清朝在苗疆地区大量设有百户、土弁等人员，管理本社区的事务。这些制度设置使西南少数民族地区社会治理上一直存在高度自治，即国家对西南少数民族内部治理并不进行深入直接的干预。这为西南少数民族各自社会制度的存在提供了条件。

最后，非国家社会纠纷解决机制的存在与国家正式纠纷解决机制的缺陷有关，即国家存在制度上的不足，如国家纠纷解决机制存在正义不足、效率低下等。中国古代在制度设置上存在简略的特征，加上民族地区交通

① 以上问题的具体考述参见胡兴东、朱艳红的《中国历史上少数民族刑事案件法律适用问题研究》（《云南民族大学学报》2009 年第 3 期）和胡兴东的《清代少数民族刑事案件法律适用问题初探：以乾隆朝刑部驳案为中心的考察》（《云南师范大学学报》2009 年第 4 期）两文。

不便，所以在制度供给上国家正式制度一直存在不足。此外，国家提供的制度在效率上、正义上存在不足，导致少数民族群体很少把纠纷提交到这些国家正式制度上，大量的社会纠纷只能由民间组织来解决。如西南少数民族与汉族争诉中，官府往往偏袒汉族，加上汉族可以利用的资源较西南少数民族多，如对国家诉讼的知晓、更多的财产等，所以西南各少数民族在诉讼中往往有理无理都是败诉者。“凡高处曰凉山，众蛮夷，与汉不通文字、语言、婚姻，其服食皆沿旧习……曰‘蠹役’，土豪、哥匪暗中勾结，凡命、盗巨案，从无破获，催比严急，则以无关从犯，或因仇诬板之，良善充抵。曰‘讼棍’，民风健讼，十有九虚，图告不审，藉行诈索”。①这里可以看到当地彝族平民在现实中受到本民族权贵、汉人平民、官府在诉讼上的各种盘剥。西南少数民族与本民族中土官、土目等头人发生争诉，上诉到流官处，官府常常偏袒土官、土目。在这种权力结构中，西南各少数民族在诉讼中，不管和哪个群体发生诉讼，在权位上都处于非常不利的地位。清代乾隆五年十月二十一日《为严禁扰累苗民以安边境事》文告指出在云南少数民族地区是：“云南新［平］、嶍［峨］等处地方控制土司……照得滇省僻处天末，夷倮种类不一，其环居箐谷之中，地多不毛，亦鲜恒产。……地方文武官弁，加意抚绥，俾安耕凿。奈谓鴂舌可欺，遂加凌贱，无论公私事务，无不恣意役使。如遇伊等或与汉人讦讼，并不为其秉公剖晰，以为夷倮不可长其骄心。又无论是非曲直，挽为呵责，只知有威，不知有恩；而兵役等更以奴隶待之。或遇奉差出门，则乘肩赠舆，令其抬适，□男妇皆负行。□□讼事差唤，则私行吊打，□□塘兵，或令代递文书；或派供应，或压卖什物，或见持物经过抽取；甚至占种田园，奸淫妇女，其恶不可枚举。又有豪绅劣衿，放债盘剥，往往利息数倍于本。佃给地亩耕种，则将所收籽粒取我遗。”②这是当时云南督抚所颁布的法令，从中可以看出，在旧有的社会结构下，各少数民族与汉民产生纠纷时，官府往往偏袒汉族。在诉讼中，官府对少数民族更倍加剥削和掠夺。这些制度上的失败导致西南少数民族不得不采用其他纠纷解决机制来替代。

---

① （清）谈者己巳居士、次者未山道人：《幻影谈》上卷，“兵事第五·永善之役”，云南大学图书馆藏本。

② 华林：《西南彝族历史档案》，云南大学出版社1999年版，第73页。

西南少数民族本民族土官土司制度存在同样的缺点，即纠纷解决机制有不公正、效率低等特征。历史上西南少数民族纠纷解决机制中土司土官的纠纷解决机制的公正、效率不足同样造成民间社会大量依赖各类自然形成的纠纷解决机制。清人赵翼写道："有事控于土官，土官或判不公，负冤者惟私向老土官墓上痛哭，虽有流官，不敢上诉也。"① 如广西忻城土司在受理案件时收取的费用有铺堂、蜡烛、进笼、出笼、开锁、录供、板子、坐堂、烟茶等费用，加上衙役的各种收费，达几十种，处死时还要交垫刀银，数量"六十两四十两不等，最少亦不少于二十四两"。② 这种诉讼成本让很多当事人把纠纷转向本民族内部基层社会解决。地方各级流官政府中诉讼成本与此相似，诉讼成为了官员，特别是衙役敛财的途径与机会。中国古代正式纠纷解决机制中的成本不仅有经济上的，还有情感、心理上的，官员、衙役等公权力的运行者对当事人的虐待、尊严的践踏构成了中国古代民众畏讼的心理成本。

六、不同纠纷解决机制在历史发展中相互消长，相互影响

西南少数民族历史上的纠纷解决机制可以根据纠纷解决机制的形成与权力来源分为民间型纠纷解决机制，如各种类型的神判、复仇及村寨、宗族、家支头人、专业人员的解决机制；国家正式纠纷解决机制，如中央及地方流官政府的解决机制，包括调解和诉讼两种；具有双重性质的土官、土司纠纷解决机制，包括调解与诉讼两种。三类纠纷解决机制在历史发展中相互消长、相互影响。三类不同纠纷解决机制在不同时期、不同民族、不同地区的作用、地位各不相同。历史变迁中表现出非对称性。当然，三者地位与作用的变化与各民族、各地区社会发展程度、国家对当地社会治理深入程度等因素有关。三者的权威获得各不相同：民间纠纷解决机制来自于传统的认同，国家纠纷解决机制来自于政治权威的力量，土司纠纷解决机制具有两重性质。三者在解决纠纷数量上，民间纠纷解决机制承担着绝大多数历史上西南少数民族内部纠纷的解决，特别在改土归流前的社会中，成为绝对主导；国家纠纷解决机制在西南少数民族纠纷解决机制中虽

① （清）赵翼：《粤滇杂记》，载《小方壶斋舆地丛钞（第7帙）》，浙江古籍出版社影印本。

② 《广西审判志》编辑室：《广西审判志·民事案件》（讨论稿），广西壮族自治区高级人民法院印，1991年，第98页。

然对一般群体来说影响很小，但对当地社会秩序的维持，特别是政治秩序的维持起到了十分重要的作用。三类纠纷解决机制的作用在宋人范成大的《桂海虞衡志》中有记载："峒丁有争，各讼诸酋；酋不能决，若酋自争，则讼诸寨或提举；又不能决，讼诸邕管，次至帅司而止。"① 这里反映出三种不同类型纠纷解决机制的作用与关系。土司纠纷解决机制在历史发展中不同时期的作用与影响各不相同，到了明朝中后期后，对西南少数民族的纠纷解决机制的作用开始下降。

中国历史上，西南少数民族纠纷解决机制的形成与国家对民间社会治理上选择相对自治有关。中国古代对西南少数民族治理选择上一直采用"相对自治"，即国家虽然有把整个西南少数民族纳入中央政府强势治理的努力，但在制度设置上国家对西南少数民族一直承认基层力量在治理中的作用，特别是在县级以下基层社会治理上一直采用自治制度。这是西南少数民族内部纠纷解决机制中民间纠纷起到重要作用的政治、权力前提。"小争则峒长分解，大事难解决乃讼于官，然亦罕有至者"。② 三种纠纷解决机制相互之间在历史发展中对西南少数民族社会的影响上出现变迁和转变，最为明显的是三者的权位和影响力在不同时期具有不同的作用和地位，同时三者的变化反映了西南少数民族社会受到国家控制的强弱变化。明朝开始，中央政府的纠纷解决机制在西南少数民族重大社会纠纷的解决中开始取得优先地位，特别是涉及土官土司之间利益的社会纠纷，因为土官土司在相互仇杀的同时，开始大量把此类诉讼提交流官政府。《明史》、《土官底簿》上记载着大量西南少数民族各类土司在争权夺利时把纠纷提交到地方流官和中央政府审理案件。如明朝势力最大的滇东北地区的彝族几大土官，在产生纠纷时往往是在相互仇杀阶段上诉地方流官政府及中央。"乌撒与永宁、乌蒙、沾益、水西诸土官，境土相连，戚亲厚，既而以各私所亲，彼此构祸，奏讦纷纭"。③ 这里指出当地土司把各种争夺引起的诉讼控诉到官府。此种情况在整个西南地区都一样。德宏州《芒市土司历代简史》中记载有大量明清两朝芒市土司因争袭、夺地等纠纷由流官管辖的案例。

---

① （宋）范成大：《桂海虞衡志》，文渊阁四库全书本。

② 嘉庆《九疑山志》卷2，"瑶峒"条。

③ 《明史》卷351，"四川土司传"。

第三章

历史上西南少数民族族际纠纷的解决机制

从历史上看，西南少数民族族际纠纷一直是西南地区社会纠纷中的重要组成部分，对当地社会有着重要影响。西南地区族际纠纷对该地区社会影响很大，甚至很多时候往往成为民族地区社会动荡的原因。如历史上多次西南少数民族起事，最初多是因为族际之间一般社会纠纷引起的。对此，雍正三年（1725 年）云贵总督高其倬在奏折中提出对“黔省与楚蜀滇粤按壤，多民苗互相仇杀抢劫之事。请嗣后定例，夷人越界未曾为非者，仍拿送本省。如系越界偷抢及助人仇杀者，即在拿获之省审明发落”，最后中央是“均应如所请”。① 从这里来看，清代当出现汉族与少数民族纠纷后，往往会导致更多群体卷入，出现越界事件。正是因为西南地区族际纠纷具有十分重要的影响，所以历代对族际纠纷的解决也形成了具有特色的纠纷解决机制传统，中央政府和地方政府在处理这类纠纷时拥有相对特殊机制。

第一节 历史上西南少数民族族际纠纷的种类和特点

西南少数民族地区民族群体众多，相互间矛盾时有发生。这些族际纠纷的形式、种类多种多样。从历史上看，自汉族移民到来后，在众多的族际纠纷中汉族与西南少数民族群体之间的纠纷成为具有重要影响的族际纠纷。西南少数民族族际纠纷种类较为繁杂，从不同的标准可以划分成不同

① 《清世宗实录》卷 31。

的类型。

一、历史上西南少数民族族际纠纷的种类

西南少数民族的族际纠纷从性质上可以分为经济型、文化型、政治型、宗教型；从主体上可以分为两个民族之间的族际纠纷和多个民族之间的族际纠纷；从纠纷标的可以分为土地纠纷、水利纠纷、矿产纠纷、习俗纠纷和权力结构纠纷等。

（一）经济型、文化型、政治型和宗教型

西南少数民族族际纠纷，从历史上看，可以从性质上分为经济型的族际纠纷、文化型的族际纠纷、政治型的族际纠纷和宗教型的族际纠纷。西南少数民族地区是矿产、林木资源丰富的地区，于是各民族因这些资源引起的族际纠纷频频出现，成为西南地区族际纠纷中最多的纠纷。对此，清雍正帝曾指出，西南地区“从来两省交壤之地，其界址多有不清，云、贵、川、广等处为尤甚。间有一省之内，各州、县地界亦有不清者，每遇命盗等事，则互相推诿；矿厂、盐、茶等有利之事，则互相争竞；甚非息事宁民之意”。[①] 这说明西南地区利益型族际纠纷引起的主要原因与资源有关。明清时期贵州地区清水江由于大量生产商业木材，于是与此有关的林地、林木、运输的族际纠纷不断。咸丰四年（1854 年）黎平尚重所立的《永远遵照》碑中载有：“村居溪首，山多地僻，栽蓄木植为资。因屡奸徒入境，勒木客买卖，定价不兑，后主事阻兴讼者多。为此公议：事后木客估买，定价有限，三天过期，凭别买卖，不容阻止。如违，公同送官责究”。[②] 云南道光年间大理地区回族与汉族由于争矿产权发生了多年族际纠纷。西南民族地区除了经济型族际纠纷外，还存在由宗教不同而引起的族际纠纷。西南地区各民族宗教信仰不同，常因族际信仰问题产生纠纷。在历史上，西南少数民族地区土司、头人林立，很多时候土司、头人之间为了各自政治利益常发生族际纠纷，构成了政治型族际纠纷。

（二）利益型纠纷、习俗型纠纷和权力型纠纷

从纠纷内容看，西南少数民族族际纠纷可以分为土地纠纷、水源纠纷、矿产纠纷、风俗习惯纠纷和权力滥用型纠纷等。这些纠纷类型在不同

---

① 《清世宗实录》卷 30。

② 吴江编录：《侗族部分地区碑文选辑》，《永照碑禁》、《永远遵照》，第 1、7 页。

历史时期、不同地区会表现为某一种类较为突出，其中元朝以后，特别是明清两朝，西南少数民族中以土地、水源、林地、矿产等社会利益为中心的族际纠纷成为主流。

西南少数民族地区因土地权属引起的族际纠纷在整个族际纠纷中是重要的纠纷。这类纠纷具体可以分为世居少数民族之间的族际纠纷和外来民族与世居民族之间的族际纠纷两大类。西南地区民族结构上最大的特点是移民不仅有汉族，少数民族也因各种原因大量迁徙，于是每个地区都存在大量的外来移民民族与世居少数民族争夺土地的族际纠纷。民国《广南县志稿》对西南少数民族地区的民族迁徙和分布进行了描述。“在二三百年前，汉族人至广南者甚稀，其时分布于四境者，附郭及西乡多侬人，南乡多倮倮，北乡多沙人。其人滨河流而居，沿河垦为农田，山岭间无水之地，尽弃不顾。清康、雍以后，川、楚、粤、赣之汉人，则散于山岭间，新垦地以自殖，伐木开径，渐成村落。”[①] 大量移民到来，土地问题越来越紧张，于是一些汉人开始采用不正当手段获取西南少数民族原有的土地。清人吴大勋在《滇南纪闻录·人部·汉奸》中对此有详细记载。当西南少数民族群体失去了生活的必要资源后，要么因为土地问题出现族际纠纷，要么因为掠夺其他民族财产出现纠纷。最典型的例子就是乾隆末年湘黔苗民大起事和道光时云南永北地区彝族起事。这两次起事都以夺回被掠去的土地为号召，其中道光时云南永北厅起事原因是“云南永北厅土司属野夷，因该土司土目，将地土典卖与汉民耕种，生计艰难，各怀怨恨，首逆唐老大即唐贵，纠同逆目陈添培等，以驱逐汉民为辞，煽惑夷众”。[②] 在土地纠纷中还有大量水源纠纷引起的族际纠纷。“顾云南永北、大姚等处，汉典夷地，积隙数十年。道光建元，措理稍定。十三年，四川复有汉耕夷地之衅，乃析界址，令汉、夷不得互占。又用滇督阮元议，禁流民私佃苗田，并近苗客户典售苗产。十六年，以开化、广南、普洱地多旷闲，流民覆棚启种”。严重时会出现汉族移民强占西南少数民族的田产致使人命案。清代道光十三年（1833 年）有“黔省汉民如有强占苗人田产，致令失业酿命之案，俱照棍徒扰害例问拟；其未经酿命者，仍照常例科断”。[③]

① 民国《广南县志稿》。

② 《清宣宗实录》卷 18。

③ 《大清律例》卷 10《户律 2·田宅·盗卖田宅·条例》。

清代因土地产生族际纠纷问题的严重性可以从清代地方官志记载和官员的奏折、法律中看出。乾隆年间爱必达在所修《黔南识略·总叙》中有“奏请自此次编查之后，如再有勾引流民，擅入苗寨，续增户口，买当田土者，将流民递籍，并将勾引之客民立时驱逐出境，田产给还苗人，追价入官，仍照违制律治罪”。[①] 这说明乾隆初就在贵州禁止汉族无限移入苗族区。这与上面湖南地区是一致的。嘉庆三年（1798 年）有：“贵州汉苗错处，自嘉庆三年清查田地以后，汉民不许典买苗田，苗人不得承买汉地，如地方官不行查察，将该管之官罚俸一年”。这里禁止汉族与苗族相互典卖田产。道光七年（1827 年）贵州巡抚嵩溥提出“禁续置苗产”，[②] 即禁止购买苗人田产。湖南地区，道光十三年（1833 年）江华县所刻瑶人法律中有：“查瑶人地亩山场，除从前售与百姓者，其仍旧执业外，嗣业瑶人户业，只准瑶户互相买卖，不准与百姓交产。”[③] 道光十四年（1834 年）云贵总督阮元在奏议流民佃种苗田章程中提出“外省流民佃苗田，应严明立禁；客户勾引流民续入苗寨，应严行究办；近苗客户，不得续行当买苗产”。[④] 对此，道光帝要求西南地方大员严格执行。这些是清代对西南民族地区通过禁止各民族与汉人移民间进行各种产权交易，来保护各民族产权法律。道光元年（1821 年）云南永北厅出现彝族起义，在镇压后，清政府在此地区进行了土地权的调整。当时钦差大臣呢玛善等提出“余具暂令照原典买之地土耕种糊口，饬令土司等将历年典卖折准地土分析清查，造册呈送到官，遴派公正明干之员，会同该厅按寨确勘，分别等差，责令依初限、二限、三限，设法取赎，以便汉民陆续归籍，如过期不能取赎，则将原地断归汉民执业”。同年六月，道光帝谕军机大臣对呢玛善等所提出的章程办理，可能彝族人民还是有不能赎回土地的，“兹据御史张圣愉奏，原议固属持平，但汉民重利盘剥夷民，折准田地，夷民穷苦，设不能依限取赎，夷地竟成汉业，必又积怨成仇。请将不能依限取赎之田亩，或割半均分，或给还十分之三，仍严禁嗣后汉典夷地，如违加等治罪”。[⑤] 最后中央达成了一个妥协办法，对按呢玛善所提出的限期还

① 爱必达：《黔南识略》卷 1《总叙》，第 20 页。

② 《清宣宗实录》卷 126。

③ 《瑶族石刻录》，《治瑶胪列六条》，第 65 页。

④ 《清宣宗实录》卷 261。

⑤ 以上参见《清宣宗实录》卷 18 和卷 19。

不能取赎的，根据不同情况处理。“系盘剥折准有据者，无论杜卖典押，核计汉民所出本息，将应得田土分予执业，余田给还土司与夷民耕种；系平价交易者，除杜卖毋庸议外，典押之田令该管流土各官公同勘估核计汉民原典价银，将应得田土分予执业，余田给还土司与夷民耕种，固不可使汉民剥削夷民，亦不可使夷民以焚掠为得计，长其构乱之心，……此后汉民典押夷地，必当严行查禁，……永昌、开化、广南等处流民盘剥局赌情事，该督等务当督饬地方官实心查禁，次第清厘”。[①] 这一次清政府对云南永昌、开化、广南等处进行清查土地权并进行调整。道光十八年（1838 年）道光帝下谕要求西南地方官员注意保护各民族田产。“除客民、流民已经置买田产不计外，倘有狡黠客百姓等侵占苗人地土及擅买土司田产，即将田地断还本人管业，追价入官，仍照例治罪。至田土案件，如有汉人霸占苗业及夷苗诬控平民，务当公平听断，治以应得之罪。”[②]

西南少数民族历史上族际纠纷的起源，因汉族移民大量放高利贷引起也是重要的部分。明代对西南少数民族地区制定过一些特别刑律，如汉民对彝族人民教唆或欺骗而产生族际纠纷，特别是出现杀人事件的。“川广云贵陕西等处，但有汉人结交夷人互相买卖借贷诓骗财物，引惹边衅及潜住苗寨教诱为乱，贻患地方者，俱发边卫永远充军”。嘉庆九年（1804 年）两广总督倭什布奏请制定禁止汉人到广东对少数民族放高利贷，“内地汉奸潜入粤东黎境放债盘剥者，无论多寡，即照私通土苗例，除实犯死罪外，俱问发边远充军，所放之债，不发追偿”。[③] 原因是此种行为经常导致族际纠纷。靖州牛筋岭款场立的《万世永款》碑中有：“内地人概不许与土司等来往借贷。如有违犯，将放债之民人，照偷越番境例，如等问拟，其借债之土苗，即与同罪；放债之徒，用短票扣折，违例巧取重利者，严加其罪，其银照例入官。受害之人，许其自首免罪，并免追息；凡内地汉奸，潜入粤东黎境，放债盘削者，无论多寡，既然（疑为‘按’）私通土苗例，除贯犯死罪外，俱发边远充军。所犯之债，不必追偿。”[④] 乾隆四十六年（1781 年）有“内地百姓概不许与土司等交往借贷，如有违犯，将放债之百姓照偷越番境例，加等问拟。其借债之土苗，即与同

① 《皇朝政典类纂》卷 5《田赋五・田制》，第 149 页。

② 《清宣宗实录》卷 316。

③ 《大清律例》卷 16《户律 8・钱债・条例》。

④ 吴江编录：《侗族部分地区碑文选辑》，第 13 页。

罪”。这是当年贵州地区出现土目安鳌向已革武举人戴麟瑞之父借银五百两，后利过于本，导致族际纠纷而制定的。嘉庆二十二年（1817年）云南临安府哈尼族与汉族之间出现大量族际纠纷，起因是“江西、湖广等处汉族在夷地贸易，取利甚为刻苦，遂借驱逐汉人为名，聚众谋逆”，[①]即是高利贷问题导致哈尼族人打杀汉族，引起族际纠纷，于是官府不得不进行干预。

西南少数民族地区因为有丰富的矿产资源，吸引了大量汉族移民到西南地区开矿，而这种经济行为是这一地区族际纠纷产生的重要原因。乾隆《蒙自县志·厂务》记载：“个旧为蒙自一乡，户皆编甲，居皆瓦舍，商贾贸易者十有八九，世居无几”，“四方来采者不下数万人，楚人居其七，江右居其三，山、陕次之，别省又次之”。[②] 清代云南地区采银行业，最有名的是地处边地的波龙、茂隆、募乃三大银厂。波龙银矿在德宏中缅边境上，矿工主要是江西、湖广及云南大理、永昌人，在这里开矿者不下数万人。“又有波龙者，产银，江西、湖广及云南大理、永昌人出边商贩者甚众，且屯聚波龙以开银矿为生，常不下数万人”。[③] 阿瓦山区的茂隆银厂，矿工常达二三万人，《张允随奏稿》说：“俱系内地各省人民”。募乃银厂盛时有360座银炉，每日产银80两，矿工达10余万人，兴旺近30多年。[④]《滇云历年传》卷12上说：“募乃银厂，旺盛三十余年，故汉人络绎而往焉”。[⑤]开矿对西南少数民族地区的影响，可以借张允随对滇南的评说而知，“查滇南田少山多，民鲜恒产，又舟车不通，未利罕有。惟地产五金，不但本省百姓多赖开矿谋生，即江西、湖广、川、陕、贵州各省百姓，亦俱来滇开采”。[⑥] 出现“外夷地方，亦皆产有矿硐，夷人不谙架、罩、煎、炼，惟能烧炭及种植菜蔬，豢养牲畜，乐与厂民交易，以享其利”。[⑦] 当然，随着矿产利益的出现，很多时候以争矿为中心的族际纠纷也在增加，成为该地区族际纠纷中的重要部分。

---

① 《清仁宗实司》卷329。

② 乾隆《蒙自县志》卷3上《厂务》。

③ 《清史稿》卷528《列传三一五·属国三·缅甸传》。

④ 方铁主编：《西南通史》，第700页。

⑤ （清）倪脱撰、李埏校注：《滇云历年传》卷12，云南大学出版社1992年版。

⑥ 《张允随奏稿》。

⑦ 同上。

西南少数民族地区存在由于地方官僚滥用权力引起少数民族不满，进而出现反对汉人而引起的族际纠纷，这也是西南少数民族族际纠纷产生的重要内容。历史上因为派到西南地区的汉族官员对少数民族滥用权力导致出现族际纠纷的事件是屡屡可见的。唐代皮罗阁反唐事件就是因为当地官员对其妻的强奸引起，此纠纷最后演化成唐朝和南诏之间大规模战争。明朝景泰年间金齿指挥使司毛胜在当地“广占夷田以为官庄，大取夷财以为供费”，导致当地“夷民视城市如陷阱，见差役即魂销”，[①] 最后出现少数民族与当地汉族的重大族际纠纷。雍正十年普洱府发生的傣族刀兴国为首的傣族、哈尼族与汉族的纠纷事件，是因为流官政府的知府随从对土千户刀兴国的踢打引起的。[②] 清朝嘉庆元年发生的顺宁府拉祜族、佤族与汉人、傣族之间的纠纷，是因为当地傣族土司和汉族流官对拉祜族、佤族等少数民族滥用权力造成的。此外，民国时期云南怒江地区多次发生当地少数民族与汉族商人、官府产生纠纷的族际纠纷，究其原因多是当地官员的权力滥用。

西南少数民族地区，由于不同民族之间出现人身伤害事件，也往往引起两个族之间的族际纠纷。如 1946 年贵州省清江县南加区翁座乡乌拢村发生了房宝生（汉族）强奸翁座村一位苗族妇女的事件。该案发生后，该妇女亲族闻讯后群情激愤，聚集前往乌拢村与房姓汉族谈判。房姓家族自知理亏，迫于压力，最后用 80 多斤重的石头缚于房宝生背上，投之入水，由五人各持叉杆将其按沉水底，在气绝之后又将其尸体捞上来焚化。[③] 这里发生的苗族与汉族的族际纠纷就因强奸事件引起。

婚姻问题引起的族际纠纷在明清两朝西南少数民族族际纠纷中比较突出。对此，可以从明清两朝反复禁止汉族与西南各少数民族通婚的立法中看出。康熙四十七年（1708 年）制定“百姓擅入苗地，民苗结亲往来，该管各官失于觉察者，降一级调用，该管上司，罚俸一年”。[④] 少数民族与汉族通婚后常因聘礼、财产归属等原因引起少数民族与汉族的纠纷，往往婚姻纠纷又导致少数民族与汉族群体出现更大的、恶性的群众性族际纠纷。

---

① 万历《云南通志·赋役志》。

② 《云南事略》。

③ 《贵州民族调查》（之四），贵州省民族研究学会、贵州省民族研究所编，1986 年，第 203 页。

④ 《钦定大清会典事例》卷 119《吏部一〇三·处分则例·边禁》。

西南少数民族在历史上由于宗教多元、社会发展不平衡等原因，导致不同民族群体常因宗教习俗的不同引起族际纠纷。如1949年以前怒江地区的怒族与白族人常因传染病的出现，某一族人因生病死亡若接着另一族的人出现死亡时，会被认为是有“鬼”而引起两族人之间的纠纷，甚至出现大规模的械斗。

（三）单一型纠纷和复杂型纠纷

西南少数民族族际纠纷从内容上看可以分为单一型族际纠纷和复杂型族际纠纷。单一型族际纠纷是纠纷的内容只涉及某一类型，如人命、宗教和财产等，这类纠纷相对较易解决。复杂型族际纠纷内容涉及两种以上的内容，如一个族际纠纷中存在人命、掠夺和财产等因素，这类型族际纠纷最难解决。

二、历史上西南少数民族族际纠纷的特点

西南少数民族族际纠纷从历史上看显示出其特点，具体是，这些纠纷具有很强的破坏性，常因小纠纷得不到有效解决，导致少数民族的族际纠纷演化为当地民族起事，武装反抗中央政府的统治等严重社会事件。

（一）族际纠纷持续时间长

西南少数民族族际纠纷出现后，在解决上十分困难，往往时间很长，长期得不到解决，成为地方社会不稳定的重要因素。很多小纠纷由于是族际之间的纠纷而持续几十年，有的上百年，成为当地社会的不稳定因素。如清乾隆朝云南文山州出现彝族与当地汉民之间关于土地的纠纷事件，此纠纷从标的看并不是很大，但由于处理无效，经历了上百年的反复诉讼，成为影响当地社会秩序中的因素。

> 开属文山境内五里冲，有天主教堂，法国牧师金梦旦，通中国语言文字，在滇二十余年。有倮倮民一村，与附近汉民张、刘、李数姓，于乾隆时控争田土山界，计长二十余里，迨嘉庆时知府任内，曾将其地断归倮民，给有执照一纸，厥次翻控。道、咸间，复经开化府两次断归汉民，仍给执照，理由充足，较前明晰，两造屡次案卷具存。倮民自入教后，恃势复控，并数上控，经数任奉批集讯，未结。余前任方美旃复奉院司集讯，因倮民当堂逞刁，重责数百，于是金牧师上省联合总主教、法总领事，直向两院交涉，持倮民所奉嘉庆时执

照为确据，盖牧师凭倮民一面之词，不知全案也。迄余接任，迭奉宪札履勘，秉公复讯断结，连日调阅全案，随传倮民告曰："此案既有执照，不难断结，但须金牧师来此面商。"答云："金在省。"余谓："须尔等自去邀来。"未几，金果来，并同中国刘牧师入署求见。刘系四川附生，余以宾礼招待。越日，备西餐邀饮甚欢，始为详叙此案原委及经过情形。金曰："教民有执照，岂不足凭耶?"余曰："汉民尚有在后执照，牧师通中国文字，不难一阅而知。"遂出全卷与二人同阅。金牧师阅到后卷，自知错误，半晌无语。余曰："两君尊见如何?"金曰："此案听凭贵府判断，以免两造拖累，再不敢赞一词。"余始邀同履勘，以山地二里许，有天然沟坎，断给倮民，以便推广建造，并出入路径为之丈量，开方绘图，立碑永定界线。两造遵结，通详立案。金梦旦心悦诚服，到蒙自购香槟酒一箱，专送至署称谢，旋任云南省总主教。外人非全不讲公理，但多误于偏听。凡涉教案，宜善于委婉疏通，俾得晓解，而后不难了结。①

当然，西南少数民族地区族际纠纷时间长的原因，除了大量纠纷是由土地、水源和矿产等利益性纠纷引起外，还与西南少数民族历史上有复仇的社会习惯有关。如明朝人田汝成在《炎徼纪闻》中记载"苗人"具有长期复仇的传统，如清代严如熤在《苗防备览·风俗上》中"打冤家"条载曰："两家战斗之后，计尸以相抵。除一命一抵外，多尸者为人命，则索牛马财物以偿，谓之'倒骨价'。……斯上者不依苗俗，必人欲抵偿，则杀一人即添一仇，死者之子若孙，植树墓旁以记其恨。转相仇杀，滋蔓无已懈主矣。"② 诸匡鼎《瑶僮传》亦载："本类相仇，纤芥不已，虽累世必复。误杀者，以牛畜为偿，或数十头至百头，曰人头钱。"③ 这些传统让民族之间一经出现人命等纠纷，往往长期进行相互复仇。所以，西南少数民族族际纠纷往往时间长，难以很快解决。

（二）族际纠纷涉及范围广

西南少数民族族际纠纷往往涉及范围甚广。这包括以下几个方面：首

---

① （清）谈者己巳居士、次者未山道人：《幻影谈》下卷《民事第六·开化》，云南大学图书馆藏本。

② （清）严如熤：《苗防备览·风俗上·打冤家》，道光木刻本。

③ （清）诸匡鼎：《瑶僮传》，《小方壶斋舆地丛钞（第8帙）》。

先，族际纠纷的主体往往数量多，有时本来是两个不同民族人民之间很小的纠纷，然而一经形成族际纠纷，主体很快就会成为几千人，甚至是上万人。在纠纷解决上，若当事人的两个民族能够自行解决，就可以尽量少的再涉及其他人。若需要第三方介入才能解决，族际纠纷牵涉到的主体所属民族就会增加。其次，族际纠纷卷入的地理范围广。族际纠纷一经形成，若没有得到有效解决，往往会成为跨行政区的纠纷。与族内纠纷相比，族际纠纷基本都涉及两个不同民族的所属地域，但如果纠纷扩大化，还可能波及其他的地区，这种情况在权力结构下发生的政治斗争中出现的相对多。因为少数民族常常具有宗族和宗教上的联系，当某地区民族产生纠纷时，其他地区的同一民族会出面支援，让纠纷涉及的地理范围扩大。咸丰、同治年间的“保山回汉纠纷”最初仅是道光元年（1821 年）云龙州白羊厂回族与汉族争矿引起，但由于得不到有效解决，导致最后形成卷入整个滇西的大事件。再次，族际纠纷形成后，往往在纠纷内容上会形成多种多样的类型，如有人命案、土地纠纷案、抢夺案、绑架案等。当这些纠纷内容交织在一起时，让纠纷的解决更加困难；最后，在族际纠纷中，有时单一类型的争端往往会复杂化。一项关于土地或习俗的纠纷，发展下去很可能会与政治发生纠葛，以至单一类型的纠纷转化成复合型的纷争，最后还可能上升为双方民族意识形态上的对抗。可见，有些族际纠纷包含的内容很广泛，它可能覆盖了多方面的社会生活，而最终表现出的争端，也许会变为比较尖锐并且不容易调和的民族矛盾。

综上所述，范围广这一特点，可以认为是族际纠纷复杂化的重要原因，也正因如此，才赋予了纠纷解决更加深刻的社会意义。

（三）族际纠纷社会影响大

西南少数民族族际纠纷影响甚大。少数民族间的纠纷，时间长、范围广，所以它带来的影响也不容小视。对于生产力水平处于较低阶段的西南少数民族来说，一般争夺生产、生活资料的经济类纠纷会直接影响到社会生产的正常运行，进而对两族人的生活造成损害。如果这种普通的纠纷被扩大，它造成的损害就远不止这些了。扩大了的族际纠纷很容易上升到政治层面，对这一敏感问题一旦处理不当，会对民族关系造成很大影响，甚至会引起战乱。战争无疑会使双方民族的力量受到极大削弱，无论是政治势力还是经济实力。在动荡的社会中，人们的生活更无法得到保障。就整个国家来看，西南少数民族地处边疆，且与多国相邻，如果族际纠纷能够得到较好解决，有利于维护民族团结和边疆的稳定，反之，纠纷的影响范围将被不断扩大化，民族间的斗争很可能会波及境外。

这种影响大不仅在涉及的主体和所在社会稳定上，还涉及国家在该地区治理的稳定和社会发展上，更有甚者会出现大的起义或起事。很多少数民族族际纠纷在出现后很难得到彻底解决，甚至虽然形式上解决了，但还存在以后再出现的根源。如雍正十年普洱府出现傣族刀兴国为首的傣族、哈尼族与汉族的纠纷事件就是因为流官政府的知府随从对土千户刀兴国的踢打引起的，此事件导致思茅、元江、墨江的傣族和哈尼族都卷入，出现对这些地区的汉族和清朝驻守汛兵“无一免者”的重大事件。① 分析此事，仅是由于汉族官员的随从对当地少数民族头人的权力滥用引起，但结果却酿成重大的事件。此外，道光朝时期滇西地区出现的回汉纠纷，起先仅是回汉民族之间少数人为争矿产，但随着卷入人数的增加，引起滇西地区大规模的回族起事，导致整个滇西社会秩序严重瓦解，大量人员死亡，其中对回汉关系的影响是很难用事件的平息来衡量的。嘉庆十七年南甸、耿马、勐勐三地的拉祜族人与傣族发生纠纷，三地傣族土司上诉到官府，但由于官府没有很好处理，而是出兵征伐，导致光绪十三年、十八年澜沧、孟连等地发生拉祜族军事反抗傣族土司和清政府的起事。

少数民族族际纠纷可能产生的负面影响使管理者增加了不少危机意识，但通过对族际纠纷本身仔细考察后，还可以得到更丰富、更有意义的启示。首先，族际纠纷的产生是不可避免的，不能指望或祈求得到什么办法来一劳永逸地根除它。所以，只能对不断出现的纠纷进行研究、总结，在此基础上认清纠纷所反映的实质性问题，这样才能够找出有效解决纠纷的方法。只有这样，也才可以为以后提供借鉴，尽量减少不必要的纠纷。其次，纠纷的出现说明了两种或者两种以上不同事物有了交汇，与彼此隔绝相比，不得不承认这是某种意义上的进步。在这个并不和谐的对话中，交流与沟通是一定会发生的，尽管它并没有成功。就像南北朝时期，虽然战乱不断，但却极大地促进了民族融合，只是这种融合之路，颇为曲折反复。西南少数民族地区出现的一些较大规模的族际纠纷，也正是这一历史规律的写照。再次，从人类历史发展看，生产力不断发展，社会不断进步，也都伴随着人与人之间的相互斗争或竞争。不可否认，这一过程的负

① 《云南事略》。

面影响的确很具破坏性。但是，它破坏的，是应该被淘汰的，破坏之后，是要进行重建的。那些重建的和得以存留下来的，就是顺应社会历史发展趋势的，也可以认为是人类进步的成果。所以说，纠纷有大有小，它的影响也是多面的。我们只有客观、公正地看待它，这样在今后的社会实践中才能更好地应对这方面的问题。

（四）族际纠纷对社会破坏性强

西南少数民族族际纠纷破坏性极强，很多纠纷导致当地社会秩序全部解体，甚至出现大量人员死亡，生产、生活受到极大破坏。清乾嘉年间出现的贵州、四川、湖南、湖北地区的少数民族起事事件和道光年间云南永北彝族起事事件，最初起源仅是当地少数民族与外来汉族之间的土地纠纷。这两起事件对当地的社会经济发展造成了重大影响。雍正五年（1727 年）贵州与广西地区出现广西西隆州古障地方土目王尚义等与贵州普安州捧鲊地方苗目阿九等，多年相互夺争歪染、乌舍、坝犁、鲁礤等寨，相互仇杀，导致地方社会秩序被破坏，最后是雍正帝下旨要求两省大员出来解决，并要求刑部制定此类案件的审理期限。[①] 总之，族际纠纷的破坏性是一般社会纠纷难以相比的。

（五）族际纠纷解决具有反复性

从历史上看，西南少数民族族际纠纷往往会出现反复，某些族际纠纷经历数百年，经过多次的解决都不能有效消除。这当中最典型的案例就是贯穿整个明朝的四川盐井卫左、前二所与云南永宁府、丽江府的争地纠纷，此纠纷始于洪武朝，在永乐、正统、嘉靖、弘治、万历朝都有两省地方大员会审过，但纠纷都得不到彻底的消除。清代道光年间云南保山地区为中心的回汉族际纠纷，起源仅是少数人之间因为一般事件引起纠纷，但由于处理不当，导致长期得不到有效解决，最后导致杜文秀起事，使整个滇西社会都受到影响。

第二节　历史上西南少数民族族际纠纷解决机制

具体来看，历史上西南少数民族的族际纠纷解决机制可以分为调解型、诉讼型和军事征伐型，其中调解型又可以分为双方内部调解型、外部

① 参见《清世宗实录》卷 54，中华书局影印本。

调解型，诉讼型可以分为土司、地方流官政府和中央政府三类。

一、调解型纠纷解决机制

从历史记载来看，西南少数民族族际纠纷非常普遍，在解决这类纠纷上，很多小纠纷主要是通过调解方式解决的。族际纠纷的调解重在和解与社会关系的恢复，与断定是非、决定胜负的法律判决相比，调解更侧重于相互的妥协，就是通过让步的方法避免冲突或争执，而且这种解决方式灵活多变，比较容易使人接受，所以就成为纠纷发生后，人们在多数情况下首先考虑的方法。对于族际纠纷而言，人们希望能够以最简单明了的方法将其解决，同时，还应尽量把纠纷的社会影响控制在最小的范围内。除此之外，西南少数民族社会发展相对落后，在这样的社会里，法律文化并不发达，人们对它也没有一个比较明确的认识，所以，法律自然不会是纠纷解决的首选。这样一来，法律之外，调解成了相对来说最合适的途径。调解的具体类型并不是唯一，根据调解主体的不同，可以分为内部调解型和外部调解型。内部调解型包括纠纷双方民族组成委员会的调解和第三者介入的调解。这些可以看作是非官方的调解；外部调解型的协调者主要有土司政府和地方流官政府，这可以认为是官方的调解。当然，从调解看，若仅看调解中是否有第三者加入，又可以分为内部调解与外部调解。

（一）内部调解型

1. 纠纷双方当事民族组成委员会的调解

已经产生的纠纷应该由谁来调解，与纠纷本身的性质及其发展阶段有关。纠纷双方民族自行调解，一般会出现在以下几种情况下：

首先，某些基于自然原因而产生的纠纷，调解是最合适的解决方法。例如，族际为争夺水利而发生的纠纷。在西南地区，江河纵横且源远流长、惠及广大，水作为自然之礼，能够为不同的人所共享。少数民族生产力不发达，对水的利用也处于较低水平的直接利用阶段。这种以客观物为对象的纠纷即便产生，也很难达到人们主观期望的效果。因此，一般来说，民族间都能做到资源共享、和睦相处，生产生活井然有序。但是，也会有特殊情况，如干旱。因为生产力水平低下，基本上靠天吃饭，所以，人们对自然的依赖就特别强，一旦遇到自然灾害的时候，原有的和谐即被破坏，纠纷会随之而来。双方若因此发生激烈的对抗，那么就更是天灾与人祸并行，纠纷双方都会损失惨重，这时，调解成了最合适的解决办法。但这种纠纷又不同于其他纠纷或政治性纠纷，所以，在协调者的确定上往往也是比较特殊的。在乡土社会，即农村和少数民族地区中，都会有一些年事已高并且德高望重的老者，他们的意见非常具有权威性，所有人都很自觉地服从，甚至有时可以直接影响掌权者的决策。他们平日深居简出，远离俗世的纷扰，但在这种时候，他们却成为解决纠纷最合适的人选，而且也只有他们有资格、有能力胜任这一工作。这些老者对纠纷中的其他族人晓之以理、动之以情，再加上人们在自然灾害面前应该互助共济的人道主义精神，此类矛盾也就可以通过协调而得到化解。于是，双方各让一步，恢复至原初的共享状态，和谐相处。

其次，纠纷尚未升级，调解即可处理。纠纷产生之初，还没有进一步恶化，还没有充分的时间和机会与其他类型的纠纷牵扯在一起，也没有与民族间的政治性因素相挂钩，是它尚未深度发展阶段，这也就是它最容易得到解决的时候，而调解足以应对这一情况。除此之外，在矛盾产生之初，双方的敌对心理不那么强烈，大家都希望能够尽快以最简单的方式解决纠纷，调解是众望所归的。但如果矛盾继续发展，一方面纠纷本身会愈趋于严重；另一方面，随着时间的推移，双方族人的心理也会发生变化，即使仍有进行调解、回旋的余地，他们也可能放弃协调而不计成本地选择其他方式解决争端。当出现这种情况时，整个局势往往会变得比较容易失控，这样下去，即远非调解所能解决了。

再有一种情况，激烈冲突之后的调解。民族间因纠纷引起战争是非常可能的。当然，这类战争的规模会根据双方的实力而有不同。在这样的冲突之中，倘若双方势均力敌，或者是某一方虽然处境稍差，但却占据着十分有利的条件。一般来讲，双方多数情况下会陷入长期的僵持状态，劳民伤财、耽误生产。继续对峙下去的话，疲劳的双方民族自然会产生厌战情绪，他们都需要休养生息。这时，他们就不得不进行和解。为战争之苦所累的两族会更加认识到和平的重要，他们在进行调解的时候也会更有诚意，这样也就能够比较容易达成共识，对于调解所取得的成果，他们就会更加珍惜。这通常能换来今后较长一段时期的和平与稳定。虽然这种调解的过程相当波折，其成果实来之不易，但也正因为它的过程充满艰辛，才更加突出了这一调解获得对后世积极、深远的影响。

西南少数民族地区发生族际纠纷后并不必然产生械斗等重大群体性事

件，很多时候由纠纷双方相关人员族人组成调解委员会进行调解。1946年，贵州省清江县南加区翁座乡乌拢村就发生房宝生（汉族）强奸翁座村一位苗族妇女的事件。案发生后，妇女的亲族闻讯后群情激愤，聚集前往乌拢村与房姓谈判。房姓家族自知理亏，迫于压力，最后由自己家族处死人犯使纠纷得以解决。① 此纠纷就由两姓人通过内部关系解决，并没有引起苗族与汉族更大的纠纷。

2. 中立第三者介入调解

西南少数民族族际纠纷，在调解解决机制中存在由第三方介入进行解决的机制。族际纠纷发生后，有时候双方单靠自身的力量无法解决，这就需要第三方介入进行调解。族际纠纷如果发展到需要第三者协调才能解决，那么，此时的纠纷就不是产生之初时比较单一的纠纷了，它已经得到了充分的发展，并且同其他利益相互纠缠，变成比较复杂、成熟的民族间矛盾了。在这种情况下，有些问题就变得非常敏感，处理稍有不当，矛盾可能被激化，从而引起更为严重的后果，当然，纠纷的解决变得更为复杂，而调解已经毫无意义。因此，第三方介入争端解决时，一定要看清局势，权衡各方利益，才可能做出比较折中的、合理的并且可行的调解。

在第三者介入的调解中，有这样几个问题应该引起注意：第一，调解纠纷的第三者必须具备较强的实力，不论是在经济实力还是政治影响力，至少他应该强于纠纷双方。当然，具备了这两个条件的协调者，他的军事力量也一定不会处于弱势。这是第三方能够成为调解人的基础，只有满足了这些条件，他才有能力、有资格为他族调解纠纷。假如第三者达不到这些要求，即使他参与了纠纷解决，在整个过程中也不可能主持大局、化解矛盾，相反，他更容易被某一方的力量所左右，失去立场，最后成了族际斗争的牺牲品。另外，有资格介入纠纷调解的第三者必须保持应有的中立，不能偏向某一方，这样他才能为纠纷双方共同认可，这也是他被允许介入纠纷解决的基本要求。第二，需要第三方介入解决的纠纷已经不是单纯的纠纷。因此，在争端解决的过程中同样逃脱不了利益的牵绊。在矛盾得到解决，双方利益得到平衡的同时，第三者的利益也不可忽视。伴随着

① 《贵州民族调查》（之四），贵州省民族研究学会、贵州省民族研究所编，1986年，第203页。

纠纷的解决，协调者的声望大大增加，他的政治地位得到巩固并被加强。政治力量越占优势，就越能更好地保护他的经济利益。这是第三方调解族际纠纷收获的一些实际利益，这也是第三方会介入纠纷调解的原因。通过上述分析，可以看出第三者介入型调解的两面性：一方面，它作为族际纠纷解决机制之一，确实能够使纠纷得到有效地解决；另一方面，第三者的介入，在加强他与纠纷双方民族之间的政治、经济联系的同时，也在无形中增加了纠纷解决的复杂性。

第三者介入的具体程序是两个民族产生纠纷后，请第三方民族人士组织调解，当然这个第三方民族在当地一般是传统权威者或中立方。如在云南德宏地区有当景颇族和德昂族产生纠纷时由傣族介入进行调解的习惯。如大理巍山地区的《蒙化左土官记事抄本》中记载其先祖蒙化土知府左瑛在成化十六年（1480 年）到顺宁府体勘族际相互仇杀案件，“据顺宁府呈准土官知府猛斌前事，仰五世祖左瑛带领民兵亲请顺宁府体勘处置，发落施行等，因依奉亲请顺宁府抚出土舍猛庆、猛景端、千户阿思等到官，谕以利害，令其改过自新，彝兵退散，所占村寨，依前定例领众罪犯照依彝俗”。成化十七年（1481 年）九月二十六日，又到大侯州审理陶氏之诉，最后审理结果是“抢去家财象、马、人命，照彼彝俗，共令奉混赔偿银一千一百两，释怨讲和，退散兵马各还本寨”。[①] 这里写到了顺宁府调解当地彝族与拉祜族产生的族际纠纷。德宏陇川城子磨水景颇山官第五世与第七世时都发生过景颇族与附近傣族产生人命案的纠纷。如第五代山官早其和头目因到城子街办事，在找水喝时处理不当，被傣族民众打死，后山官家族与傣族发生拉事纠纷，最后是土司出面把傣族与景颇族召集在一起，经过长时间的争论后进行和解，具体是傣族村寨用 1000 亩水田作为命金赔偿后才了结。为此，双方还写立了相关和解文书，各自保留一份为凭。第七代山官早用时出现两位景颇人到南田傣族寨类房偷铓，被发觉后打死。于是景颇族进行拉事烧了类房。陇川土司出面解决，因为景颇族人偷铓被打死，而傣族人类房被烧，两下扯平。[②] 同治五年（1886 年）永宁州汉族士民募役司团首任聚五与永州革役罗胜无故杀彝族教民纠纷案中，是在传教

① 《蒙化左土官记事抄本》，《云南少数民族社会历史调查资料汇编》（五）。

② 具体参见德宏州政协文史委《中国景颇族山官》，德宏民族出版社 2001 年版，第 159—160 页。

士的参与下得到解决。[①] 民国初年织金县毛草寨苗民王文秀的土地被当地汉族地主黄国成无故强占，王文秀到安顺向传教士党居仁处请求解决，党居仁听后派教民杨庆安持他的名片到毛草寨处理此案。此案在传教士党居仁的参与下得到了解决。[②] 此外，普定县硝硐发生当地苗民张文学因有人谣传他家挖得一马槽银子，本地汉族地主、团总周阿谷信以为真，企图借此发财，于是诬告张文学的弟弟张顺祥抢人，将其逮捕送官府监禁。事件发生后，张文学家到安顺请求党居仁干预，在党居仁参与下此案得到解决。[③]

（二）外部调解型

从历史上看，西南少数民族族际纠纷的调解，存在一种正式的解决机制。具体来看，这种解决机制主要有土司衙门和地方流官政府，因为他们解决族际纠纷是代表国家正式作出的，与上述的调解不同。

1. 土司政府

西南少数民族土司是当地正式的国家组织，同时他们又是传统权威的代表者，特别在国家流官政府不能有效建立起来之际，很多族际纠纷是由土司衙门从国家权威的角度进行解决。这在贵州、广西和云南地区表现得很明显。很多土司下的各民族纠纷一般都提交本辖区的土司调解。对此，史料多有记载，如云南大理地区的碑刻中有“永乐戊子（1408 年），阖境里老、佥举郡守、阿公遣把事尹铭等，礼聘为耆宿，时会乡约，尊以宾。……由是乡人之诉讼，得以平，冤抑□以伸”。[④] 永乐二十二年（1424 年）立的《大理府老人杨惠墓志》中有“至永乐十年（1412 年）内，因于年高有德，众人推服大理府知府杨节仲，选用为大理府老人。访问军民，承情训诲庶人，政教无思不服，无所不通，出乎其类，拔萃其身”。宣德庚戌（1430 年）秋八月立的《大理弘圭赵公墓志铭》中也有“丁亥岁，乡之大夫士佥举为耆宿。其为人也，不矫矫以为异，不翕翕为同。由是乡之诉讼得以平，冤抑得以申，人自不得而亲疏之。以故，远迩颂扬，咸目其为长者”。[⑤] 从这些记载可以看出，土司们对当地民族之间的纠纷进行解决，自然出现族际纠纷时也由他们解决。广西怀远县（三江县）在明万历年间

① 《清穆宗实录》卷 171，中华书局影印本。

② 《民族志资料汇编》（第二集），贵州省志民族志编委会，1986 年，第 297 页。

③ 同上。

④ 《故老人段公墓志铭》，《白族社会历史调查》（四），第 180 页。

⑤ 《大理市古碑存文录》，云南民族出版社 1996 年版，第 94、103 页。

龚一清的《善后六议》中有“分立土舍，以束诸瑶”条下记载：“怀远大徭峒二，峒置六刀，付与各酋。每徭犯法，请刀行诛，名曰六刀。徭老若余金朝、粟银桶、杨金亮、李尚友、傅银龙、龙华通六名，见系徭众所推，俱见本道，愿听约束，凡在犯法行歹之徭，应诛则诛，应罪则罪，俱六酋应过，并不敢拗”。[①] 这里把改流的地方社会纠纷交由土舍解决，他们在解决本民族的纠纷时也解决当地不同民族之间的族际纠纷。

2. 地方流官政府调解

自秦汉以来，历朝都在西南少数民族地区设有流官政府，尽管不同时期流官政府的权力和影响力不同。这些流官政府在最初时多是作为调解少数民族纠纷的身份出现的，所以这一地区族际纠纷解决中地方流官政府是最重要的调解组织。元朝初年出现碉门堡地区羌人与当地汉人入市争价杀人纠纷后，当时任诸蛮夷部宣慰的张庭瑞在积极努力下，调解了此纠纷。“碉门羌与妇人老幼入市，争价杀人，碉门鱼通司系其人。羌酋怒，断绳桥，谋入劫之。鱼通司来告急，左丞汪惟正问计，庭瑞曰：‘羌俗暴悍，以斗杀为勇。今如蜂毒一人，而即以门墙之寇待之，不可。宜遣使往谕祸福，彼悟，当自回矣。’惟正曰：‘使者无过于君。’遂从数骑，抵羌界。羌陈兵以待，庭瑞进前语之曰：‘杀人偿死，羌与中国之法同，有司系诸人，欲以为见证耳。而汝即肆无礼，如行省闻于朝，召近郡兵空汝巢穴矣。’其酋长弃枪弩罗拜曰：‘我近者生裂羊脾卜之，视肉之文理何如，则吉其兆，曰：“有白马将军来，可不劳兵而罢。”今公马果白，敢不从命。’乃论杀人者，余尽纵遣之。”[②] 正德十年（1515 年）六月贵州西堡阿得、狮子孔、阿江三种仡僚人因不上贡赋与土官相互仇杀，由地方官指挥使杨仁调解解决。盈江县支那石分山官荣氏山官在清咸丰年间与当地傣族发生争土地纠纷，相互之间仇杀了三年。傣族本想请求南甸土司主持解决，但由于战乱，只好把纠纷提到腾越府。最后腾越府派人到地那坝解决，此案是在流官政府的主持下解决的。[③]

3. 中央政府调解

中央政府介入解决族际纠纷，其实可以归入官方调解的类型中，但要

① 《广西侗族社会历史调查》，《善后六议》，第 37 页。

② 《元史》卷 167《列传五十四 · 张庭瑞传》。

③ 参见云南省编辑组《景颇族社会历史调查》（一），云南人民出版社 1986 年版，第 303 页。

注意如果族际纠纷发展到了中央政府出面解决的地步，就表明这一争端发生了比较特殊的变化，已经上升为以民族利益为表现形式的政治性问题了。对这类纠纷的解决，涉及某些国家民族政策的问题。故此，将中央政府介入解决族际纠纷作为一个类型，以示区别。

前面已经说过，发生大规模族际纠纷的双方民族一般都比较强大，都具备了一定的经济实力和政治影响力，在需由中央政府解决的族际纠纷中，这一点更为明显。所以，纠纷发展至这种程度，他们仍有能力以各自的经济实力为依托继续相互斗争，以求能够兼并对方，占有其土地、人力、物力等资源，进而扩大自身的势力。西南少数民族，由于实行土司制度，土司世管其土，世有其民，势力根深蒂固，实际形同独立王国，有些桀骜不驯的土司利用相互仇杀之际，会伺机与中央政府对抗，矛头直指国家政权。明永乐时思州、思南土司因争沙坑地相互仇杀即为一例证。同时，族际混战严重破坏人们的正常生产生活，引起社会动荡不安。再者，西南少数民族地区位处边陲，对内接西藏、湖广这些少数民族聚居之地，对外与多国相邻，地缘政治关系非常复杂，也非常敏感，若处理不当，会使国防受损，诸多不和势力极可能乘虚而入，各谋其利，就使原本只属于民族间的矛盾被无限地扩大化、复杂化。在边防方面，除元朝以外，明清亦遵循汉唐传统方针政策，即“守在四夷”。偌大中国，中央政府所要面对的内政外交问题不在少数，西南边疆再生乱事，就一定会让政府头痛，出现所谓澜沧江内外诸夷“无事近患腹心，有事远通外国”，由元迄明，“代为边害”的社会问题。当然，上述种种情状，不一定会出现在所有的族际纠纷当中，但却无一例外地是其可能引发的严重后果。

历代统治阶级在处理民族问题时，大都采用“以夷制夷”的办法，其中土司制度就是这一方针的集中体现。不过，需明确的是，“以夷制夷”的具体含义及做法并不唯一。清雍正元年（1723 年），川陕总督年羹尧将原有的金川寺演化禅师改为小金川土司，另设一个大金川安抚司，由大小金川相互制约，以求平衡。乾隆时在第一次金川之役后，朝廷有意扶植与大金川矛盾较大且具备一定实力的革布什咱土司，使其相互牵制，不至于轻易爆发冲突。可见，“以番制番”的确是灵活变通的民族政策，并且起到了积极的作用，有利于巩固中央政府在少数民族地区的统治，减少了族际纠纷产生的机会及可能性，防患于未然。

族际纠纷引发的大规模战争以至于威胁到国家政权的历史事件说明了

一个问题，即旧有的制度已经不适应统治的需要了，若欲使问题得到彻底解决，唯革除旧制，代之以新制。明朝政府在平定思州、思南宣慰司叛乱后，设思州、思南、镇远、铜仁、石阡、乌罗、新化和黎平八府，并设贵州布政使司，派流官统治。明朝中后期的改土归流在清代得到继承并发展。乾隆时进行了两次金川之役。当时，大金川势力日强，多次攻略附近土司，并企图并吞小金川。乾隆十二年春，大金川以听老人言及革布什咱和明正等地原曾为金川属地为借口，出兵攻打革布什咱土司的鲁密和明正土司的章谷，妄图将它们纳入自己的管辖区域。清廷出兵镇压，以沉重的代价制止大金川继续为乱，迫使其投降，战争体面结束。但问题并没有根除。第二次金川之役后，清政府改土归流，直接对这一地区进行管理。鄂尔泰曾言："若改流得法，必能所向奏效，使云贵边防百世之利。"① 上述实例证明，制度建设是何等重要！当然，一项制度在发挥其应有的、积极的社会作用之后，也就意味着它的历史使命已经完成。这时候，它必然将走向衰亡，这是普遍适用的历史规律。对此，我们应该有个比较客观、清醒的认识，这样才能随着社会的发展对制度进行变通或者改革，纳新除旧，及时做出相应的政策调整，如此一来，不得不由中央政府介入调解的族际纠纷自然可以得到比较好的控制。

历史上看，中央政府对西南少数民族族际纠纷，特别是涉及两个少数民族群体之间的纠纷，往往是采用中央政府居间，派出使臣进行居中调解。这类解决机制从汉朝就开始，当西南地区出现各民族首领相互仇杀时，汉中央就派出使臣以中央名义进行调解。明朝时滇、黔、川三省交界地区的彝族等当地少数民族长年相互仇杀，最后由中央政府出面，召集他们居间调解。"万历六年乃令照蛮俗罚牛例处分，务悔祸息争，以保境安民，然终不能靖也"。② 明朝前期德宏地区傣族麓川地方政权在扩张时引起了其他少数民族的不满，产生了纠纷。于是各少数民族土司把纠纷提到中央，为此中央两次派出使者到当地调解。

二、诉讼型纠纷解决机制

诉讼型纠纷在解决西南少数民族族际纠纷管辖上主要有土官衙门、地

---

① 《圣武记》卷7《雍正西南夷改流记》。

② 《明史》卷311《列传一九九 · 四川土司》。

方流官政府和中央司法机关三种。它们与前面的调解相比，在解决纠纷上具有强制性，纠纷主体往往会被处罚和处死。

（一）土官衙门审理

历史上西南地区的土官衙门在国家政权进入前和进入后都是解决当地各民族族际纠纷的重要机构。同治年间《来凤县志》记载有“土人有罪，小土知州、长官等治之，大则土司自治。若客户有犯，则会经历，以经历为客官也”。[①] 这里明确记载，若是当地少数民族之间的纠纷就由当地土司衙门审理。云南德宏地区的景颇族、德昂族、阿昌族等由于与傣族土司有特殊的关系，当他们与汉族、傣族之间发生重大族际纠纷时会把诉讼提到傣族土司衙门来审理。然而要指出的是，土司衙门并不对所有景颇族山官辖区内的人都有这种权力，主要看景颇族山官与傣族土司之间的关系，也就是傣族土司对山官地区的控制力度有多深。

从各种记载和调查看，景颇族与坝区的傣族土司在纠纷解决上，土司往往是进行一定程度上的管辖。土司在景颇族的纠纷解决中占有重要的作用。当然这种解决在强制性上相对来说是较弱的。

景颇族居住地与傣族土司的关系最为特殊，在明清时期，特别是清代，很多景颇族山官都受制于傣族土司，但土司不能对山官内部事务进行干预，不能任命山官，形成所谓的“服管不服调”的关系。当然，在产生特定纠纷时，往往由傣族土司组织解决。从记载来看，提交到傣族土司衙门来解决的纠纷主要是景颇族与其他民族产生的纠纷，如与汉族、傣族人之间的重大纠纷，当然也会有景颇族内部的纠纷。在陶思曾的《藏輶随记》中有“野人……归我国辖者，均分隶于干崖、南甸、陇川诸土司，但许理其词讼，而禁其收税”。[②] 这里说干崖、南甸、陇川等地的傣族土司对景颇族有“理其词讼”的权力，没有征收赋税的权力。对此，可以从相关调查资料和具体案例中得到证明。在20世纪50年代民族大调查时陇川邦瓦乡的景颇族人说当本辖区的山官不能解决辖区内的民众纠纷时，民众可以请傣族土司管爷出面解决，但得送给管爷30—50背柴。[③] 在调查中也有具体个案，一位名叫董老四的人指称邦瓦人梅普盖偷牛，双方争

---

① 同治《来凤县志·杂缀》。

② 云南省编辑组：《景颇族社会历史调查》（四），云南人民出版社1986年版，第150页。

③ 云南省编辑组：《景颇族社会历史调查》（一），云南人民出版社1986年版，第164页。

执不下，各自送给早堵山官一头牛，山官早堵不能解决，于是他们把纠纷提到司署请土司解决。[①] 此案就把纠纷提到土司衙门来解决。

（二）地方流官衙门审理

西南少数民族族际纠纷的解决中，中央流官衙门一直都是重要诉讼审理机关。地方流官衙门的诉讼受理是有级别的，这里把它们作为一个整体来分析。地方流官衙门在西南地区的族际纠纷解决中不同时期具有不同的作用与功能。元朝以后较为明显。明初刚统一云贵时，明太祖就于洪武十六年（1383 年）正月初三日下诏云贵各民族，要求各民族把相互间的纠纷起诉到官，由官府审理。“本处人民归附之后，凡有诉讼，须经官陈理，毋得擅相仇杀”。[②] 明弘治十四年（1501 年）六月又有“严责成，云贵、两广、湖广、四川土官土人有争地、争官者，巡抚、巡按等官督委巡守等官亲临勘报，如延至一年以上者，住俸”之疏，皇帝认为“卿等所言，皆切时务。……俱准行”。[③] 康熙四十四年（1705 年）有“覆准苗民犯轻罪者，听土官自行发落外，若杀死人命、强盗、掳掠及捉拏人口索银勒赎等情，被害之苗赴道厅衙门控告，责令土官将犯苗拏解，照律从重治罪，藏匿不送者，将土官照例严加议处”。[④] “凡土蛮瑶僮苗人仇杀劫掳及聚众捉人讹禁者，所犯系死罪，将本犯正法，一应家口父母兄弟子侄俱令迁徙；如系军流等罪，将本犯照例枷责，仍同家口父母兄弟子侄一并迁徙；系流官所辖者，发六百里外之土司安插。系土司所辖者，发六百里外之营、县安插。其凶恶未甚者，初犯照例枷责，姑免迁徙”。[⑤] 雍正四年（1726 年）十二月二十一日规定，“流官固宜重其职守，土司尤宜严其处分，应分为三途：盗由苗寨，专责土司；盗起内地，责在文员；盗自外来，责在武职。……嗣后除命盗案件照例分处，如有故纵苗、倮扰害土民者，该督、抚即将该官土司奏请革职，……并令云南、贵州、四川、广西、湖南五省一并遵行。从之”。[⑥] 雍正十年（1732 年）六月贵州按察使

---

① 云南省编辑组：《景颇族社会历史调查》（一），云南人民出版社 1986 年版，第 169 页。

② 余宏模编：《明代贵州彝族历史资料选编》，《民族研究参考资料》第二集，贵州省民族研究所，1980 年，第 9 页。

③ 《明孝宗实录》卷 167。

④ 《皇朝政典类纂》卷 374《刑六 · 刑名律 · 化外为有犯 · 条例》。

⑤ 《皇朝政典类纂》卷 376《刑八 · 名例律 · 徒流迁徙地方 · 条例》。

⑥ 《清世宗实录》卷 51。

方显奏折中就有证明："臣请归附已久熟苗，有劫盗仇杀等案，应照内地审结，至新开苗疆，如古州、清江、九股、丹江、八寨等地，除劫盗及伤毙汉人，情罪深得难以宽纵者，仍照律究拟外，其各寨仇杀、斗殴、人命，凡具报到官，即准理。如受害之家，必欲究抵，亦应照律审断。或其中有情愿照苗例以牛马赔偿，不愿检验终讼者，似应念其归附日浅，准予息结，详明立案。"① 从这些法律看，也把西南少数民族族际纠纷归地方流官衙门管辖。明朝嘉靖七年（1528 年）湖广巡抚朱廷声在指出西南民族地区流官审理各民族诉讼时若犯索财应加重处罚的奏折中提到，"各处土夷构讼求直者多连年不绝，开奸人诓索之门，辜远夷赴诉之念，而不才将官及勘事人员，往往贪嗜夷人财物，要求无已，至于激变，今当通行云、贵、川、广镇巡官，将土官远近狱词分督所属，克期勘报。其将吏索取土官、夷人、瑶、僮财，犯该徒三年以上者，发边卫充军，俱照禁例施行。结果报可"。② 从这里可以看出地方流官衙门是西南各少数民族纠纷重要的解决机制，特别是族际纠纷的审理机构。从个案来看，西南地区少数民族也是最先把族际纠纷提到地方流官衙门中的。张家宾在《滇缅北段未定界境内之现状》中记载茶山地区的景颇族时，有"其地之土人，旧时词讼在保山控诉，尚有道光年间之卷可以查参"。③ 这说明流官政府在清朝以后对景颇族等少数民族的纠纷进行管辖，纠纷管辖在扩大。洪武二十七年（1394 年）九月，云南乌撒军民府知府卜穆奏诉沾益州屡侵夺其地，后是中央"诏令西平侯沐春理断之"。④ 同年二月沐春把乌撒与沾益所争的土地判给乌撒卫官军。此外，在宣德八年（1433 年）六月中央就遣行人章聪、侯琎与四川巡按御史李实及三司会审乌蒙、乌撒二府争地仇杀案，会审后"盖所争者，初本乌蒙之地，为乌撒所据，今乌蒙耆老念其世亲，以所争地十之三让乌撒，治沟为界，永息争讼"。⑤ 正统十四年（1449 年）十一月尚宝司司丞夏瑄就说湖广、贵州地区"又因生、熟苗互争田土，有司受其贿赂，判与不公"。⑥ 宣德八年（1433 年）六月中

① 《雍正朝汉硃批奏折汇编》，第 22 册。

② 《明世宗实录》卷 94。

③ 云南省编辑组：《景颇族社会历史调查》（四），云南人民出版社 1986 年版，第 147 页。

④ 《明太祖实录》卷 234。

⑤ 《明宣宗实录》卷 103。

⑥ 《明英宗实录》卷 185。

央派行人章聪、侯琎与巡按御史及三司审理乌撒土知府禄昭与乌蒙土知府争地纠纷案，审理后确认所争之地原是乌蒙所有，但乌蒙同意把所争地十分之三让给乌撒。同年八月还派章聪到广西审理泗城致仕女土官卢氏与袭职土官岑豹的争讼案件。

这种解决方式多是由于各少数民族自动上诉。道光十年（1830 年）永昌府腾越厅出现了傣族土司与汉族人民田土纠纷案，具体是盏西南甸出现土司将田土私授典卖与汉民，汉民开荒为隐粮税而向土司纳租规避法律而引起的权属纠纷。案件发生后知府周澍判决是“今令萧姓人等写立租贴交与土司收执，土司仍给执照，以昭信守。永不准起佃、短租”，对戈姓典买的田地，“唯有将戈姓得典蛮仑寨脚田亩准土司照赎回”。后上报云南巡抚，其同意该拟判。[①] 在四川凉山地区，清末时就有知县在《创定汉夷简明约章》中规定“官兵、汉民如与夷人有衅，准由地方官处治，不得仍前私斗，以致犯法”，这里规定产生族际纠纷时不能通过械斗来解决，只能通过官方来解决。

（三）中央司法机关

西南少数民族地区的族际纠纷由于性质特殊，中国古代历朝都相对重视，加上少数民族往往把诉讼直接诉到中央，所以很多族际纠纷在解决上往往是由中央司法机关审理或者派出特使到地方来审理。德宏州景颇山官排启仁就曾说，“明朝后期，我家（南甸土司）与卯兆土司争圭地，双方告状到朝廷，我家告败，从瓦甸迁到了滇滩关”。[②] 从这里来看，此纠纷就提到了中央。从历史上看，西南民族地区少数民族在出现族际纠纷后中央政府和地方政府积极进行管辖，把族际纠纷纳入自己的管辖中。元仁宗延祐元年（1314 年）下诏“湖广、云南边境诸蛮互相仇杀、掳掠人民，如能悔过自新，即予免罪”。[③] 这里明确规定云南少数民族之间出现族际仇杀、掳掠案件时要受管辖。天顺二年（1458 年）云南南甸当地傣族土官宣抚司刀落盖把南宁伯毛胜、腾冲千户所千户蔺愈强占田产所有权纠纷提到中央，为此户部要求“请令云南都、布、按三司同巡按监察御史诣

---

① 参见《清代武定彝族那氏土司档案史料校编》，中央民族学院出版社 1993 年版，第 26—30 页。

② 中国人民政治协商会议德宏州委员会文史组编：《德宏州文史资料选辑》（第四辑），1985 年，第 98 页。

③ 《元典章》卷 2《圣政二 · 霈恩宥》。

彼从公体勘，所占地方田寨照数退还，干碍毛胜、蔺愈，径奏拿问”，地方审理后上报中央，明英宗同意判决。① 此案虽然具体审理的是云南地方官员，实质上是由中央正式审理的诉讼案件。②

三、军事征伐型纠纷解决机制

西南少数民族族际纠纷的解决方式中，军事征伐解决机制是解决重大政治性族际纠纷的重要机制。历史上对西南少数民族土官、土司相互仇杀，或由此引起的族际纠纷，一般会先采取抚谕，就是调解，若不听，就派兵征伐，抓主犯进行审判。如成化八年（1472 年）十月贵州总兵都指挥同知吴经奏称九姓长官司土官蒙存与族人蒙理互相仇杀，攻袭长官司所在，不听抚谕，要求征伐。兵部认为：“蛮夷仇杀，恐因而煽惑为患，宜行镇守总兵、巡抚三司管官悉抚谕；如强犷不服，逮问如律”，最后皇帝同意此方案。③ 这是最有代表性的案件，国家一般不愿在出现土司仇杀时就出兵，但若国家干预后，不听的就会出现国家强制管辖。国家对少数民族之间的族际纠纷采用军事征伐是一种非常的手段，是西南少数民族纳入国家治理后国家实现其权力的一种表现。

第三节　历史上西南少数民族族际纠纷解决的特点

一、族际纠纷解决机制上的多样性

从历史上看，国家对西南少数民族族际纠纷的解决表现出解决机制多样的特点。西南少数民族族际纠纷的解决存在内部的、外部的解决机制，存在正式的、非正式的解决机制，存在地方的、中央的解决机制，存在调解的、诉讼的解决机制。它们具体有内部调解与外部调解、诉讼型与军事征伐型。在诉讼型上存在土司衙门、地方流官政府和中央政府解决机制。这种多元纠纷解决机制的存在，与西南地区民族众多、政治权威多元、民族群体关系复杂、社会经济发展不平衡有关。

---

① 《明英宗实录》卷 298。

② 以上两案参见《明宣宗实录》卷 103 和卷 104。

③ 《明宪宗实录》卷 109。

二、族际纠纷解决中的复杂性

西南少数民族族际纠纷由于主体的特殊、内容的复杂、性质的混杂性，很多时候纠纷的解决表现出复杂性，很难通过单一的方式来解决。可以说族际纠纷解决中的复杂性是这一地区族际纠纷解决中的重要特征。《广志绎》记载：

> 滇云地旷人稀，非江右商贾侨居之则不成其地，然为土人累亦非鲜也。余谳囚阅一牍，甲老而流落，乙同乡壮年，怜而收之，与同行贾，甲喜得所。一日，乙侦土人丙富，欲赚之，与甲以杂货入其家，妇女争售之，乙故争端，与丙竞相推殴，归则致甲死而送其家，嚇以二百金则焚之以灭迹，不则讼之官。土僰人性畏官，倾家得百五十金遗之，是夜报将焚矣，一亲知稍慧，为击鼓而讼之，得大辟，视其籍，抚人也。及侦之，其事同，其骗同、其籍贯同，但发与未发、结与未结、或无幸而死，或幸而脱，亡虑数十家。盖客人讼土人如百足虫，不胜不休。故借贷求息者，常子大于母，不则亦本息等，无锱铢敢逋也。独余官澜沧两年，稔知其弊，于抚州客状，一词不理。①

这里记载的社会现象同样体现在西南少数民族族际纠纷的解决中。

三、族际纠纷解决中的政治投机性

分析历史上中央政府、地方流官政府在解决西南少数民族族际纠纷中存在的最大问题，是它们在解决这些涉及少数民族纠纷时具有很大的政治投机性。这种政治投机性导致族际纠纷在国家层次的解决上很难有效彻底地化解各少数民族之间的纠纷，甚至会演化成更大的纠纷。当然，这种特点的出现往往与官府的认识有关，有时他们认为对待少数民族之间纠纷就得采用严厉的手段，只有高压手段才能有效地解决族际纠纷。有时在政治压力下，在解决族际纠纷时采用曲情的解决办法。如清朝乾隆五年（1740年）十月二十一日云南督抚在《为严禁扰累苗民以安边境事》的文告中指责地方官在处理少数民族的纠纷，特别是族际纠纷采用压制策

① （明）王士性：《广志绎》卷5“西南诸省”。

略，不公正地对待少数民族。

> 云南新［平］、嶍［峨］等处地方控制土司……照得滇省僻处天末，夷倮种类不一，其环居箐谷之中，地多不毛，亦鲜恒策。……地方文武官弁，加意抚绥，俾安耕凿。奈谓鴂舌可欺，遂加凌贱，无论公私事务，无不恣意役使。如遇伊等或与汉人讦讼，并不为其秉公剖晰，以为夷倮不可长其骄心。又无论是非曲直，挽为呵责，只知有威，不知有恩；而兵役等更以奴隶待之。或遇奉差出门，则乘肩赠舆，令其抬适，□男妇皆负行。□□讼事差唤，则私行吊打，□□塘兵，或令代递文书；或派供应，或压卖什物，或见持物经过抽取；甚至占种田园，奸淫妇女，其恶不可枚举。又有豪绅劣衿，放债盘剥，往往利息数倍于本。佃给地亩耕种，则将所收籽粒取我遗。①

这是当时云南督抚所颁布的告令，从中可以看出，在旧有社会结构下，各少数民族与汉族产生纠纷时，官府往往以不可“长其骄心”而偏袒汉族，导致少数民族在族际纠纷中处于不利地位。在诉讼中，官府役差对少数民族更是倍加剥削和掠夺。有时，地方官为了减少少数民族由族际纠纷引起的动乱，又对纠纷解决中汉族主体方进行压制，这样又引起汉族的不满。乾隆十四年（1749 年）贵州巡抚爱必达题奏黄平州役吏陈君德强奸苗妇阿乌，后又拒捕殴伤苗人阿乜一案。当时爱必达提出按强奸未成、执持凶器拒捕，致伤旁人例，拟绞监候。乾隆帝认为“苗疆非内地可比，地方官平时不能尽心抚绥，乃纵容胥役入伊境内，倚势欺凌，发觉之后，即参处治罪，必经累月，苗民无由得知，转疑内地轻纵不为惩治，以致积忿日深”，最后出现起事，地方官又皇遽失措，所以提出吏民到“番苗”② 境内滋事的，应从重拟罚，审明后应把罪犯押到所犯地正其罪名后执行处罚，以让“番苗”亲见内地执法之公正，以服各“番苗”之心。最后刑部提出：“嗣后如内地吏民擅入苗地强

---

① 华林：《西南彝族历史档案》，云南大学出版社 1999 年版，第 73 页。

② 乾隆帝用“番苗”，其所指的范围就大于贵州一地，其实包括了南方民族地区及西北有土司地区。

奸、抢劫等项，查所犯情罪：如原应斩决、绞决者，审明速奏，命下日押赴犯事处正法；其例应斩候、绞候者，从改立斩、立绞，亦于审明题复日，押赴犯事处正法，仍张告示，将从重治罪情由通谕苗人知悉。并请敕各省督抚严饬地方官实力查禁，如纵差骚扰，即题参治罪；若止失察，交部分别议处。载入律例，行知苗疆各省。从之。"[①] 通过此案，清朝中央对西南民族地区汉族吏民对少数民族犯奸杀等重罪处罚进行了新的规定。雍正五年（1727年）闰三月时刑部对改土归流地区的官弁兵役勒索各民族财物制定了相关法律。"苗蛮、黎、僮改土归流地方，官弁兵役有勒索财物者，应分别数目治罪，赃银追还原主"，对此雍正下旨："此等应追入官银两，即限内完全亦不宽免其罪。永著为例。"[②] 清中央加强了对西南民族地区官员勒索行为的处罚力度，目的是减少由此产生的族际纠纷，进而减少西南少数民族的起事。从这些看，历史上国家对少数民族族际纠纷的解决中一直存在一种政治因素的考量。

四、承认少数民族之间形成的纠纷解决机制形式

历史上对西南少数民族族际纠纷解决机制，国家很多时候是承认各少数民族固有的一些纠纷解决机制，有时在国家解决时也承认他们的传统解决方式。例如宋代范成大在广西为官时就与瑶族通过立誓来立法。"某等既充山职，今当钤束家丁，男行持棒，女行把麻，任从出入，上有太阳，下有地宿，翻背者生男成驴，生女成猪，举家绝灭，不得对好翻非，偷寒送暖；上山同路，下水同船，男儿带刀，一点一齐，同杀盗贼；不用此款者，并依山例。"[③] 所谓"山例"就是承认广西少数民族的固有纠纷解决机制和传统法律。"正统二年（1437年），泥溪土官医学正科田玑盗官藏丝钞，援永、宣时例，边夷有犯，听以马赎，许之"。[④] 明代邝雅《赤雅》"誓师"下有"凡有仇斗，杀牛聚众，对神盟誓，其法令人忘死"。永乐三年（1405年）正月湖广答意等五寨生苗向化，同时刻箭为誓，不复叛乱。明太宗知后说："蛮夷虽顽犷，然亦有信义。今既向化，当以信抚

① 《清高宗实录》卷339。

② 《清世宗实录》卷55。

③ 《广东瑶族历史资料》（上册），第23页。

④ 《明史》卷311《列传一九九·四川土司一》。

之。稍有侵扰，彼将不直朝廷。其所刻箭，会湖广都使司藏之。”① 这样中央认可了与各民族达成的新盟誓。明朝嘉靖初年梁材为官云南时，对云南土官间相互仇杀的族际纠纷案提出：“土官相仇杀累年，材召其酋曰：‘汝罪当死。今贳汝，以牛羊赎’”，“诸酋衷甲待变，闻无他仍止”。② 这里承认不同少数民族之间族际纠纷的解决机制。清朝顺治十三年（1656年）海南地方知县与黎人立誓，“责令斩狗誓血，刻箭为凭，要以四，毋要路掳掠，毋焚村仇杀、毋盗牛畜；毋抗逆土官”。③ 康熙年间李来章为官连阳县时，为了取得瑶民的信任，他进行过誓神。为什么这样呢？因为过去往往是“旧例：每岁县衙营汛差人上排，采买茶叶、棉花、黄豆、绿豆、鹅、鸭、鸡只，虚发官价，实令瑶丁疲惫。……及瑶以讼事牵连，勒令重赎”。由于这些原因，为得到瑶民信任，通过神誓废除各种陋规。这从他的《誓神祝文》中可以看出：“抄示五排十七冲瑶人知悉”，“设誓鬼神，与瑶共守”。④ 所以说在这方面李来章是采用瑶族重誓的习惯，与之共立约法。清代凉山地区彝族在归顺官府时也常通过举行穿牛皮立誓仪式来达成盟约。⑤ 乾隆九年（1744 年）九月二十八日张允随在审理云南孟连河东、河西夷目相互仇杀案时的判决是“本司等会讯之下，各供认前情不讳，并哀恳愿照夷例赔偿尸骨钱等情。查例载：土苗仇杀，不欲偿命，即令赔人，仍断给烧理等语。……臣查该夷目等所犯，与土苗因事仇杀之例相符，可否仰请圣恩俯准，照例完结，以为远夷畏法归命者劝”。对此乾隆帝的朱批是：“照所请完结可也。”⑥ 乾隆三年（1738 年）四月川陕总督查郎阿规定“嗣后郭罗克番人与汉人争斗抢夺等事，俱照例科

① 《明太宗实录》卷 33。

② 《明史》卷 194《列传八十二・梁材传》。

③ 刘耀荃编：《黎族历史纪年辑要》，第 74 页。

④ 《连阳八排风土记》，第 140 页。

⑤ 庄学本《西康夷族调查报告》说：“穿牛皮为黑夷投诚汉官的盟誓，先打牛，将牛皮连头，尾、脚，剥下，挂在四脚的木架上，牛皮张作直立之状，头东向，尾西向，郑重的仪式尚须笔母在旁念经，投诚的黑夷即从尾下穿入，旁立的夷人就声呼吼，黑夷即从牛头之下穿出，打鸡滴血酒中，黑夷端酒向天赌咒：‘穿牛皮之后，夷番汉团结一心，倘再犯法，如鸡如牛。’”（庄学本：《西康夷族调查报告》，西康省政府印，1941 年，第 100 页）从这里可以看出在凉山彝族地区，当地官府往往通过彝族人民的这种仪式来相互遵守法律或立约规。

⑥ 张允随：《张允随奏稿》。

断。其番人与番人有命盗等案，具照番例完结。从之”。[①] 这里承认了少数民族间产生纠纷时采用他们的传统纠纷解决机制，不仅同意此案适用“番人”固有法律，还规定以后番人之间互犯命盗重案时也适用他们的固有法。清末光绪二十四年（1898 年）宁县档案记载有“旋于本年九月初二日，岭安氏专土目祁文清等三名到营，并执土署房书寄函内称，此案了息赔银一百二十两，钱布各一百，内扣汉百姓命银二十两、钱二十串、布二十五匹，设法齐全，限期钻牛皮，插（歃）血盟心，互相和好，并不滋事”。[②] 总之，历史上对西南少数民族族际纠纷，在解决机制上国家会承认他们一部分传统的纠纷解决机制，把他们的传统纠纷解决机制作为解决他们之间纠纷的一种方式。

① 《清高宗实录》卷67。

② 《四川彝族历史调查资料·档案资料选编》，第282页。

第四章

20世纪50—90年代西南少数民族纠纷解决机制

西南少数民族纠纷解决机制发生历史性转变始于20世纪50年代，随着新政权的建立，国家在西南少数民族中进行了具有革命性的土地改革和社会改造，建立起了新的社会结构和法律体系。20世纪50年代至90年代西南少数民族的纠纷解决机制大体经历了三个时期：

第一个时期是1950—1957年间，国家司法体系初步建设阶段。该时期是西南少数民族纠纷解决机制从传统纠纷解决机制向新型纠纷解决机制转变时期，但在社会纠纷解决机制中传统纠纷解决机制仍然占有重要地位，国家设立的纠纷解决机制开始产生决定性作用，其中国家建立在区、乡、村三级基层政权组织中的人民调解组织和基层人民法院、人民法庭在西南少数民族地区每个县级行政单位中开始设立，同时还设立大量的特别法庭、巡回法庭，使西南少数民族地区出现了前所未有的国家正式司法机构、纠纷解决机制，承担着大量的纠纷解决。1951年西南少数民族地区内地、与汉族杂居地区开始推行以土地改革为中心的社会改革，其中四川、云南少数民族聚居区、边疆民族地区在1954年后开始推行民主改革、设立互助组等新型社会组织，但到1958年人民公社广泛建立以前，西南少数民族中大量传统的民族社会组织结构并没有发生本质的转变，社会纠纷解决机制具有相同的共性，传统纠纷解决机制和规约仍然起着重要作用。

第二个时期是1958—1979年间，国家力量全面深入基层社会阶段。1958年西南少数民族地区开始大量推行高级合作社、人民公社，整个社会结构发生了重大重构，纠纷解决机制开始出现新的变化。这个时期西南少数民族社会结构完成了彻底重构，因为不管是边疆民族地区的直过民族还是民族聚居区的藏区、彝区都推行和完成了民主改革、社会改造，建立了人民公社，举行阶级补课运动，使整个西南少数民族卷入了完全一致的社会运动中。从1958年到1979年改革开放为止，此时期整体上表现出国家对西南少数民族治理上采用以政治为中心的社会治理路径。此种治理模式是以政治目标的获得为至上目标，国家实现了对基层社会的无限控制，民间社会组织改造成了国家政治目标实现的组织，弱化了基层社会的人民生产、生活的固有功能。国家对西南少数民族社会组织改革主要以人民公社组织为中心推进，而人民公社是一种集生产、政治为一体的组织，导致西南少数民族纠纷解决机制出现了国家主导，传统自治式纠纷解决机制消解，国家设立的基层人民法院和人民法庭功能、设立和作用等出现反复，政治运动成为此时期影响社会纠纷解决机制的重要因素。

第三个时期是1980—1993年市场经济建立以前，社会治理初步转向阶段。该时期社会纠纷解决机制虽然以国家为主导，表现在国家正式诉讼纠纷解决机制中基层人民法院和人民法庭开始理顺，并且产生了相对较好的效果，其中人民法庭数量增加和作用特别明显，人民调解委员会开始重新得到重视，作用增强，构成了基层社会纠纷解决机制中的主体。这个时期的社会纠纷解决机制中，司法助理员、乡镇法律服务所这两种新的纠纷解决机制开始出现并扮演重要角色。同时，随着政治目标实现为中心的社会治理开始停止，以民生解决、社会秩序的获得为中心的社会治理模式的出现，西南少数民族中民间传统纠纷解决机制得以恢复。1993年以后，由于市场经济的建立，计划经济在西南少数民族中解体，公社制的政社合一制度不再发挥相应的作用，国家在基层社会中的控制机制退化，人们利益表达多元，社会纠纷解决机制出现多元化趋势。

1950—1979年中国整个社会纠纷解决机制是调审不分，司法与行政不分。1950年整个西南少数民族地区开始设立调解委员会和仲裁会处理各类纠纷，后来虽然设立了人民法院，但法院人员多由行政领导出任，调解在民事案件解决中成为主流。1967年实行军事管理后，人民法院被取消，人民调解组织受到破坏，审判机关由公检法军事管理委员会和人民保卫委员会承担，直到1973年后才开始恢复。同时，在调解组织的设立上，区乡调解委员会的主任由区长、乡长出任，委员多由村长出任，在领导上受到法院的指导。可以说，这个时期调解组织是基层行政人员的一种解决纠纷的形式。1982年以后，调解组织才慢慢由各级司法局指导。所以这个时期在纠纷解决机制上整体体现出了中国特有的行政与司法不分、审判与调解不分的特点。当然，这个时期西南少数民族社会纠纷解决机制变化的最大特点是人民法院在所有民族县中设立，人民调解组织大量的设置，乡村人民政治组织实现完全重构，人民公社制度的完全建立，取代了自古以来西南少数民族社会治理中的自治性特征。这些为国家力量进入西南少数民族地区提供了条件与途径，西南地区不管是边境民族还是聚居民族，完全被纳入了国家的政治生活中，成为政治活动的参与者、影响者和受动者。

第一节　1949—1957 年西南少数民族纠纷解决机制

西南少数民族在 1950 年前后基本上被纳入了新政权的统治中，但在治理上没有立即采用内地的治理方式，西南少数民族传统政治力量和社会组织被大量保留下来。因为在 1950 年 6 月 13 日中共中央发出《关于处理少数民族问题的指示》时指出："关于少数民族内部的社会改革，特别是有关少数民族的宗教信仰、风俗习惯及土地制度、租息制度、婚姻制度的改革等，必须从缓提出，不得各中央局和中央的批准，各地党委不得在少数民族的人民中，提出这些改革和发布有关这些改革的决议和口号，并不得在报纸上进行有关这些改革的宣传煽动。"① 分析这个时期中国共产党在西南少数民族地区建立新政权的治理中，基本特征是政治目标的实现高于社会改造，大量承认各少数民族传统统治形式和力量在他们社会生活中的作用，改造民国时期的乡保甲制度，建立区乡村新型基层社会组织，广泛设立民族区域自治政权和民族联合政府，把党组织建到区乡一级。1954 年后开始在西南少数民族边疆地区和民族聚居区进行形式多样的民主改革，建立起有效的社会治理机制，使国家对整个社会秩序进行强有力的治理。

在西南少数民族纠纷解决机制的变迁史上，从形式上看，1949 年是重要转折时期。然而，1949 年，特别 1950 年以后，虽然西南少数民族都纳入了新政权的治理之下，但在社会秩序的维持上多数民族，特别是少数

① 中共中央文献研究室编：《建国以来刘少奇文稿》（第 2 册），中央文献出版社 2005 年版，第 219 页。

民族聚居地区仍然以传统方式为主，在社会纠纷解决上传统机制居于主导地位，因为新政权对西南少数民族地区的治理采用设立民族区域自治及建立民族联合政权的方式进行，其中民族区域自治设立到乡、区，这让各民族传统势力得到大量的保留。当然，这个时期作为国家代表的各类纠纷解决机制起到的作用开始加强，具体表现在国家对西南少数民族大量社会纠纷，特别是涉及不同民族之间、土司、头人之间的纠纷开始进行强有力的干预和调解。从 1950 年中央访问团到西南少数民族地区开始，国家派出了各种各样的民族工作队，它们在解决不同的政治、社会任务的同时开始大量调解西南少数民族的社会纠纷。当然，这种参与是较为被动的，西南少数民族一般社会纠纷的解决上仍然以内部方式为主。

一、灵活多样性的社会改革

1949 年中国共产党建立新政权，特别是 1950—1957 年间，在少数民族地区社会改革上主要表现在设立新的、强有力的、有效的以区乡为中心的基层政权组织，基层中大量设立民族自治县、区[①]和乡；进行以土地改革为中心的社会经济改革的同时还设立互助组、合作社（初级和高级两种）等新型社会组织；在少数民族地区新政治组织上设立党支部、农民协会、劳动人民协会、治安保卫组织等新型社会组织，构成农村中国家实现自己政治目标的社会组织力量；在人与人之间的关系改革中最重要的是新型婚姻家庭制度的推行，其中以 1950 年新《婚姻法》颁布为标志。该法提出废除封建婚姻，建立新型的婚姻关系，促使整个西南少数民族婚姻家庭结构发生全新的改变。这些新政权组织、经济改革、社会改革的推行，彻底改变了西南少数民族基层社会中阶级结构和政治力量安排。其中，土地改革等社会经济改革为新基层社会组织的重构和有效运行提供了条件。当然，这个时期西南少数民族改革表现出相当的渐进性和妥协性，因为新政权在西南少数民族地区的首要任务是获得政治上的统一，各少数民族群体对新政权的认同，所以在社会改革上采用了多种形式，具有很大不彻底性。这种社会改革影响着这个时期西南少数民族社会纠纷种类、纠纷解决机制的变迁速度和形式。

① 1950 年后设立的民族自治政权组织“区”级相当于后来的州级、县级和乡级三种地方政权组织。

（一）新政权组织建立：改革与继承中的重构

1949年前后西南少数民族地区很多地方已经有滇桂黔边疆游击纵队的活动，很多少数民族地区已经解放，设立了新政权。如云南在1949年12月就有63座县城解放，建立了89个县级人民政权。[①] 1950年以后完成了西南少数民族地区政治解放。但新政权的设立中并没有很快就改造传统的社会结构，特别对西南少数民族在区乡村的基层社会上，大量承认各少数民族传统政治力量的统治，在组织结构上沿用传统的社会组织，设立新政权时以各少数民族的头人出任。当时主要是设立县区乡。西南少数民族地区县区乡的设立中，主要采用设立民族区域自治和设立民族联合政权。如1950年12月云南省全省少数民族工作会议上决定在民族杂居地区设专署、县、区乡民族联合政府，[②] 民族聚居地区实行民族自治县区乡。1951年2月24日西南军政委员会第二十五次行政会议批准了西南民族事务委员会的《关于西南少数民族地区实行区域自治及建立民族联合政权的意见》，在西南少数民族地区设立民族区域自治及建立民族联合政权。当时民族区域自治设立到区、乡，而区乡领导人往往由各少数民族的传统土司、头人出任。1954年8月云南省设立6个专区、22个县级、1个市、23个区级、477个乡的民族民主联合政府；自治政权有3个专区级、9个县级、12个区级、403个乡，共427个自治地方。[③] 在956个民族民主和自治地方政权中建立了区、乡政权达到915个。四川凉山地区1956年全区建立县、区乡政权206个，同时在建3个县、4个区和132个乡级政权。[④] 1957年西昌专区建立2个自治县、17个自治区、118个民族乡，9个杂居县，28个杂居区，63个杂居乡。[⑤] 这些基层社会组织的建立实质上承认了基层社会中的传统力量，使西南少数民族杂居区、聚居区社会结构中的传统力量得到保留，社会秩序的维持大体以传统方式为主。1951年9月7日云南省《关于加强民族团结，坚决剿匪，巩固国防的十项公告》中明确提出："四，边疆各民族区，在民族聚居区实行民族区域自

---

① 云南省民族事务委员会编：《云南民族工作大事记：1949—2007》，云南民族出版社2008年版，第1页。

② 同上书，第7页。

③ 参见马曜主编《云南民族工作40年》（下），云南民族出版社1994年版，第54—55页。

④ 秦和平：《四川民族地区民主改革资料集》，民族出版社2008年版，第258页。

⑤ 同上书，第285页。

治，在民族杂居区建立民族联合政府。五、边疆各民族区实行现行政治制度及土司头人之现有地位和职权，人民政府不予变更。凡爱祖国，爱人民之土司头人，可同时参加各级人民政府之工作。"[①] 这样大量承认了云南边疆民族地区传统社会结构，因而在纠纷解决机制上不会出现本质性的转变。这个时期西南少数民族地区的基层社会重组并不是所有的地区、民族中都进行，一些民族地区采用的是不改革旧的社会组织，而是通过设立新的社会组织提供新力量，慢慢地改变旧的社会组织中的力量。如云南德宏地区的景颇族聚居区采用设立"生产文化站"。它本质上是一级区政府，提供着新的社会治理力量。

这个时期在西南少数民族地区设立县区乡政府对国家权力在当地的实现提供了前提，很多地区是历史上第一次设立中央政府强有力的基层社会组织。如德宏州全州在 1953 年 6 月设立了 3 个区政府和 33 个乡一级政府，[②] 建立起了新的基层社会组织。1956 年在四川凉山彝族地区已经设立县区乡各级政权 206 个，同时计划推进的有 3 个县、4 个区和 132 个乡。[③] 因为按《关于在民主改革末期，建立基层政权的初步意见》，全州要建立 14 个县，72 个区和 488 个乡。[④] 按此计划，整个凉山地区的社会组织结构完全打破了传统的家支结构，建立起一种新的社会组织结构。对这个时期在西南少数民族地区设立县区乡政权的作用，有学者认为"通过划分建县、建区、建乡等，削平了各个'山头'，解决了各个'壁垒'，拆毁了各个'藩篱'，彻底终结了延续数百年以至千余年的土司制、家支制或部落制，建立起统一的行政区域，完成了前所未有的政治整合，切实地实现了中国共产党、人民政府的有效领导"。[⑤] 这是对西南少数民族地区设立县区乡政权作用的恰当评价。因为历史上西南少数民族很多地方一直生活在村社制、家族制、部落制、土司制等自生式社会中，国家的政治力量没能有效地推进。

---

① 云南省民族事务委员会编：《云南民族工作大事记：1949—2007》，云南民族出版社 2008 年版，第 14 页。

② 《德宏傣族景颇族自治州概况》编写组：《德宏傣族景颇族自治州概况》，德宏民族出版社 1986 年版，第 73 页。

③ 秦和平：《四川民族地区民主改革资料集》，民族出版社 2008 年版，第 258 页。

④ 秦和平、冉琳闻：《四川民族地区民主改革大事记》，民族出版社 2007 年版，第 57 页。

⑤ 同上书，第 34 页。

（二）灵活多样的民主改革

西南少数民族地区社会改革上最重要的是始于 1951 年以后的土地改革和以之为中心的民主改革，其中民主改革对该地区社会结构产生了决定性的影响。“民主改革”，全称是“以和平协商土地改革为中心内容的全面社会改造”，包括“民主协商”和“直接过渡”两部分，地区包括西藏、新疆、四川、云南、甘肃、青海部分民族地区。时间是从 1951 年到 1961 年。在边疆民族地区和民族聚居区始于 1954 年，结束时间最迟是 1961 年，当年甘孜藏族自治州的石渠和阿坝藏族羌族自治州的红原、金川最后完成民主改革，其标志着西南少数民族地区社会民主改革的完成。当然，从记载看，在 1958 年以后推行的民主改革已经受到了当时人民公社、“大跃进”等运动的影响，很多时候是一边进行民主改革，一边进行人民公社建设。

1950 年新政权在西南少数民族地区建立后，推进以土地改革为中心的民主改革是其重要中心工作，也是让传统社会发生转变的基本手段和途径。当时根据西南少数民族地区不同省区、地域和民族特征，采取分别对待、灵活多样的民主改革。因为 1950 年《中华人民共和国土地改革法》第三十六条规定“本法不适用于少数民族地区”，1950 年 6 月 14 日在刘少奇作的《关于土地改革问题报告》中明确指出：“在少数民族聚居的地区，除东北朝鲜人地区和蒙古人地区已经土地改革，及其他若干少数民族中已有多数群众要求进行土地改革得予进行外，其余少数民族二千万左右人口的地区，在什么时候能够实行土地改革，今年还不能决定。”① 整个西南地区没有立即推行相应的改革，而是根据西南少数民族地区民族结构、地理位置和社会发展水平等因素，把西南民族地区分为汉族地区、民族杂居区、内地少数民族聚居区和边疆少数民族地区，分别进行不同形式的民主改革。1951 年以后在贵州和云南内部汉族较多的地区推行土地改革，其中贵州土地改革进行得较早。在 1950 年中共中央西南局委员会给中共中央的《谨慎决定在少数民族地区进行减租退押和土改》报告中提到贵州苗族“听说我们在少数民族区域不进行土改，都很不高兴”。② 但

① 秦和平：《四川民族地区民主改革资料集》，民族出版社 2008 年版，第 6—9 页。

② 同上书，第 71 页。

云南边疆民族地区、四川[①]彝族、藏族和羌族聚居区没有推行土地改革，直到1954—1960年才进行土地改革。1951年《云南省土地改革实施办法》第22条中规定："本条例不适用边缘少数民族地区，内地的少数民族聚居区及杂居区，如确已具备土地改革条件，经当地各民族代表会议通过，由专署呈请省人民政府批准后实行。"1951年4月在云南少数民族地区土地改革上分三种地区分别对待：第一种民族杂居区，地方又以汉族为主的，进行土地改革；第二种内地少数民族聚居区，实行"和平土改"；第三种边疆少数民族地区，不实行减租、退押和土改。[②] 1951年9月7日云南省《关于加强民族团结，坚决剿匪，巩固国防的十项公告》中明确提出："边疆各兄弟民族区，不实行一般汉人地区之社会改革，有关各兄弟民族内部改革事宜，完全根据各民族人民的意志，由各族人民和各族人民的领导人员采取协商方式解决。"[③] 这些让西南少数民族地区的社会改革保持了很大的传统性。在社会主义民主改革中的阶级划分、反恶霸等行为上，西南少数民族地区采用谨慎的办法。1950年4月云南省委对《云南日报》中提出少数民族中提倡"阶级仇恨"问题进行批评，认为在少数民族中不管是老游击区还是新区，都不宜宣传阶级仇恨论。[④] 同年9月，云南省委《关于民族杂居地区反恶霸问题指示》中指出在民族杂居地区只反汉族恶霸，原则上不反少数民族中的恶霸，在边疆民族地区，一律不采用反霸政策。[⑤] 同年10月在《关于云南实行减租退押的报告》中提出少数民族聚居区不实行减租退押，杂居区汉族地方采用，少数民族地主则慎用等。[⑥] 这些政策客观上保留了少数民族的传统势力在基层社会中的作用。1954年提出在云南边疆地区佤族、傈僳族和景颇族地区不采用土地改革，直接过渡到社会主义社会，提出直过地区的社会改革。1955年云南省沿边六县区[⑦]推行和平协商的土地改革。同年，在云南其他边疆

---

① 现在指的四川省当时大部分地区属于西康省。

② 云南省民族事务委员会：《云南民族工作大事记：1949—2007》，云南民族出版社2008年版，第11页。

③ 同上书，第14页。

④ 同上书，第2页。

⑤ 同上书，第5页。

⑥ 同上书，第7页。

⑦ 沿边六县区是指江城、河口、双江、镇康县和大雪山地区、澜沧县内四区。

民族区县和四川阿坝羌族地区，进行土地改革。[①] 1956 年开始在四川凉山、甘孜和阿坝彝族、藏族和羌族地区采用和平协商的方式进行土地改革和社会主义改造。四川羌族地区土地改革从 1954 年开始到 1956 年完成。四川藏区民主改革的完成较晚，直到 1961 年才完成，只是在藏区进行民主改革的同时也完成了基层社会政权组织的再构和人民公社的兴办。如色达县在 1960 年完成了民主改革，同时建立了 4 区、14 乡，到 1962 年设立了 3 个区、12 个乡、38 个行政村，[②] 使当地社会组织从以前的部落头人转向了新的社会结构。

1951 年以后，对西南少数民族地区社会改革采用一般土地改革、和平土改、协商土改和直接过渡等多种形式，到 1958 年上半年大体完成了社会民主改革。1954 年以后西南少数民族聚居区，特别是和平协商改革和直接过渡地区在进行土地改革的同时开始设立互助组、初级合作社等集体经济组织形式。1954 年云南省德宏州开始在直接过渡区试办四个合作社，1955 年开始在和平协商土地改革地区举办合作社。1956 年四川省藏、彝族地区已经推行互助组、合作社，按 1956 年《四川省人民委会员 1956 年工作报告》，当时在两个民族聚居区民主改革完成的地区建立了 9734 个互助组、829 个合作社。然而 1958 年之前，西南少数民族地区在民主改革时没有进行全新农村社会的改造，直到 1958 年才大规模地设立高级合作社。合作社的设立完成了西南少数民族地区社会结构的完全再构，实现了国家权力无限控制基层社会。土地改革仅解决生产资料，在生产方式上仍然以个体户为中心，社会结构上没有发生本质的转变，社会秩序的形成与维持上仍然以传统方式为中心。基层社会组织设置上采用设立区乡民族自治政权和民族联合政府，国家对各少数民族内部社会的治理上采取直接控制。

（三）全面彻底的社会关系改革

西南少数民族这个时期影响最大的是土地改革、婚姻改革和债务改革，三者重构了西南少数民族人与人之间的关系，确立了一种新的社会关系，打破了几千年以来的传统社会关系。这种革命性的社会改革是由 1950 年制定的《中华人民共和国土地改革法》、《中华人民共和国婚姻

---

① 四川羌族地区土地改革从 1954 年冬天到 1956 年春天完成。

② 秦和平、冉琳闻：《四川民族地区民主改革大事记》，民族出版社 2007 年版，第 264 页。

法》和政务院制定的《新区农村债务纠纷处理办法》三个法律来完成的，它们把传统西南少数民族的土地制度、婚姻家庭制度和债务制度完全打碎，确立起了新的社会主义法律制度。三个法律是1950年以后新中国法制建设中真正生效过的法律，也是真正被执行过的法律。通过民主改革，西南少数民族人与人之间的阶级关系发生了本质性的转变。以前的权力结构完全被打碎，新的权力结构出现。婚姻家庭关系的革命始于1950年新《婚姻法》的颁布。此法构成了西南少数民族传统社会结构，特别是家庭结构革命的动因。因为新婚姻法确立的婚姻家庭原则与传统西南少数民族的婚姻家庭原则存在根本性的冲突。对婚姻法在西南少数民族地区的影响，只要看这个时期大量婚姻纠纷的出现及解决就可以明白。如广西马山县1953年县人民法院受理的案件是1224件，其中离婚案件达1090件，占89.1%。[①] 这种情况在整个西南少数民族地区大体一致。婚姻纠纷成为此时期最大的民事纠纷，且大量进入国家强制调整中。这个时期西南少数民族婚姻家庭关系的改革重构了西南少数民族的社会结构，导致西南少数民族社会出现新的转变。西南少数民族通过50年代的社会改革，特别是婚姻家庭制度的改革，重构了西南少数民族的整个社会基本结构，家庭结构为新法律适用于该地区提供了前提。

二、纠纷种类的新变化

西南少数民族地区在1950年以后，随着新政权的稳定，土地改革的推进，旧社会关系的改造，社会纠纷内容发生了新的变化。这个时期社会纠纷的变化主要体现在债务、土地、山林、水利和婚姻纠纷上，其中婚姻纠纷是这个时期的主要纠纷种类，构成了整个西南少数民族社会重构的基础。这个时期社会纠纷的种类与特点可以分为两个时间段，具体以1956年为分界线。第一阶段是1950—1956年，西南少数民族的社会纠纷中以婚姻纠纷为主体，其次是房屋、土地、山林、水利权属纠纷，以上纠纷占这个时期社会纠纷总数量的70%左右，原因是新政权重新确立了婚姻家庭关系，改革传统婚姻家庭结构与土地改革等社会改造形成了新的权利和权属关系，引起大量的社会纠纷。如1955年贵州织金县人民调解组织调解民间纠纷4835件中，各类纠纷的结构如表4－1。

---

① 马山县志编纂委员会：《马山县志》，民族出版社1996年版，第232页。

表4-1

种类	婚姻纠纷	土地纠纷	债务纠纷	山林纠纷	水利纠纷	打架纠纷	危害生产纠纷	其他纠纷
数量	923	679	48	457	295	408	253	1267
比例	19.08%	14.04%	0.99%	9.45%	6.10%	8.43%	5.23%	26.20%

资料来源：贵州省地方志编纂委员会：《贵州省志·司法行政志》，贵州人民出版社1999年版，第270页。

贵州水城县1955年人民调解组织解决了3131件社会纠纷，纠纷种类的结构见表4-2。

表4-2

种类	婚姻纠纷	土地、山林、水利纠纷	其他纠纷
数量	661	1438	1032
比例	21.11%	45.92%	32.90%

资料来源：贵州省地方志编纂委员会：《贵州省志·司法行政志》，贵州人民出版社1999年版，第270页。

这两个县是贵州少数民族较为集中的县，从1955年人民调解组织解决的社会纠纷数量看，其中婚姻、土地、山林、水利纠纷等五类纠纷分别占到各年纠纷总量的48.67%和67.03%。这四类纠纷构成了这个时期的主要社会纠纷。

第二阶段是1956年以后，由于开始在西南少数民族地区大量推行农业互助组、高级农业合作社，导致社会纠纷发生重大变化，从以前个体、家庭为中心转向了社员与社员、社员与社中单干户之间因劳动生产管理而产生的纠纷，具体是以评分记分、争分抢分的纠纷为中心。传统社会纠纷中婚姻家庭、个体、家庭利益有关的土地、林地、水利纠纷开始弱化，体现出社会利益的转变。当然，由于这个时期虽然出现了社会运动，但仅是生产运动，没有出现大规模的政治运动，利益有关的社会纠纷仍然起到重要作用。

（一）婚姻纠纷的剧增

1950年以后西南少数民族社会纠纷中婚姻纠纷成为中心，特别是在1950—1956年间。从数量上看，不管是西南少数民族地区基层人民法院审理的所有案件或民事案件上，还是人民调解委员会解决的纠纷数量上，婚姻纠纷，一直到20世纪80年代前期，都是西南少数民族社会纠纷中的第一社会纠纷。1950年4月导致西南少数民族社会纠纷发生重大变化的

《婚姻法》颁布实施，为国家对西南少数民族社会纠纷的干预提供了新的途径，同时与婚姻有关的纠纷成为此时期重要的社会纠纷。婚姻纠纷在西南少数民族从1951年到1960年完成民主改革以前，在不同地区、不同民族中、不同时期都成为主要的社会纠纷，国家通过重构婚姻关系，打破旧的社会关系，把国家的力量推到基层社会。如云南省人民法院1951年对婚姻法检查调研时，对大理县第二区仁里邑乡的调查情况显示，全乡是白族，有526户，人口有2322人，男的1137人，女的1185人，18岁以下的男371人，女406人，已婚541对，重婚的5人，童养媳4人。经过婚姻法的宣传，仅1951年12月就有48件婚姻纠纷提交到乡政府处理，1951年6月22日至12月31日调解了32件，取消婚约6件，解除童养媳的有4件，寡妇要求脱离夫家的有1件，离婚的21件。提出离婚的多数是妇女。[①] 1950—1957年，楚雄专区一审民事案件中每年新增收案件数量与婚姻案件的数量见表4－3。

表4－3

年份	1950	1951	1952	1953	1954	1955	1956	1957	1958	年均
新收案	3479	4203	5592	10836	6030	4129	3497	3722	1444	5186
婚姻案	952	1212	5241	7323	4186	3539	2821	2995	1194	3534
所占比例	27.4%	28.8%	93.7%	67.6%	69.4%	85.7%	80.1%	80.1%	82.7%	68%

资料来源：《楚雄州审判志》编纂领导小组：《楚雄州审判志》，云南大学出版社1997年版，第231—238页。

从表4－3中可以看出，在1952—1958年，楚雄州婚姻纠纷占到每年新收案件数量的67%以上，1952年达到93.7%。这说明当时新婚姻法对西南少数民族社会的影响力。当然，由于当时婚姻纠纷是先由乡政府调解后再交区政府调解，不成功的再起诉到人民法院，所以这个时期的婚姻纠纷数量要远远大于这个数据。1954年贵州省就有“如遇直接起诉到法院的少数民族一般案件，必须耐心加以解释，经区和民族代表调解，是为了尊重少数民族风俗习惯及民族特点”。[②] 广西壮族自治区1952年1—9月间受理的67445件民事纠纷中，婚姻纠纷达到56338件，占88%；1953年婚姻纠纷达到6万多件，全年处理的民事纠纷是95012件，达到1949

① 云南省高级人民法院：《云南审判志》，云南人民出版社1996年版，第413—414页。

② 贵州省地方志编纂委员会：《贵州省·审判志》，贵州人民出版社1999年版，第720页。

年以来最多；整个广西从 1949 年到 1958 年，全区各级人民法院审理的婚姻纠纷案件达 22 万多件，其间审理的民事纠纷是 349019 件，占 64%。[①] 当然，这个时期广西地区的婚姻纠纷数量应大大高于 22 万件，原因是大量的婚姻纠纷被非诉讼机制解决了。贵州省 1984 年人民调解委员会调解的社会纠纷数量是本省基层人民法院审理的民事纠纷的 12.3 倍。按此推算，广西 1950—1958 年婚姻纠纷应在 270.6 万件左右。云南大理邓川县 1950—1955 年间仅有 6 万多人口，1953 年婚姻纠纷案件提交到法院的达 492 件，达到小县时的最高峰，平均每百户人家中有 4 件婚姻纠纷。[②] 若是加上其他机制解决的婚姻纠纷，可能每 10 户人家中就有一件婚姻纠纷。从现在的统计数据看，这个时期婚姻纠纷成为整个西南民族地区各民族社会纠纷的主流，深刻影响着西南地区各民族社会的变革，重构了人与人之间的关系，消除了很多婚姻上的弊病。

（二）利益纠纷数量的复杂多变

分析这个时期与利益有关的社会纠纷，由于受到政治影响太深，表现出复杂多变的特点。这里把债务、房屋土地、山林水利三类社会纠纷统称为利益型纠纷。1950 年以后三类纠纷成为这个时期的重要纠纷。但是这三类社会纠纷的变化很快，不同时期差异很大，这与国家的政治发展紧密相关。1950—1956 年三类纠纷成为仅次于婚姻纠纷的大纠纷。1956 年以后由于合作社的建立，公有制在西南少数民族中的确立，三类纠纷开始出现转变，数量越来越少。债务纠纷主要是在土地改革和民主改革时存在废除旧社会时的债务关系，特别是与地主、富农之间订立的债务纠纷大量出现。因为 1950 年 10 月政务院公布施行《关于新区农村债务纠纷处理办法》，该法规定新中国成立前劳动人民欠地主的债务，一律废除；对于工商业往来欠账（包括地主、富农兼营的工商业在内），仍依原约定处理；对劳动人民之间的借贷关系，予以维持，根据双方的实际经济情况合情合理地解决；对当地新中国成立后成立的借贷关系（包括地主为债权人的在内），凡借贷目的正当、借贷关系明确、利息合理的，本着有借有还的原则，予以保护。西南地区 1950 年 9 月中共中央西南局颁布了《关于解

① 《广西审判志》编辑室：《广西审判志·民事案件》（讨论稿），广西壮族自治区高级人民法院印，1991 年。

② 云南省洱源县人民法院：《洱源县法院志》，内部印刷，1988 年，第 61 页。

决债务纠纷的原则和办法的规定》，对西南少数民族债务问题进行了新规定。各地根据情况制定了不同的地方法规，如1956年四川省甘孜藏族自治州人民委员会《关于废除高利贷调整债务关系实施办法》等。这些法律的颁布为此类纠纷的出现提供了前提。贵州省债务纠纷案件数量从1950年至1956年每年在2000件以上，仅有1955年是1043件，其他时期在2000件以上，最多年份是1950年达6148件。而在1957—1984年间在1000件以下，1984—1992年之间在1万件以下，1993年以后在1万件以上。[①] 债务纠纷数量的变化反映着中国民间社会经济关系的结构。

房屋纠纷涉及土地的典卖、租赁等。土地山林纠纷主要是因为土地改革和婚姻纠纷中财产分割问题。土地改革中与土地有关的纠纷增加，但由于土地改革是一种强势的政治运动，此类纠纷在解决上具有很强的政治特性，所以解决机制上体现出特有的性质，如采用土地法庭解决此类纠纷，但解决上由行政主导，因为此种法庭的庭长是县委书记或县长。

（三）政治性社会纠纷数量繁多

1950—1957年间西南少数民族政治性社会纠纷数量非常多，成为当时社会纠纷的重要部分。政治性社会纠纷主要是与反革命有关的社会纠纷，具体包括土匪、恶霸、特务、反动会道门、反动党团、反革命集团等。如贵州省在1950—1956年审理的一审刑事案件中反革命案件达18万余件，年均达2.6万件，是这个时期刑事案件中数量最多的。云南省师宗县基层人民法院在1950—1958年间共受理了反革命案1397件，每年达155件。1959年以后，最多的年份是1959年，仅有28件，1973年37件，1980年以后就没有了。[②] 这种结构在整个西南少数民族中都一样。当然，反革命案都由政府和法院审理，成为国家正式纠纷解决机制进入西南少数民族社会中的重要形式与途径。

（四）其他社会纠纷

这个时期西南少数民族的纠纷种类与传统纠纷种类具有相当的沿袭性，特别在一些较为偏远和民族集中的地区，传统的社会纠纷还存在，如西南少数民族中与蛊毒有关的社会纠纷仍然存在，并成为当地社会的重要

---

① 贵州省地方志编纂委员会：《贵州省·审判志》，贵州人民出版社1999年版，第501—503页。

② 师宗县法院：《师宗县法院志》，内部印刷，1995年版。

纠纷。贵州省在1950—1954年审理过50件放蛊纠纷。[①] 这只是此类案件冰山的一角。当然，随着社会改革，新的纠纷种类也开始在西南少数民族出现。如因阶级问题产生的婚姻、家庭纠纷等。

三、纠纷解决机制的多元性

这个时期，西南少数民族纠纷解决机制主要由三部分组成：首先，传统的纠纷解决机制在西南少数民族中占有重要地位；其次，国家的两种纠纷解决机制：国家设在区乡中的人民调解委员会和县级政权中的人民法院在西南少数民族地区广泛设立，成为这个时期西南少数民族社会纠纷解决机制中最重要的机制；最后，行政机关作为国家的代表，调解着西南少数民族之间的一些重大社会纠纷。

（一）传统纠纷解决机制在西南少数民族地区占有重要地位

1950—1956年西南少数民族虽然不同程度地进行了民主改革和社会主义改造，但很多地区仍然以传统的社会结构为中心。1952—1953年间虽然进行了司法改革，西南少数民族的传统习惯及族规民约仍然得到保留，在解决纠纷时依然成为依据。西南少数民族传统纠纷解决机制仍然是很多地区的主要纠纷解决机制。西南少数民族在人民公社建立前，社会组织虽然发生了变化，设立了新的区乡组织，同时开始建立党支部等政治组织，但社会结构仍然以传统方式存在，基层社会的纠纷解决中传统机制仍然是重要的解决方式。这与当时中央政府在推行区乡民族自治的同时大量任用土司、头人为地方基层领导人有关，加上西南很多民族地区土地改革是在1954年之后才采用和平协商和直接过渡的方式进行，使很多基层社会中的村、乡、区及调解组织人员仍然是少数民族中传统有影响的人员。如云南省在1951年9月《处理边疆民族问题“十项公告”》中第四条至第七条承认了少数民族传统社会制度在基层的合法性：“四、边疆各民族区，在民族聚居区实行民族区域自治，在民族杂居区建立民族联合政府。五、边疆各民族区现行政治制度及土司头人之现有地位和职权，人民政府不予变更。凡爱祖国，爱人民之土司头人，可同时参加各级人民政府之工作。六、边疆各兄弟民族区，不实行一般汉人地区之社会改革，有关各兄弟民族内部改革事宜，完全根据各民族人民的意志，由各族人民和各族人民的

① 贵州省地方志编纂委员会：《贵州省·审判志》，贵州人民出版社1999年版，第709页。

领导人员采取协商方式解决。减轻人民负担，办工厂、农场，经营工商业者，上级人民政府当予以赞助。七、实行宗教自由，尊重各族人民的宗教信仰及风俗习惯，并赞助各族内天主、耶稣教徒‘三自’革新运动。”[①]这一公告承认了云南少数民族传统制度与习惯在各自社会中的作用。在调解中承认各少数民族的风俗习惯，使当时社会纠纷解决中传统纠纷解决机制成为西南少数民族纠纷解决中的重要组成部分。1956 年张正明在《甘孜藏区社会形态的初步考察》中指出，“有些案件由人民政府组织有关上层人士调解”，[②] 即承认传统纠纷解决机制。1957 年甘孜州色达县政府以政府出面请青洛等 12 名上层人士组织民间纠纷工作组，调解部落和个人之间的纠纷。[③] 由于他们是传统文化的载体，在调解纠纷时采用传统方式。当然，1956 年进行民主改革时，很多相应法规明确废除一些传统的纠纷解决机制。1956 年《四川省甘孜藏族自治州农业地区民主改革实施办法》第三条规定废除封建特权，具体有：“其法庭、监狱、刑法、审判、罚款、征税、派粮、派款、年贡、‘乌拉差役’、调人出征及其他特权”，[④] 该法律客观上取消了该地区传统纠纷解决机制中的大部分内容。1956 年 6 月在《平武县藏区民主改革实施办法》中第二章第二条同样规定取消传统的纠纷解决机制。[⑤] 贵州省规定在“调解少数民族之间和少数民族与汉族之间的纠纷，必须依靠少数民族自然领袖和民族干部，尊重有选举权民族风俗习惯等制度”，[⑥] 这样客观上让贵州少数民族的纠纷解决机制以传统为中心。云南省通过对景颇族的“拉事”调研，采用按一些民族习惯解决方式解决。如“按习惯解决‘拉事’后，可订出团结公约，或吃团结饭，表现纠纷已经结束，使之不再翻案”。[⑦] 1951 年云南省普洱区《各民族人民团结爱国公约》中有“各民族互相尊重其风俗习惯和宗教信仰自由，团结互助，友爱合作，不歧视，不压迫；各民族间和民族内

---

① 云南省民族事务委员会：《云南民族工作大事记：1949—2007》，云南民族出版社 2008 年版，第 14—15 页。

② 秦和平：《四川民族地区民主改革资料集》，民族出版社 2008 年版，第 410 页。

③ 秦和平、冉琳闻：《四川民族地区民主改革大事记》，民族出版社 2007 年版，第 189 页。

④ 秦和平：《四川民族地区民主改革资料集》，民族出版社 2008 年版，第 96 页。

⑤ 该法第二条与甘孜州的规定是一样的。

⑥ 贵州省地方志编纂委员会：《贵州省志 · 司法行政志》，贵州人民出版社 1999 年版，第 262 页。

⑦ 云南省高级人民法院：《云南审判志》，云南人民出版社 1996 年版，第 605 页。

部的一切纠纷由各族人民协商解决”。[①] 这些内容承认了当地各民族的传统习惯和纠纷解决机制。

（二）新式纠纷解决机制全面建立

新政权在西南少数民族创设了两种纠纷解决机制：非诉的人民调解委员会和诉讼的人民法院。这个时期国家在民族地区县区乡基层组织中广泛设立人民调解委员会和人民法院及人民法庭。这些新机制的设立为纠纷解决提供了新选择。新型纠纷调解机制的出现是这个时期西南少数民族纠纷解决机制的重要转变，重构着西南少数民族纠纷解决机制的有县级法院及派出法庭的大量设立及区乡村三级人民政权中人民调解组织的设立，使西南少数民族纠纷解决机制开始转向了国家强有力干预的阶段，彻底改变了历史上西南少数民族纠纷解决机制在基层社会中以民间自发形成的纠纷解决机制为主体的结构。人民调解委员开始成为这个时期具有国家与民间双重性质的纠纷解决机制，其中国家成分成为主导。

1. 人民调解委员会

1949年以后，人民调解委员会开始成为新政权在区乡基层政权组织中设立的新纠纷调解机制。人民调解委员会最初称为调解委员会，1954年后称为人民调解委员会。人民调解委员会开始成为国家设立在基层社会的纠纷解决机制的主体。1949—1956年间，西南少数民族地区人民调解委员会具体包括村、乡、区三级调解委员会，村民小组设立调解小组或调解员。此外，还设立人民接待室、同志审判会等。1956年后，基层调解组织发生了重大变化，原因是高级农业合作社的建立，在该组织中成立了调解小组。同时，部分乡的人民调解委员会被撤销，并入了高级合作社。1958年在爱国守法运动下，开始大量制定“爱国公约”，人民调解委员会发生变化，成为调处委员会，调解委员会与治安保卫委员会合署办事，扩大了调委会的职权，导致基层社会中的纠纷解决机制发生转变。

新政权在基层设立的基层社会纠纷解决机制成为这个时期纠纷解决机制的重要组成部分。1949年西南少数民族地区在成立基层人民政权区公所及分区时设立裁定处作为初级调解机制，县设立县级调解委员会，又称为仲裁委员会，它们属于政府机构之一，调解当地社会纠纷。1950年开

---

① 当时的普洱区包括现在的思茅市和西双版纳自治区内的各县。思茅地区地方志编纂委员会：《思茅地区志》（下），云南民族出版社1996年版，第1033页。

始在村或村联社设立调解委员会，区设立区调解委员会，由村长任调解委员主任委员，由治保主任、农协组长和妇女主任等任调解委员会委员。区设立区调解委员会，由区长任调处委员会主任委员，区民政助理员、治安助理员、农协主任、妇联主任等为调处委员会委员。村或村联调解委员会是义务性组织，调解村内简易民事纠纷；区调处委员会处理村级不能解决的纠纷。西南少数民族地区开始设立新型调解委员会始于1951年12月西南军政委员会发布《关于区乡调解工作的指示》，要求西南地区设立区乡调解组织机制。1952年以后西南地区根据此指示，把村、乡、区三级纠纷解决机制统称为调解委员会。此后西南民族地区开始在设立区乡人民政权组织地区设立调解委员会组织，承担解决社会纠纷的非诉任务。调解委员会有调解权，无裁判权，不能阻碍和剥夺群众的诉讼权。

西南少数民族地区调解组织发生重大变化是在1954年《人民调解委员会暂行组织通则》颁布实施后。该法规范了人民调解组织的运作机制。在该法指导下，人民调解组织得到了有效的运作。该法主要规定了人民调解委员会的性质、宗旨、任务、组成人员、活动原则等。人民调解委员会调解纠纷范围是一般民事纠纷和轻微刑事案件，具体民事纠纷有恋爱、婚姻、家庭、邻里、赡养、抚养、继承、债务、房屋、宅基地、土地、山林、水利、耕畜、农机具和赔偿纠纷；轻微违法行为，具体有侵占、伤害、斗殴和偷盗等。当时，人民调解委员会在人民法院领导和指导下工作。1954年底西南少数民族地区根据《人民调解委员会暂行组织通则》，很多设立了乡区政权的地方都设立了人民调解委员会，基本上建立起了基层纠纷解决机制。1954年后以乡设立调解委员会，村建立调解小组。云南省各县市共建立了4376个委员会。红河州在1954年建立的调解组织达1400个。这个时期调解组织是基层行政人员与调解人员合一的社会调解组织。

这个时期人民调解委员会在运作上可以分为两个时期，即1956年前后。1956年前由于西南少数民族很少设立农业合作社，调解的纠纷是村、乡和区内的民众纠纷，表现在个体家庭、个人之间的纠纷。1956年后由于农业互助组和合作社的设立，社会纠纷主要表现在社与社、队与社及社与单干农民、单干农民之间因水利、牲畜等生产生活引起的利益纠纷。纠纷解决机制上，此前主要是人民调解组织，人民公社建立后，在高级农业合作社中有社管理委员会人民调解委员会和调解小组并存调解。这种变化在贵州息烽县最为典型，成立高级合作社之前社会纠纷主要是婚姻家庭纠纷，争田边地角、争水田、山林纠纷。合作社建立后，社会纠纷转向社员与社员之间争评分记工，同工不同酬、争分抢分等纠纷，过去的主流纠纷转为次要，如婚姻家庭纠纷、债务纠纷等下降为次要纠纷。①

这个时期人民调解委员会成为重要的纠纷解决机制，与当时的法律制度设置有关，因为这时很多法律明确规定必须通过人民调解才能进入审判机制。如 1950 年《婚姻法》第 17 条规定一方强制要求离婚的必须先到区人民政府调解，调解不成时才能起诉到县人民法院，在判决时应进行调解，不成才能判决。这样区人民政府承担了大量婚姻纠纷的调解工作。1950 年《新区农村债务纠纷处理法》规定农村债务纠纷由区乡村人民政府会同农民协会调解。1954 年设立互助组和合作社时，规定在设立过程中产生的纠纷由人民调解委员会解决。区乡政府的调解成为此时纠纷解决的重要机制。1951 年云南省法院婚姻法检查组对大理县筹备组二区仁里邑里的婚姻调查中指出，从《婚姻法》颁布到 1951 年 12 月乡政府共调解 48 件婚姻纠纷，1951 年 6 月 22 日到 12 月 31 日之间调解 32 件，其中仅有一件是乡政府调解不成功送到区政府的。② 1954 年底云南楚雄专区共有调解委员会 685 个，全专区 70% 县乡设了调解组织。③ 1953 年双柏县云龙镇、杞木、挖铜、乔碑等四乡就调解了土地改革中土地产权纠纷 550 件，楚雄县东华乡调解委员会在 1953 年 4 月调解了 170 件民事纠纷。④ 贵州织金县人民调解组织 1955 年共调解民间纠纷 4835 件，水城县是 3131 件，同期人民法院受理的民事纠纷只是 460 件，两者相差 2671 件。⑤ 这些数据说明了当时社会纠纷解决机制中调解组织的作用是主要的。

2. 基层人民法院及人民法庭

西南少数民族地区这个时期国家正式诉讼纠纷解决机制的重要表现是

① 参见贵州省地方志编纂委会员《贵州省志・司法行政志》，贵州人民出版社 1999 年版，第 270 页。

② 云南省高级人民法院：《云南审判志》，云南人民出版社 1996 年版，第 414 页。

③ 参见《楚雄州审判志》编纂领导小组《楚雄州审判志》，云南大学出版社 1997 年版，第 313 页。

④ 同上。

⑤ 参见贵州省地方志编纂委员会《贵州省志・司法行政志》，贵州人民出版社 1999 年版，第 259—270 页。

基层人民法院及人民法庭的普遍设立。正式诉讼纠纷解决机制的设立改变了传统西南少数民族地区国家纠纷解决机制不足的问题。人民法院在西南少数民族地区的建立，让整个西南少数民族纠纷解决上有了全新的国家正式纠纷解决机制，改变了民国时期兼理司法和土司及各类头人为中心的司法结构，特别是在边疆少数民族地区和少数民族聚居区，人民法院成为这个时期纠纷解决机制中代表国家的基本形式。1950 年以后，西南少数民族地区开始设立县级人民法院和县级人民法院分庭，两者都属于国家正式司法机关。但是由于人员多是旧司法人员，在审理上没有确立全新的司法理念和法律。1952 年全国进行司法改革运动，西南少数民族地区才开始设立新的人民法院，法院在审理时采用新的理念，法院组织随之大量设立。

基层人民法院在 1951 年后开始在县及区设立，1954 年后，基层人民法院大量设立，到 1957 年每个设县的地区都设立了一个基层人民法院。如 1952 年云南省设立了 100 个县法院，15 个司法科、7 个司法院，[①] 仅有 6 个县未设立司法机构。[②] 1957 年云南省县级人民法院有 135 个。[③] 贵州省 1956 年有基层人民法院 84 个。四川省在 1950 年以后开始设立县级人民法院，同年县人民法院有 119 个，县司法科有 15 个，到 1958 年最后一个县——原西康省的巴塘县设立了县人民法院。[④] 这个时期在设立人民法院的同时，为了方便人民群众诉讼，开始设立人民法庭，把诉讼组织设立到区一级中。1954 年在法院建设中为了方便人民群众诉讼，开始大量设立“巡回法庭”，后来改为人民法庭。它主要设在乡镇、街道办事处，作为基层人民法院的派出机构，职能是指导当地人民调解委员会、审理轻微民事和刑事案件，但它们的判决和决定是基层人民法院的判决与裁定。这个时期大量巡回法庭和人民法庭的设立，让西南地区国家正式纠纷解决机制深入农村，使广大民族群众有了接触国家正式纠纷解决机制的机会。如 1957 年云南省设立了人民法庭 111 个，[⑤] 贵州省在 1956 年人民法庭达 131

---

① 司法科与司法院的职能相当于县级人民法院。

② 云南省高级人民法院：《云南审判志》，云南人民出版社 1996 年版，第 262 页。

③ 同上书，第 265 页。

④ 四川省高级人民法院院志编辑室：《四川省审判志》，电子科技大学出版社 2003 年版，第 32 页。

⑤ 云南省高级人民法院：《云南审判志》，云南人民出版社 1996 年版，第 265 页。

个，[①] 四川省在1956年有164个人民法庭。[②] 广西壮族自治区在1954年仅南部四个专区就设立了85个巡回法庭，1957有人民法庭147个。[③] 人民法庭的数量多于人民法院的数量，这样为西南少数民族进入国家纠纷解决机制提供了条件。

基层人民法院和人民法庭在西南少数民族地区大量设立，为西南少数民族社会纠纷大量进入国家司法管辖提供了条件，国家正式诉讼纠纷解决机制成为重要纠纷解决机制。从这个时期西南地区基层人民法院及人民法庭审理的一审民事案件数量上可以看出。如云南省1950—1956年共受理了一审民事案件214641件，每年平均达30663件。贵州省1950—1956年各类法院审理一审刑民案件达35万件。[④] 四川省1950—1953年间每年一审民事案件数量从7万件上升到16万件。[⑤] 可以看出，这个时期，随着新政权的建立、法院体系的重建，国家在基层社会中建立起了较为全面的正式基层司法制度，其中人民法庭的设立让西南少数民族把纠纷提到国家司法系统中有了途径。于是，国家正式纠纷解决机制在西南少数民族中获得了重要地位。迪庆州在1950—1956年中甸、维西两县人民法院审理了243件民事案件，其中婚姻案件145件。[⑥] 使迪庆藏族从传统纠纷解决机制中走向新的纠纷解决机制。贵州省丹寨县人民法院1950—1956年审理了465件少数民族婚姻案件，仅苗族聚居的长青、南皋两个乡就有51件。[⑦]

1950—1957年间，西南少数民族地区由于各种社会改革和政治运动产生了相应的社会纠纷，为此设立了专门的人民法庭，主要有土地改革法庭、镇压反革命法庭、“三反、五反”法庭等。如1951年后由于土地改革和镇压反革命的需要，西南少数民族地区还设立了镇反、土地改革法庭，受县市人民政府的领导，性质上是人民法院以外的特别法庭。法庭的

---

① 贵州省地方志编纂委员会：《贵州省·审判志》，贵州人民出版社1999年版，第120页。

② 四川省高级人民法院院志编辑室：《四川省审判志》，电子科技大学出版社2003年版，第42页。

③ 参见《广西审判志》编辑室《广西审判志·民事案件》（讨论稿），广西壮族自治区高级人民法院印，1991年，第223页。

④ 贵州省地方志编纂委员会：《贵州省·审判志》，贵州人民出版社1999年版，第6页。

⑤ 四川省高级人民法院院志编辑室：《四川省审判志》，电子科技大学出版社2003年版，第466页。

⑥ 《迪庆州志》，云南民族出版社2003年版，第440页。

⑦ 贵州省地方志编纂委员会：《贵州省·审判志》，贵州人民出版社1999年版，第721页。

庭长由各县县委书记或县长兼任。后来还设立了区级镇压反革命、土地改革法庭的分庭。如现在的楚雄彝族自治州，当时的楚雄专区、武定专区就共设立了 54 个镇反、土改法庭和 80 个分庭。[①] 贵州省在 1951—1953 年间设立了 292 个土地改革人民法庭，一直到 1955 年 3 月才撤销。四川、云南等省在一些少数民族聚居地区和边疆民族地区，在 1955 年以后才协商和平土地改革，在土改时设立了土地改革法庭。如 1956 年四川凉山地区进行民主改革时在《四川省凉山彝族自治州民主改革实施办法》第三十条规定："为保证民主改革的实行，在民主改革期间，得组织人民法庭。对于一切顽抗或破坏民主改革的现行罪犯，依法给予审判及判处。必须严格禁止乱捕、乱打、乱杀及各种肉刑和变相肉刑。"[②] 当然，这些特殊法庭设立的时间都不长，不同民族地区在社会改革和政治运动完成后就撤销了，其中土地改革法庭在西南少数民族地区最迟至 1961 年，该年四川藏区民主改革完成后才消失。土地改革法庭是这个时期西南少数民族地区社会纠纷解决中最直接、最深入的国家正式纠纷解决机制，因为它深刻触及了当时社会的重大改革和重构，是国家司法机关深入少数民族地区最彻底和最全面的司法机构。当然，它审理的案件是当时的政治性案件，运作上具有很强的政策性、随意性。

西南地区在这个时期还设立过一些过渡性及调解性的诉讼机制下的纠纷解决机制，具体是问事代书制度和人民接待室制度。在设立人民法院前曾设立过问事代书制度，1953 年后改为人民接待室。问事代书制度和人民接待室在各基层人民法院都有调解简易纠纷的功能。如问事代书制，基本工作之一是对轻微的民刑诉讼进行调解，或劝其息讼。人民接待室的职能之一是及时解答群众纠纷。此意味着，审理信访制度成为纠纷解决的重要机制。据楚雄州各级人民法院统计，1953—1958 年间，人民接待室处理简易纠纷数量是 1953 年 318 件，1954 年 1140 件，1956 年 1098 件，1957 年达 2305 件，1958 年 422 件。其中 1950—1952 年和 1955 年缺统计。[③] 此外，还设立巡回法院、同志审判会等组织，这些组织在具体解决纠纷时采用调解

---

① 参见《楚雄州审判志》编纂领导小组《楚雄州审判志》，云南大学出版社 1997 年版，第 78 页。

② 秦和平：《四川民族地区民主改革资料集》，民族出版社 2008 年版，第 125 页。

③ 参见《楚雄州审判志》编纂领导小组《楚雄州审判志》，云南大学出版社 1997 年版，第 275 页。

的方式进行。

3. 党政机关的调解机制

西南少数民族在历史上由于各种原因，存在大量民族之间的族际纠纷和本民族内部不同土司、宗族、家支之间的重大纠纷。这类纠纷影响着西南少数民族的生产生活，同时对该地区社会秩序、民族团结等产生重大影响。为此，新政权建立后，通过各级党委、政府、民族工作队、民族工作组等出面调解西南少数民族之间历史上遗留下的各类民族纠纷、民族内部世仇纠纷，成为这个时期纠纷解决机制中的重要组成部分。这种作用主要集中在 1950—1957 年间，如云南省德宏地区在 1950—1953 年间工作团或县政府出面调解的民族纠纷和民族械斗达 500 多起，1953 年民族工作队就调解了民族纠纷 150 多起。① 宁蒗县在 1951—1953 年间全县党政机关调解了民族纠纷和冤家械斗 100 多起。② 据 1956 年瓦渣木基《为逐步跻身于先进民族的行列而奋斗》报告，凉山彝族地区从 1950—1956 年间，政府通过各种形式调解了彝族内部“冤家”纠纷 1 万余件，减少了彝族内部的武力纠纷。③ 1953 年阿坝县工委在报告中指出，从 1953 年到 1958 年调解了上阿坝、麦昆两部落中的纠纷 30 多件。④ 1955 年设在美姑的办事处调解了彝族冤家纠纷达 624 件。⑤ 国家在法律上开始禁止一些社会纠纷，如 1956 年《四川省凉山彝族自治州民主改革实施办法》第二条规定：“严禁冤家械斗，并废除奴隶主在械斗中加于劳动人民的人力、物力等负担制度。对于已经调解，尚未交清的冤家械斗的赔偿费一律免交。”⑥ 1957 年《九龙县彝区民主改革补充办法》中规定：“禁止冤家械斗，并废除奴隶主在冤家械斗中加之于劳动人民的人力、物力等负担制度。对劳动人民所负担的尚未交清的冤家械斗赔偿费一律免交。”⑦ 说明当时各级政府对当地彝族家支械斗纠纷进行了大量的调解。这种纠纷解决机制对西南

① 《德宏傣族景颇族自治区概况》编写组：《德宏傣族景颇族自治州概况》，德宏民族出版社 1986 年版，第 64 页。

② 马曜主编：《云南民族工作 40 年》（上），云南民族出版社 1994 年版，第 133 页。

③ 秦和平：《四川民族地区民主改革资料集》，民族出版社 2008 年版，第 167 页。

④ 参见秦和平《四川民族地区民主改革资料集》，民族出版社 2008 年版，第 167 页。

⑤ 秦和平、冉琳闻：《四川民族地区民主改革大事记》，民族出版社 2007 年版，第 29 页。

⑥ 秦和平：《四川民族地区民主改革资料集》，民族出版社 2008 年版，第 121 页。

⑦ 同上书，第 185 页。

少数民族社会纠纷的解决起到了相当重要的作用，很多地区多采用此种纠纷解决机制。

这个时期在西南少数民族聚居区还设立过大量的农民协会、妇女组织、办事处等，它们承担了大量少数民族社会纠纷的解决。在特定时期甚至在法律上明确规定由这些组织解决相应的社会纠纷。如《西藏地区减租减息办法》中第六条规定："中农与贫农间的租佃关系，为农民内部问题，依团结互助原则，由双方协议办理，如有纠纷，由农民协会调解处理"；第十一条规定："中农、贫农及其他劳动人民间的债务，一般维持原约规定，如果有了纠纷，应当本着团结的原则，由农（牧）民协会处理之"。[①] 这里规定了农民协会拥有调解当地中农以下群众社会纠纷的权力。这在西南地区，特别是民族聚居区是较为典型的。

1949—1957 年是西南民族社会变化最为激烈的时期，因为西南民族地区开始从以自治为中心的传统社会转向以国家力量控制为中心的社会结构。从社会秩序形成上看，这个时期是相对较为合理的时期，新政权的改革对西南民族地区的社会改造是有利的。这个时期新政权在西南民族地区的目标是让各民族对新政权产生认同，同时通过各种改革手段让各民族社会生活发生变化，使各民族社会秩序发生重构，实现新政权的政治目标。从发展看，这个过程是一种有计划、有目标的改革，而不是简单的重构。这个时期西南民族地区社会纠纷的变化主要与国家的社会改革相关，如大量出现婚姻纠纷、债务纠纷等，是因为当时新政权调整了整个西南民族地区的社会关系。这个时期西南民族地区纠纷解决机制中，传统的社会纠纷解决机制虽然得到大量的承认和保留，但由于新政权提供了大量方便、有效的社会纠纷解决机制，使西南民族地区很多民族转向选择新政权提供的社会纠纷解决机制。在国家提供的社会纠纷机制中，当时以策略性、临时性出现的民族工作队、新政权组织提供的灵活多样的第三者调解和行政调解起到了决定性的作用。于是，在新政权各种社会组织的工作中，西南民族地区各民族之间、各群体之间的社会纠纷得到了有效的解决。分析这种机制的成功是因为新政权把以前村寨、氏族、家族和部落为中心平权式社会结构打破，提供了一个更高层次的社会组织，使各民族社会结构发生转

① 中共内蒙古自治区委员会党史研究室编：《中国共产党与少数民族地区的民主改革和社会主义改造》（上册），中共党史出版社 2001 年版，第 322—323 页。

变。比如云南省的景颇族、佤族和拉祜族，四川凉山地区的彝族，贵州、广西的苗、瑶等族，新政权以民族工作、民族访问团、办事处、文化站等形式对这些自古以村寨、家支、氏族和部落为中心的、没有统一上层权力的民族和地区进行了强有力的纠纷解决，使他们的社会出现了超越以上团体的社会组织，重构了社会秩序形成的结构体系。虽然没有具体的统计数据，但从不同地方记载看，这个时期以新政权的各种非正式诉讼或调解机制解决的民族之间、各民族内部的各类纠纷数量应在数十万起。大量的社会纠纷得到有效解决，重新调整了整个西南民族地区民族之间和各民族内部的社会关系，使各民族社会秩序有了新的、强有力的维持体系。然而，分析这个时期社会纠纷解决机制的整个运作特点，会发现由于以行政等机构为中心，整个社会纠纷解决机制出现了随机性、政策性和投机性。同时，新政权对建立专门性、职业化的纠纷解决机制的忽略与轻视，对后来西南民族地区社会纠纷解决机制建设产生了严重的影响。这个时期，西南少数民族地区虽然在新政权的社会组织重建、社会关系调整方面很成功，但在社会纠纷解决机制正式建设上却很不成功，因为当时虽然成立了人民调解委员会、人民法院等新式社会纠纷解决机制，但作用上却十分有限，甚至人民法院仅是行政部门的一个特别职能部门，而不是独立的社会组织。人民调解委员会和人民法院在建设中受到来自行政力量、政策力量的影响十分强，导致这些机制没有办法形成强有力的运作机制，使整个社会纠纷解决机制没有办法在以后发展中更好地运作和规范化地发展。

第二节　1958—1979年西南少数民族纠纷解决机制

从1958年人民公社在西南少数民族地区大规模地建立到1979年改革开放之前，西南少数民族纠纷种类和解决机制都受制于人民公社这一特殊的社会组织，加上民主革命补课运动中把阶级斗争广泛适用在西南少数民族中，此外还有“四清”运动、“破四旧”运动、“文化大革命”等各类形式各异但非常深入的社会运动，使西南少数民族社会组织、生活形式完全与内地同质化，社会道德、思想价值上出现与全国一体化，国家力量通过人民公社、各种社会运动在基层社会的作用达到极点，国家的力量对基层社会的控制达到最深入时期，社会经济结构单一化，人们行为受到国家政治目标的绝对制约，影响着社会纠纷的种类、纠纷解决机制的运行和选择。纠纷数量1958—1961年和1967—1975年两个时间段最少，1962—1966年之间社会纠纷数量出现增加，各种纠纷解决机制得到有效的运作；1973年以后社会纠纷数量开始出现增加，人民调解组织、法院的功能得到一定程度的恢复。总体来看，这个时期西南少数民族的社会纠纷种类和解决机制都受到了政治运动的影响，国家对西南少数民族地区各民族的社会生活进行了前所未有的干预和控制，整个西南少数民族地区各民族都卷入了国家的政治生活，完全消除了历史上形成的少数民族社会生活中的高度“自治”，改变了国家对他们的社会纠纷很难进行强有力干预的状况。

一、国家力量的绝对控制：政社合一的人民公社①

西南少数民族地区社会结构，特别是基层社会结构发生本质变化是在1958年大量创办人民公社以后。此前，虽然1951年后出现的土地革命、民主改革等社会改革打破了传统的社会结构，但是社会治理基本上没有把农村纳入全面、直接的控制中。1958年人民公社的创立是西南少数民族社会结构出现全新转变的时期。人民公社实现了国家对农村农民的全面控制，让人们的生活方式发生了本质性的转变。西南少数民族地区1952年起开始试办农业合作社，边疆民族聚居区始于1954年，当年6月云南德宏州直接过渡区景颇族、德昂族村寨试办了4个农业生产合作社。② 但此时的合作社只是一种以户为主体的联合互助生产组织，与后来人民公社的结构不同。1958年西南少数民族开始大量设立人民公社③和进行民主革命的补课运动，人民公社把区、乡、自然村寨改组成公社、生产大队、生产队，把农村分散的生产方式和社会组织组成强有力的组织单位，实现了政社合一，为国家力量完全进入农村生活、对农民的生产活动进行控制提供

① 人民公社运动在中国历史产生的副作用是明确的，然而从基层社会结构的改造与重构上看，它却是革命性的，是近代国家主义至上的表现，是国家对社会控制达到极点的一种行动理性选择。虽然从社会治理本质看，它不是一种理性的行动。这里我们是从社会治理、纠纷种类和纠纷解决机制的角度分析这一社会组织形式的影响，而不对其本身在社会治理上是否理性进行分析。

② 云南省民族事务委员会：《云南民族工作大事记：1949—2007》，云南民族出版社2008年版，第34页。

③ 1961年《农村人民公社工作条例》第一条中规定其性质是“农村人民公社是政社合一的组织，是我国社会主义社会在农村中的基层单位，又是我国社会主义政权在农村中的基层单位”。

了途径和组织保证。对人民公社的特点，毛泽东曾说过它是“组织军事化、行动战斗化、生活集体化”。大理市在人民公社时期提出“人民公社党政合一，乡社合一，政治、经济、文化军事全面结合”、“人民公社是工农兵学商的大学校”。[①] 这些总结深刻地揭示了此种社会组织的本质特征是实现整个社会一体化，尽可能消除个人生活的差异性，由国家决策生产活动，思想上反对“一切非共产主义的自私、本位和个人主义思想”，“打破自私自利本位主义、个人主义”。[②] 这使此前形成的区乡治理形式发生了转变，民族自治和民族联合政府中的民族性和自治性完全消失。人民公社对西南少数民族的社会改革是革命性的，因为它把社会组织结构从自治型转向直接控制型，国家的权力首次无限制地进入西南少数民族的内部社会生活中。

1958 年以后人民公社在西南地区大规模推行，导致整个西南少数民族社会出现高度同质化。1958 年 3 月云南省委发布了《紧密结合生产高潮，领导好边疆各民族地区的佃社高潮》，提出和平协商土地改革地区和直接过渡地区在办人民公社上可以不受原计划的限制，立即办社。[③] 1958 年云南省很多少数民族地区出现办人民公社的高潮，11 月《云南日报》报告说怒江傈僳族自治州已经基本实现了人民公社化，西双版纳傣族自治州、德宏傣族景颇族自治州、红河哈尼族彝族自治州都在积极地试办。1958 年以后人民公社运动在西南少数民族地区推行和设置彻底改变了西南少数民族原来多元的基层社会结构，让西南少数民族基层社会结构出现高度的同质化、单一化，随着社会关系的同质化，人们的社会纠纷出现单一化。这种状况沿袭到改革开放前。虽然 1959 年、1961 年有过停止办人民公社，恢复区乡结构的短暂时期，但以生产队为单元的农村生产方式和组织形式已成为基本形式，加上政治运动的不停进行，如“反右倾”、“四清运动”、“文化大革命”运动、“破四旧”、民主补课中阶级划分清理等政治性的社会运动在西南少数民族中不停进行，使西南少数民族地区传统社会组织已经没有存在的空间和政治条件，加上后来再次建人民公社

---

① 中共大理州委党史研究室：《大理州大跃进人民公社化运动》，云南民族出版社 2004 年版，第 479 页。

② 同上书，第 480 页。

③ 云南省民族事务委员会：《云南民族工作大事记：1949—2007》，云南民族出版社 2008 年版，第 67 页。

等社会运动的进行，使边疆民族地区和民族聚居区社会组织完全实现了人民公社化。云南1969年在边疆少数民族地区推进和再办人民公社，使云南边疆县镇完全实现了人民公社化。1958—1984年改公社设立区乡镇之前，西南民族地区在生产方式上生产队成为组织形式。如宁蒗县1958—1984年间生产队都是基层组织，只是在生产大队、公社上有过短暂改乡镇时期。人民公社的建立使西南少数民族社会组织结构出现“五位一体”的现象，① 导致国家对基层农村社会第一次强有力的、直接的控制，能够全面、彻底地实现国家的意志。1958—1982年间西南少数民族地区的社会结构表现出全国一体，当时大力批判边疆民族地区“特殊论”、“机械条件论”、“落后论”、“生产中心论”和“和平过渡论”等，客观上给西南少数民族的社会进入同质化提供了政治条件和保障。这些社会组织的转变，政治运动的推行，都使西南少数民族纠纷种类、纠纷解决机制发生了重要转变。

1966年“文化大革命”后，西南少数民族社会秩序与全国一样，受到军事管理小组和革命委员会人民保卫组织的领导，整个公安、检察院、法院系统被打碎，西南少数民族地区的法院被“造反派”夺权，司法人员被集中到“五七”干校学习，司法系统不能正常运作，人民调解组织在“反调和论”下被取消。社会上处理社会纠纷的只有革命委员会的保卫组织按“公安六条”来审理刑事、民事纠纷，但主要审理的是各种类型的“反革命案”，对轻微的刑事和民事纠纷则由公社、生产大队和生产小队队长解决。虽然1973年以后开始恢复法院、人民调解组织，但受到“两个凡是”的影响。整个社会纠纷解决机制到1979年以前都表现出高度的政治化、单一化特征。

二、纠纷种类的高度单一化

1958—1979年西南少数民族中的纠纷种类由于受到这个时期政治运动、生产方式的影响，社会纠纷开始出现同质化，种类单一，数量减少，传统的打冤家、民族间纠纷、利益型纠纷大量消失，矛盾纠纷主要集中在

① 四川阿坝羌族地区在“人民公社”的生产歌曲中唱到“人民公社无限好，五位一体往前跑”，所谓“五位一体”是指“农、工、商、学、兵”结合在一起，人民公社同时实现了以上的结合。

婚姻纠纷和大量由政治运动产生的政治性社会纠纷上。这个时期婚姻纠纷主要是受到新社会道德及社会结构、政治运动影响，与传统的婚姻纠纷表现出不同的特征。西南少数民族传统的民族间纠纷、打冤家纠纷等，在政治运动中受到压制，不再成为这个时期社会纠纷的主体；经济利益纠纷中由于人民公社实行了生产队、生产大队和公社的组织，生产资料公有，以前的争田边地角、争水田和争农具等生产型纠纷消失，剩下的只有少量的生产队与生产队之间争土地、水源纠纷。如广西地区“五六十年代期间，社队群众对山权、林木、地域的需求矛盾并不突出”。[①] 这种现象是整个1958—1979年间西南少数民族的社会纠纷的基本特征。这个时期少数民族地区社会纠纷主要是生产用水、农具使用、积肥、损毁、打架伤害、口角相争、夫妻不和、婆媳不睦、家庭虐待等纠纷，数量与前期和后期相比都出现减少。如1958年云南省人民法院一审受理的民事案件中房屋纠纷为734件，1959年为125件，1960年仅为30件，1958—1979年此类纠纷上千件的仅有1962年、1963年、1964年和1979年4年，其他年份都在100件以下；赔偿纠纷在1958—1979年间每年都在400件以下，仅有1958年为505件；债务纠纷同样如此，仅有1958年有620件；其他类型的民事纠纷多在1000件左右，仅有1958年有3678件、1965年为2837件，1962年、1963年分别为3553件和3491件。这个时期社会纠纷主要集中在婚姻纠纷中，同期婚姻纠纷上，最多年份是1962年，达40790件，最少数份是1969年，仅有1767件，平达达11620件。[②] 贵州省1957—1976年间全省法院受理的民事纠纷案件仅有207226件，占1950—1995年间的20.95%。同期婚姻纠纷是183937件，占同期民事案件的81.68%。而1950—1956年间受理的民事纠纷案件是173461件，占17.5%。[③] 债务纠纷在1957—1980年间，数量在100件以下的有8年，其中1967—1973年间没有统计数据。从中可以看出，债务纠纷等利益型纠纷开始降为社会纠纷中的次要纠纷。如台江县和平公社革东营、稿午营、麻粟营在1958年设立民间调处后，在8个月中调处的民间纠纷和轻微刑事案件为267件，其中小偷小摸有56件，谩骂11件，懒汉42件，不遵守劳动纪律57

① 广西壮族自治区地方志编纂委员会：《广西通志·司法行政志》，广西人民出版社2002年版，第320页。

② 参见云南省高级人民法院《云南审判志》，云南人民出版社1996年版，第400—401页。

③ 贵州省地方志编纂委员会：《贵州省·审判志》，贵州人民出版社1999年版，第434页。

件，损坏农具8件，砍伐山林3件，损伤耕牛8件，吵架斗殴16件，做投机生意9件，闹粮12件，婚姻家庭纠纷40件，抚养5件。[①] 从这些具体纠纷类型中可以看出，很多纠纷与当时的社会结构有关，比如懒汉、不遵守劳动纪律、做投机生意、闹粮、损坏农具和损伤耕牛六类是当时社会结构造成，六类纠纷总共有136件，占51%左右。

三、少数民族纠纷解决机制新变化

1958年人民公社的建立到1980年间，西南少数民族纠纷解决机制的主要特征是以公社为中心的调处委员会成为基本的纠纷解决机制，特别在1966年打碎公检法司以后，成为重要的纠纷解决机制，传统纠纷解决机制逐渐衰落，同时人民法院等正式诉讼纠纷解决机制开始削弱。虽然人民调解制度在1961年有过恢复，但到“文化大革命”以后，其作为“阶级调和”路线被废除，直至到1973年才得以缓慢恢复。

（一）传统纠纷解决机制消解

西南少数民族地区很多民族以传统纠纷解决机制为主体的纠纷解决机制发生转变始于1958年人民公社的建立，因为人民公社在少数民族中广泛建立的同时彻底改变了传统的社会结构，加上阶级斗争等运动，导致传统头人在社会中的地位受到打击，风俗习惯开始作为旧东西被清算。这个时期西南少数民族纠纷解决机制中最重要的变化是传统纠纷解决机制开始慢慢退到边缘地位，国家设立的调解委员会获得了重要的地位。原因是：首先，该时期在人民公社政社合一的基层社会组织下没有给传统社会组织存在留有空间；其次，在民主革命补课、反各种资产阶级当权派、重划阶级成分等运动下西南少数民族中传统头人、土司等人物被打倒；最后，在“破四旧”等社会文化革命下，少数民族的传统习惯法、传统纠纷解决机制被当作“四旧”等抛入历史“垃圾”之列。这一系列因素都使西南少数民族历史上形成的形式多样的纠纷解决机制在社会生活中消除，社会纠纷解决机制出现了新的转变。

（二）国家正式诉讼纠纷解决机制开始出现削减

国家正式诉讼机制被削减是这个时期纠纷解决机制中的一个重要特

① 贵州省地方志编纂委员会：《贵州省志·司法行政志》，贵州人民出版社1999年版，第270页。

点。特别是在打破公检法后，国家诉讼纠纷解决机制在西南少数民族地区纠纷中出现减弱。这个时期县级政府经历了反复。1958 年受到人民公社的影响，大量的县合并，县级法院减少，政治上受到“反右派”、“反右倾”和“四清”运动的影响，在司法上受到“七无”思想控制，出现“一长代三长，一员代三员”的局面。当然，这个时期也出现了相反的发展，如 1961—1963 年间西南少数民族地区兴起了大规模建设人民法庭的高潮，贵州省在 1961 年建立了 503 个人民法庭，实现每区建一个人民法庭的目标。人民法庭大量在基层社会中设立，成为基层社会中重要的纠纷解决机制。1961 年四川省有 905 个人民法庭。据 1961 年秋收季节时，铜仁、贵阳和遵义 3 个地区 32 个县统计，人民法院审理了 3544 件“拿摸”事件。① 云南省在 1964 年有人民法庭 71 个，1965 年有 110 个，1966 年有 330 个。② 然而，这个时期虽然人民法庭的数量在增加，但作用却在降低，很多时候根本无法发挥正常的作用。1967 年由于“造反派”夺权，解放军奉命对公检法机关实行军事管制，县级人民法院被公检法司军事管制小组和县革命委员会下的人民保卫组取代，它们审理和调解相关的案件。1973 年后县级法院才慢慢恢复。西南少数民族县级法院则迟至 1980 年以后才得到较好的恢复和重建。这个时期在审理案件时，由于受到阶级斗争思想的影响，处理社会纠纷时往往采用“划清界限”的阶级分类法处理，法院审理案件时基本依靠政策。

1957 年由于农业合作化的发展，合同纠纷增加，在县法院设立了公证室，调解各类合同纠纷；同时还设立人民群众信访接待室，调解一些轻微的社会纠纷。这个时期法院审理案件中以反革命案件和婚姻纠纷为中心。这种案件结构主要与当时社会中重阶级斗争、社会关系重建后，人们的婚姻观念发生变化有关。西南地区一些边疆少数民族地区和民族聚居区此种婚姻纠纷特征则晚于内地，原因是 1958 年后才在这些地区推行民主改革。怒江州泸水县在 1958—1965 年婚姻纠纷案件有 517 件，1966—1970 年婚姻纠纷有 93 件，1971—1979 年婚姻纠纷有 364 件。而 1958—1979 年审理的民事案件总共才有 586 件，同期婚姻纠纷达到 560 件，占 73%。当然，在婚姻纠纷的解决中调解是主要形式，如在 1959—1965 年间 517 件婚姻纠纷中

---

① 贵州省地方志编纂委员会：《贵州省・审判志》，贵州人民出版社 1999 年版，第 122 页。

② 云南省高级人民法院：《云南审判志》，云南人民出版社 1996 年版，第 618 页。

判决的只有113件，调解的有404件。[①] 丽江宁蒗县人民法院在1957年开始设立，在1958—1979年审理的案件中民事纠纷案件主要是婚姻纠纷，其中1957年刚设立时审理了25件民事纠纷，婚姻纠纷达24件。1958—1961年间民事案件有137件，其中婚姻纠纷有121件，1965年、1966年两年之间受理民事纠纷174件，婚姻纠纷有125件。[②] 这个时期民事纠纷主要以婚姻纠纷为中心。这种情况在整个西南少数民族地区都一致。这个时期人民法院审理的案件以婚姻纠纷为中心，主要是因为在少数民族地区由于历史原因，婚姻纠纷较多，加上《婚姻法》和各种政治运动，使婚姻更加不稳定。这样，当大量各民族的婚姻纠纷走进人民法院，各民族传统解决机制在婚姻纠纷解决中的作用开始出现消失或减弱。因为西南少数民族在结婚和离婚方面较汉族简单，在解决此类纠纷时也形成了较具民族特色的解决机制。我们在调查时，就有新平县某傣族老人坦言，在20世纪60—80年代，当地人出现20岁就结婚六次之多的。过去，大量的婚姻纠纷都由各少数民族内部解决机制解决，但1958年以后，传统纠纷解决机制消失，导致大量纠纷进入国家正式的纠纷解决机制之中。当然，从当时看，人民法院在受理婚姻纠纷时还是以调解为主，因为在宁蒗县1965年、1966年125件婚姻纠纷中，调解处理达103件，达98%。当然，人民法院在审理少数民族的婚姻纠纷时，在“文化大革命”前一般都采用较为慎重的办法，多采用调解解决，照顾各少数民族的风俗习惯。

（三）以国家设立的调解机制为中心

这个时期人民调解工作经历了四个时期：1958—1961年设立人民调处委员会；1962—1965年人民调解委员会得到恢复和成为纠纷解决中心；1966—1973年人民调解委员会被取消；1973—1979年再次恢复。但不管如何变化，这个时期调解（调处）委员会都受到国家、特别是政治的影响很大，使整个社会调解成为政治社会的一部分，更为重要的是使这个时期社会纠纷解决成为国家行为的一部分。它们的共性是国家作用至上。这个时期生产大队队长、生产队队长成为国家在基层社会的主要纠纷解决者，人民公社内设的主任等成员成为纠纷的解决者。

---

① 参见云南省泸水县志编纂委员会编《泸水县志》，云南人民出版社1995年版，第362页。

② 宁蒗彝族自治县编纂委员会：《宁蒗彝族自治县志》，云南民族出版社1993年版，第517页。

1958—1961 年治保调处委员会，又称为调处委员会，成为重要的纠纷解决机构。治保调处委员会设立于 1958 年人民公社兴起时，特别是 1959 年后，以适应当时政治和社会运动的需要。它以公社、大队、生产队为中心设立调处委员会，主要把人民调解委员会和治安保卫委员会组织在一起，称为调处委员会。调处委员会与人民调解委员会存在区别，调处委员会采用的原则是“教育为主，惩罚为辅”，它的特点是采用教育说服和处分相结合，调解具有强制性，对当事人可以采用强制措施，如在处分上采用责令具结悔过、给予记过、警告、责令退赃、赔偿、返工，罚以义务劳动等方法。依据是当时的爱国公约，人民调处委员会成为这个时期基层社会的重要纠纷解决机制，承担基本的纠纷解决功能。如 1959 年大理市调处民事纠纷 4182 件，轻微刑事案件 4848 件。[①] 1959 年文山州治保调处委员会共调处民事纠纷 3616 件，轻微刑事案件 4799 件。[②]

1962—1965 年，西南少数民族社会纠纷解决中，人民调解组织取得了绝对地位。因为这个时期西南少数民族民主改革全面完成，各民族均被纳入了社会主义大家庭中，各类政治运动大量推行，民间传统力量全面消解，人民公社、生产队等基层组织成为西南少数民族社会治理中的主体，绝大多数纠纷都被基层人民调解组织承担。如云南省楚雄彝族自治州 1963 年设立了 1099 个调解委员会，解决了 21280 件各类纠纷；1964 年调解了 11700 件纠纷，双柏、牟定等县的 95% 民事纠纷都被调解；1965 年全州的调解委员会 1072 个，上半年解决社会纠纷 11198 件。[③] 文山州在 1963 年共设调解委员会 833 个，调解各类纠纷 2856 件，1965 年设立调解委员会 822 个，调处纠纷 8625 件，是法院审理案件的 8.7 倍。[④] 广西壮族自治区 1963 年调解各种纠纷 20 多万件，1964 年自治区统计了 50% 左右的调解组织调解的纠纷数量是 66500 件，有些地区达到人民法院的几倍到几十倍，1965 年都安、全州、来宾等县调解数量是人民法院的 10 多倍。[⑤]

---

① 杨远相主编：《大理市法院志》，内部印刷，1993 年，第 560 页。

② 文山壮族苗族自治州法院：《文山壮族苗族自治州法院志》，内部印刷，1995 年，第 189 页。

③ 参见《楚雄州审判志》编纂领导小组《楚雄州审判志》，云南大学出版社 1997 年版，第 314—315 页。

④ 文山壮族苗族自治州法院：《文山壮族苗族自治州法院志》，内部印刷，1995 年，第 189 页。

⑤ 广西壮族自治区地方志编纂委员会：《广西通志·司法行政志》，广西人民出版社 2002 年版，第 285 页。

这种情况是整个西南民族地区的整体反映。

1966—1972年间，西南少数民族由于受到“文化大革命”等政治运动的影响，社会纠纷的解决由公检法军管小组和县“革委”人保组织行使纠纷与案件的审判权，人民调解工作基本停止，人民法院停止工作，社会纠纷在强大的政治运动中大量消除。

1973—1979年人民调解委员会恢复，但由于政治运动的原因，人民调解委员会在承担基层社会纠纷解决上存在各种问题，其中调解中“阶级斗争”十分明显。如1978年4月至1979年楚雄自治州中楚雄、双柏、牟定、南华、姚安、大姚、永仁、元谋、武定9个县，仅调解各类纠纷5000余件。[①]

1958—1979年间，西南民族地区由于受到来自全国一样的社会改造运动、各类政治运动的影响，整个社会纠纷机制的变迁表现出多变但又相对简单的发展历程。前期以行政、政策为导向构建的西南民族地区社会纠纷解决机制的特点，在获得成功的同时也让新政权在社会治理选择上产生了更强依赖此种趋势的传统，导致专门化、职业化的社会纠纷解决机制全面出现倒退与弱化。在20多年的时间内，西南民族地区社会纠纷解决机制以行政为中心的调解成为整个时期社会纠纷解决机制的基本特征。在社会组织结构上，为了强化行政为导向的社会治理，导致西南民族地区全面接受与其他地区一样的政社合一的人民公社。整个社会治理开始出现单一化，社会纠纷种类出现了相应的简单化。政治上的强制，导致整个西南民族地区社会在各种政治运动中出现高度统一化，以民族、区域为特点的社会秩序形成体系消失，西南民族地区在人类社会出现后第一次实现了国家的单一治理。政治的强制运动还导致各民族传统纠纷解决机制迅速弱化和消失，更为严重的是国家层次上的专门化、职业化的纠纷解决机制开始减弱，导致出现完全以政策为依据、行政为中心的调解机制获得绝对的地位。最为典型的是人民公社时期出现的调处机制，“文化大革命”时期打碎公检法，成立“革命委员会”。在解决纠纷上，政治性的原则、目标和纲领成为整个纠纷解决机制的核心，政治上的力量成为整个社会的运作的力量。民族、文化和传统在强力的政治力量下被消除和压制。国家以一种

① 参见《楚雄州审判志》编纂领导小组编《楚雄州审判志》，云南大学出版社1997年版，第316页。

绝对力量的形式出现，同时国家又以一种无克制的“利维坦”产生之前它反对的东西。这个时期西南民族纠纷解决机制从设置到运作上都体现出此前发展中的问题。当然，这个时期，在代价之下，使西南民族地区发展上具有正作用的，就是客观上看，通过 22 年的强制改造，西南民族地区社会中各民族传统政治、文化上的多样性、民族性和地域性变得微不足道，整个西南民族地区社会的发展能够与其他地区同样进行。这使西南民族的历史开始发生转变，导致现在对西南民族地区社会考察时会发现 1957 年以前的那种多样性已经很难找到，为西南各民族的社会生活转向现代化消除了很多阻力。这是一个有理想但很难说有理性的时代，这是一个有目标但手段却充满感性的时代。它创造了一个时代，改变了一个国家，但却很难说这种改造让它进步了。它使整个西南民族地区从历史的包袱中解脱，但又背上新的包袱。总之，1958—1979 年西南民族纠纷解决机制的发展具有更多的全国性，缺少地方性与民族性。从这时起，在对西南民族的社会考察上，会发现西南民族地区各民族社会生活上民族性、地域性开始变成次要因素，全国同一性特征成为西南民族社会经济发展中的基本特征。

第三节　1980—1993 年西南少数民族纠纷解决机制

改革开放至市场经济建立前（1993 年），西南少数民族地区纠纷解决机制表现的特点是国家基层人民调解委员会的重构和基层人民法院的恢复，成为西南少数民族社会纠纷解决机制的主流，同时少数民族传统的社会纠纷解决机制开始得到复兴，成为化解社会纠纷的重要机制。这个时期在社会纠纷的种类上开始出现了新变化，利益型纠纷与婚姻纠纷并重，甚至出现利益型纠纷超过婚姻纠纷，改变了 1949 年后西南少数民族社会纠纷中婚姻纠纷独大的社会纠纷结构。这与改革开放后以利益为中心重构社会人际关系、政治价值在生活中弱化有关。这个时期虽然中国社会的上层结构中政治特点没有多少变化，但基层社会中人与人之间的关系却开始发生了本质的转变，人们的社会生活从政治生活为中心转向了以利益考量为中心。

一、社会组织功能单一化回归

1980 年改革开放后，社会上出现了众多新变化：人民公社虽然没有消失，但随着各种政治运动的停止，其中不再以阶级斗争为中心，生产上开始出现包产到队，社会发展重心开始转向生产。特别是 1981 年后西南少数民族联产承包责任制的推行，生产出现以户为单位，人民公社中的公社、大队、生产队对农户的影响大大削弱。1984 年基层社会组织开始采取新改革，实行政社分立，设立区乡，废除公社、大队，保留生产队。由于当时生产上已经以户为中心，生产队仅是形式上的管理单位，对农户生产活动的实质控制已经不能与此前相比。如云南在 1984 年 6 月完成了社改乡，全省设立了 119 个县，1380 个区，12539 个乡，其中设了民族乡 1682 个，452 个区辖镇。[①] 然而，认真分析 1979—1993 年间，虽然 1984 年以后西南少数民族地区公社制度已经不再存在，但由于当时实行计划经济，西南少数民族社会表现出虽然在经济上繁荣，但在政治生活上还是被国家高度控制。国家对基层社会的控制比较有力，传统力量在基层社会生活中并未产生重要作用。

二、纠纷种类多样性与重新转变

（一）经济利益型纠纷成为主流

西南少数民族地区社会纠纷种类结构发生重大的变化，促使这种变化的原因是 1980 年后随着生产结构的转变，虽然在所有制结构上仍然是集体与公有制为主体，但重要的生产资料，如土地、森林等开始承包到个体户中，经济利益的配置从以前的生产队为单位转向以家庭为单位。社会纠纷中与经济有关的纠纷在增加，社会纠纷种类开始出现新的变化。这个时期在西南少数民族地区基层社会中纠纷的种类主要是传统的社会纠纷，与生产、生活息息相关：婚姻纠纷、家庭纠纷、赡养、抚养、扶养纠纷、土地纠纷、水利纠纷、牲畜纠纷、山林纠纷、继承纠纷、债务纠纷、合同纠纷、相邻纠纷、房产纠纷、损害赔偿纠纷和轻微刑事案件等。这个时期西南少数民族地区纠纷种类中最大的转变是婚姻纠纷虽然仍然是主要的纠纷种类，但绝对比重开始下降，一些与经济利益有关的纠纷开始成为重要纠纷类型，在数量上与婚姻纠纷并重，甚至超过婚姻纠纷，其中房屋宅基地纠纷、土地纠纷、水利、牲畜、山林、打架伤害赔偿纠纷等开始成为社会纠纷主体。

下面我们分析几个省区在这个时期人民调解委员会调解的纠纷数量中不同种类的比例。它整体上反映出西南少数民族这个时期纠纷类型的结构

① 参见马曜主编《云南民族工作 40 年》（下），云南民族出版社 1994 年版，第 248 页。

与数量变化。

云南省 1983—1993 年间调解的社会纠纷种类结构见表 4 –4。

表 4 –4

种类	婚姻	继承	赡养抚养	其他家庭纠纷	邻里	宅基地	债务	生产经营	赔偿	其他	合计
1983	49878	4462	11083	28711	8490	28711	4780	68969	26015	62806	293905
1984	42992	4676	12282	33498	11009	33498	4810	55103	26362	49457	274677
1985	42643	4832	10619	36628	13477	36628	5797	51942	22335	49111	273012
1986	41348	5825	11788	34258	21465	34177	10669	40345	23832	43869	267266
1987	39976	5479	10612	36731	21374	30104	8090	38749	22437	44615	257167
1988	37458	5281	11140	37937	26988	30428	8267	39248	21641	35213	253637
1989	38410	6275	11792	42161	28403	29659	9235	40929	23840	36003	266737
1990	36542	6058	11946	40306	28039	26691	9434	38695	21619	31661	250991
1991	38123	7321	15004	31746	31235	21862	11065	46426	20943	32761	256486
1992	38490	7902	17739	32004	34005	28743	10658	42295	20857	32604	265297
1993	34977	7863	15577	29170	31866	24866	10315	35516	19156	28636	235942
总计	442837	65974	139582	383150	256351	325367	93120	498217	249037	446766	2895117
比例	15.29%	2.27%	4.82%	13.23%	8.85%	11.23%	3.21%	17.20%	8.60%	15.43%	100%

资料来源：《云南省志 · 司法志》卷 57，云南人民出版社 2001 年版，第 373 页。

表 4 –4 反映出云南省在 1983—1993 年十一年间社会纠纷总体的种类结构与数量变化，其中婚姻纠纷已经降为第三位，若是把与利益有关的纠纷作为一类计算，其中宅基地、生产经营和债务三者达到了 31.64%，若把继承、家庭抚养、赔偿等纠纷作为与利益有关的纠纷，则比例达到 47.33%，而婚姻纠纷只占 15.29%，这个比例与前期相比，已经有很大的降低。

贵州省人民调解委员会在 1982—1990 年间调解的主要纠纷数量及所占比例如表 4 –5。

表 4 –5

纠纷种类	生产经营	婚姻	房屋宅基地	赡养抚扶	继承	赔偿
数量	513122	370869	206486	8768	80457	148752
比例	18.7%	13.7%	7.3%	3.2%	3.1%	5.4%

资料来源：贵州省地方志编纂委员会：《贵州省志 · 司法行政志》，贵州人民出版社 1999 年版，第 272—274 页。

从表 4 - 5 中可以看出，房屋宅基地、赡养抚扶、继承、赔偿和债务纠纷增长的速度较快，此五种纠纷都与利益有关，占到了 37.7%，而婚姻纠纷仅占 13.7%。

四川省在 1983—1985 年之间人民调解委员会调解的纠纷种类结构情况见表 4 - 6。

表 4 - 6

类别	婚姻	继承	赡养抚养	房屋宅基地	债务	争田水牲畜农具等	损伤赔偿	邻里	打架斗殴	家庭	生产经营	其他	合计
1980（6—12）	58368	18036	31579	53345	11406	128874	44403	19003	1368	9340	缺	75936	451838
1984	124417	39436	72097	129040	28642	270948	99942	38911	8978	43148	15637	151463	1005022
1985	118144	37754	63121	128637	31059	219377	缺	34958	95385	46679	缺	137304	928055
合计	300929	95226	166797	311022	71107	619199	144345	92875	103731	99167	缺	364703	2384915
比例	12.61%	3.99%	6.99%	13.04%	2.98%	25.96%	6.05%	3.89%	4.35%	4.15%	缺	15.29%	100%

资料来源：四川地方志编纂委员会：《四川省志·公安·司法志》，四川人民出版社 1997 年版，第 389 页。

表 4 - 6 中的数据虽然很少，仅有三年，但用这三年的数据与前面云南、贵州相对比，可以看出这个时期西南少数民族社会纠纷的变化是十分相似的，表 4 - 6 中最大特点是与利益有关的继承纠纷数量在增加。三年中，四川省与利益有关的纠纷数量高达 60% 左右。若除去汉族与少数民族之间的差异，会发现这个时期社会纠纷中与利益有关的纠纷数量在增加是事实。

为了进一步分析这种纠纷种类与数量的变化，我们可以从一些具体的州、县纠纷种类结构和数量的变化来求证。如云南省怒江傈僳族自治州泸水县在 1981—1986 年间，全县调解的纠纷共有 6082 件，其中婚姻纠纷有 1278 件、家庭纠纷 1231 件、土地纠纷 851 件、水利、牲畜和山林纠纷共 1116 件，共 4476 件，占 74%。①

红河州 1982—1985 年调解的纠纷结构见表 4 - 7。

① 云南省泸水县志编纂委员会编：《泸水县志》，云南人民出版社 1995 年版，第 365 页。

表 4 -7

类型	婚姻	继承	房屋宅基地	债务	牲畜农机具	损害赔偿	斗殴	山林土地	家庭纠纷	赡养抚养	其他	总数
数量	23557	1982	14345	2327	15369	10042	6468	10514	8985	4752	14627	112968
比例	20.9%	1.28%	12.7%	2%	13.6%	8.9%	5.7%	9.3%	7.9%	4.2%	12.9%	100%

资料来源：红河哈尼族彝族自治州编纂委员会：《红河州志》，三联书店 1995 年版，第 424 页。

云南省曲靖市师宗县 1983—1989 年 6 月间调解委员会解决的社会纠纷种类结构见表 4 -8。

表 4 -8

类型	婚姻	继承	房屋宅基地	债务	农业生产经营	损害赔偿	打架	山林	邻里	家庭	赡养	其他	总数
数量	1844	86	2186	149	2053	999	826	338	330	362	370	1647	15980
比例	11.5%	0.5%	13.7%	0.93%	12.84%	6.25%	0.52%	0.21%	0.20%	0.23%	0.23%	10.30%	100%

资料来源：《师宗司法志》。

说明：包括争田、争水、牲畜、农机具等纠纷。

从表 4 -8 中可以看出，这个时期婚姻纠纷被其他两类纠纷超过，即房屋宅基地纠纷、农业生产经营纠纷，而这两类纠纷都是利益型纠纷，说明改革开放后社会生活中心开始发生转变。

20 世纪 80 年代以后与利益有关的纠纷数量快速增加，还可以从法院审理的案件结构和数量变化上看出。如宁蒗县法院 1980—1982 年审理的 275 案件，婚姻纠纷有 178 件，达 64.7%，1986 年以后则保持在 65% 以下，1986 年 141 件中婚姻纠纷案有 88 件，1987 年以后降到 60% 以下，若加上经济纠纷案件，婚姻纠纷案件只有 50% 左右。[①] 大理州各基层人民法院审理的民事纠纷案件中婚姻纠纷案保持在 50% 左右，其他纠纷开始大量出现，如赡养、抚养、房屋、继承、债务、土地、山林和赔偿等，其中房屋、债务、土地和赔偿成为重要的纠纷种类。

20 世纪 80 年代的纠纷变化还可以从调解纠纷种类与数量中看出。这个时期西南少数民族社会纠纷中最典型的是争田、争地、争水、争农具、争耕牛等与生产利益有关的社会纠纷数量大量增加。如四川省 1984 年、

① 宁蒗彝族自治县编纂委员会：《宁蒗彝族自治县志》，云南民族出版社 1993 年版，第 517 页。

1985 年纠纷类型中争田、争水、争牲畜、争农具、争田边地角和争林木等经济利益纠纷和房屋宅基地纠纷的数量超过了婚姻纠纷。1984 年“几争纠纷”是 270948 件，房屋宅基地纠纷是 129040 件，而婚姻纠纷才 124417 件，1985 年三类纠纷分别是 219377 件、128637 件和 118144 件，其中“几争纠纷”成为第一类纠纷。[①] 广西壮族自治区争田、争地、争水、争农具的社会纠纷数量同期也在大幅增加，1990 年全自治区农村社会纠纷调解数量上房屋宅基地纠纷有 32075 件，生产经营性纠纷 30712 件，分别占农村纠纷总数的 14. 75% 和 14. 1% 。[②]

这个时期的社会纠纷中，西南少数民族地区还存在大量跨界纠纷，具体是省之间、市之间、乡之间、村委会之间与自然村之间。此类纠纷可以分为：一是与婚姻家庭有关的宗族纠纷，此类纠纷在此时占有较大的比例；二是跨界山林田土纠纷。由于山水相邻，在人民公社时期，人们对土地等利益不够敏感，此类纠纷不多，改革开放后，此类纠纷由于涉及人们的直接利益，纠纷开始增加，变得十分重要；三是经济纠纷。此类纠纷的特点是纠纷难解决，纠纷产生后卷入的人多，常出现械斗等。

（二）传统纠纷种类恢复

随着国家对社会控制的减弱，西南少数民族由传统社会风俗习惯、生产方式引起的社会纠纷开始表现出较快增长趋势。这个时期典型的传统原因引起的社会纠纷是因各少数民族习惯引起的社会纠纷，其中最典型的有迷信鬼神、生产生活习惯、婚姻习惯、社会交往方式等。整个 20 世纪 80 年代大量传统习惯、文化因素引起的社会纠纷在西南少数民族中出现快速增长的现象。

1. 封建迷信引起的社会纠纷

此类纠纷主要是因为西南少数民族在历史上一些疾病产生的原因无法解释，加上医疗水平低下，导致很多疾病不能有效治疗，于是形成很多鬼神与禁忌。20 世纪 80 年代后最典型的是拿鬼打神现象大量恢复，进而引发各种社会纠纷。如 1980 年壮族社会中开始出现“放五海”引起的纠纷。

1988 年 4 月的某一天，师宗县五龙乡大当同村的马某小孩因生

① 四川地方志编纂委员会：《四川省志·公安司法志》，四川人民出版社 1997 年版，第 389 页。

② 广西壮族自治区地方志编纂委员会：《广西通志·司法行政志》，广西人民出版社 2002 年版，第 286 页。

病治疗不及时死亡。马某轻信巫婆、神汉的流言，怀疑同村的陶某“放五海”致自己的小孩死亡。马某将小孩的尸体放到陶某家的正堂上。当晚，掌着火枪和砍刀到陶某家寻衅滋事。①

此案是传统风俗恢复引起社会纠纷的一个典型例子。此外，在傣族社会中“打歹”等社会现象大量出现，以致耿马傣族佤族自治县在 1986 年颁布了单行条例禁止此种习惯，即《关于禁止追“屁拍”（鬼）等封建迷信活动的决定》，作为解决此种传统习惯恢复带来的社会问题的依据。孟连县勐马区在 1982 年至 1983 年 4 月之间发生了六起“琵琶鬼”事件。1981 年孟连县小学教师扎迫（拉祜族）因妻子生病服药一时治不好，认为妻子是“扑死鬼”所害，并成为“扑死鬼”，为了不让它害人，“大义灭亲”杀死妻子；1984 年元阳县大坪乡文书曹开明（哈尼族）因为父亲、妻子长期患病，听信巫师的话，认定被邻居陈小妹“拿魂婆”所害，用炸药把陈小妹家住宅炸毁；1987 年红河县桂龙中寨哈尼族农民李保六、周者厄，因听信巫师的谣言，认为李保六父亲及周者厄的两个孙子病死是被周来保放鬼“背死”，为了不让他继续害人，将周来保杀害。② 此类因传统迷信引起的社会纠纷 20 世纪 80 年代后在西南少数民族中表现较为典型。

2. 因特有婚姻习俗习惯引起的社会纠纷

西南少数民族历史上各民族形成了具有民族特色和地域特点的婚姻习惯、婚恋习俗。这些习惯习俗常导致社会纠纷的形成。历史上西南少数民族在婚恋习惯上有很多较为自由和相对特殊的行为，如“串姑娘”、“玩小伙子”等习俗，于是面临一些行为是否应归于流氓行为给予惩治而引起的社会问题，甚至涉及与 14 岁以下少女发生性关系是否属强奸幼女罪的问题。此外，西南少数民族因为特殊婚姻习惯造成的重婚、早婚及近亲结婚等现象，极易引起社会纠纷的出现。如 1980—1987 年间云南省有 80 万对青年男女结婚不登记。仅姚安县新民乡的早婚率就达到 74%，结婚最小的仅有 8 岁。金平县南科、平村、新寨三个村中 69 户人家中，近亲结婚的有 48 对。盈江县盏西区重婚的有 54 人。德钦县藏族中 1980—1984

---

① 师宗县法院：《师宗县法院志》，内部印刷，1995 年，第 73 页。

② 云南省地方志编纂委员会：《云南省志 · 检察志》卷 54，云南人民出版社 1995 年版，第 265 页。

年间 75 户中一夫多妻多达 11 户。[①] 这些风俗习惯带来了大量社会纠纷。

3. 乡规民约与主流法律不一致引起的社会纠纷

这个时期由于各民族自发制定的乡规民约数量在增加，大量乡规民约与国家的主流法律不一致，导致社会纠纷出现增加的趋势，让社会纠纷更加多样性。如文山州等地区因为乡规民约中设定有大量的传统习惯，导致与社会主流道德与法律不一致，产生社会纠纷。

4. 家族势力恢复引起的社会纠纷

1980 年后西南少数民族中家族势力开始得到恢复，成为纠纷的重要来源。如 1988 年云南师宗县大紫徽村陈姓家族设立了族长，制定了家族族规，订立了关于管理祖坟、对抗外族的内容。1989 年 7 月朱姓小孩放牛时牛进入陈姓家族的祖坟，引起纠纷。[②] 这些社会纠纷的出现说明西南少数民族社会开始进入正常化。此类社会纠纷可以说是此时期社会纠纷种类中较为特殊的一种。

5. 山林田地纠纷

西南少数民族地区一些民族存在刀耕火种等的传统生产方式，加上 20 世纪 80 年代后木材市场发展，木材价格上升，少数民族世代生活在自己的山林里，认为砍伐林木是理所当然的，于是导致大量出现社会纠纷。仅 1980—1985 年间，云南省检察机关立案侦查的砍伐林木的案件就有 1282 件，仅 1984 年立案的就有 474 件，还不包括林业、公安部门和农村基层组织按有关林业法规、护林公约、乡规民约处理的林业相关纠纷。[③] 林业价值的增加，导致与林地有关的纠纷成为西南少数民族地区的典型纠纷。广西地区山林土地水利纠纷最为典型，仅 1979 年就调处了 62885 件，1985—1990 年调处了 22 万起，占发案总数 22.85 万起的 96.3%，平息了因土地山林水利纠纷引起的械斗 7000 多起。[④] 从这些数据可以看出西南地区与此有关的纠纷数量。为此，1980 年广西壮族自治区制定了《广西

---

① 云南省地方志编纂委员会：《云南省志 · 检察志》卷 54，云南人民出版社 1995 年版，第 267 页。

② 参见师宗县法院《师宗县法院志》，内部印刷，1995 年，第 139 页。

③ 云南省地方志编纂委员会：《云南省志 · 检察志》卷 54，云南人民出版社 1995 年版，第 423 页。

④ 广西壮族自治区地方志编纂委员会：《广西通志 · 司法行政志》，广西人民出版社 2002 年版，第 297 页。

关于处理土地山林水利纠纷的情况报告》，1983年成立了“广西壮族自治区人民政府调解处理土地山林水利纠纷办公室”等机构专门调解此类纠纷。

三、纠纷解决机制的恢复与多样化的出现

这个时期西南少数民族中纠纷解决机制的基本特征是各级人民调解委员会和基层人民法院及人民法庭成为主体，传统纠纷解决机制仍然处在边缘的状态。其中人民调解机制成为西南少数民族纠纷解决机制中的主要机制，承担着绝大多数纠纷的解决。

（一）国家正式非诉调解机制的恢复

20世纪80年代，在西南少数民族社会纠纷解决机制中，人民调解委员会成为重要的纠纷解决机制。因为这个时期基层社会组织在西南少数民族的社会生活中起到了重要作用，少数民族对基层社会组织，如生产队、大队和公社以及后来的区乡村等公共组织认同程度很高，加之传统的纠纷解决机制受1958年以来政治运动的影响被整体压制着，20世纪80年代计划经济下的社会生活也很难使民众社会生活进行高度自治，所以难以得到很快恢复。1979年后随着政治运动的停止，公检法司等正常恢复，西南少数民族地区人民调解组织得到恢复和重视，重建的步伐加快。人民调解组织成为国家非正式纠纷解决机制中的重要组成部分。1980年国务院重新颁布了《人民调解委员会暂行组织通则》，西南地区开始对人民调解组织进行整顿和充实。同时，还开始在乡镇一级设立“司法助理员”，由司法行政机关领导，司法助理员负责指导和参与人民调解委员会的工作。1982年《中华人民共和国民事诉讼法》规定人民调解委员会是民间纠纷解决的群众性组织，确定了人民调解工作的法律地位。加之，1982年《中华人民共和国宪法》中明确规定居民委员会、村民委员会应设立人民调解组织。人民调解委员会在设立上开始以村委会为中心设立，村民小组设立调解员，乡级政府不再设立人民调解委员会，而改为领导小组。1983年西南少数民族地区随着各县司法局的成立，人民调解工作移交司法局领导，法院不再领导人民调解委员会的工作。1984年以后，随着相关法律的制定、人民调解委员会性质、指导机关的确定，人民调解委员会成为西南少数民族社会纠纷解决的基本组织。

这个时期人民调解委员会的最大特点是区乡村的人民调解委员会人员

主要由区长、乡长和村长等人组成，让调解具有官方与民间双重性。贵州省在1980年底有4676个人民调解委员会，生产大队有调解分会和调解小组23266个，共调解民间纠纷95163件。1982年有27152个，调解各类民事纠纷达到223750件，是全省基层人民法院同期受理民事案件的12.3倍。[①] 1983—1984年间，贵州省人民调解委员会在解决社会纠纷上大体保持在22万件左右。四川省在1982年有人民调解组织88837个，调解各类民间纠纷1349140件，是当年人民法院民事案件的18倍以上。[②] 云南省在1981年后全省人民调解组织达14519个，调解人员达109993人。1990年达到16299个，调解人员达176755人。1992年云南省农村乡镇调解委员会达13455个，占全省16218个的86.96%。[③] 广西壮族自治区在1980年建立的调解委员会的数量是54215个，每个生产大队都建立起了调解组织，调解纠纷的数量是139409件，相当于同时期各级法院处理民事案件的7.2倍。[④] 这个时期人民调解组织解决社会纠纷与基层人民法院审理的民事纠纷比例都在10倍以上，1982年最高达到19.2倍，1983年是17.1倍，1984年是12.3倍，1985年是15.8倍。[⑤]

这个时期在县一级中，体现出来的情况同样如此。如云南师宗县在1981年全县设立了108个调解组织，1984年达到109个，由区长、乡长任主任，乡村委员由村长、副村长出任。全县调解组织在1983年到1989年6月前共调解了15980件纠纷。[⑥] 其中1982年各级公社及生产大队调解各种民事纠纷和轻微刑事纠纷2336件，是当年县法院审理民事案件的17倍。[⑦] 这样调解组织的人员结构上形成了强有力的组织保障，成为当时社会纠纷的主要解决者。如云南省宁蒗彝族自治县从1981年到1989年共调

---

① 贵州省地方志编纂委员会：《贵州省志·司法行政志》，贵州人民出版社1999年版，第264页。

② 四川地方志编纂委员会：《四川省志·公安司法志》，四川人民出版社1997年版，第382页。

③ 《云南省志·司法志》，云南人民出版社2001年版，第361—362页。

④ 广西壮族自治区地方志编纂委员会：《广西通志·司法行政志》，广西人民出版社2002年版，第323页。

⑤ 四川地方志编纂委员会：《四川省志·公安司法志》，四川人民出版社1997年版，第389页。

⑥ 师宗县法院：《师宗县法院志》，内部印刷，1995年，第54页。

⑦ 同上书，第175页。

解民事纠纷9369件，是人民法院的9倍以上，防止矛盾激化113件，避免非正常死亡120人，因为从1977年到1989年全县人民法院受理的民事案件仅有1395件。[①] 怒江州泸水县在1986年全县设立了人民调解委员会51个，调解委员人员461人，做到乡乡都有调解组织，成为基层社会中纠纷解决的主体。在1980—1986年间，泸水县法院审理民事案件625件，刑事案件241件，共866件，[②] 与调解的数量相比，仅有14%。从这两个云南典型的少数民族自治县看，整个20世纪80年代，国家设立的正式非诉讼纠纷解决机制在当地社会纠纷解决中占有核心地位。

贵州省纳雍县加科村委会是一个边远山村，有13个村民小组，286户，1735人，民族杂居。在20世纪80年代初期社会纠纷很多。1983年政社分立，体制改革后设立了人民调解委员会，13个村民小组设立了调解员。调解员分区包户负责解决纠纷。1981年全村有民间纠纷46件，1982年下降为27件，1983年为22件，1984年为12件。纠纷得到及时解决，4年之间没有出现刑事案件和非正常死亡。[③] 云南省迪庆州调解的纠纷每年在1000件以上，最多时达2225件（1985年）。而同期人民法院受理的民事纠纷只有500件左右。据《天柱县志》记载，1990年底全县共建人民调解委员会385个，其中村民委员会315个，街道居委会11个，其他59个，共有调解人员1164人。1981—1990年，全县各级调解人员成功调解婚姻、继承、家庭赡养、财产、房地产、债务、林地权属、坟山、打架斗殴、房屋宅基、赔偿等各类纠纷23459件，占调解总数的96.43%。[④] 而从1981年至1990年，全县法院机构（包括人民法庭）共受理民事案件2972件，审结2705件。[⑤] 审结的案件只相当于调解案件的11.53%。当然这个时期大量的人民调解组织在功能发挥上一直存在问题，据广西壮族自治区的调查，在1980年调解组织中仅有30%工作开展得较

---

① 宁蒗彝族自治县编纂委员会：《宁蒗彝族自治县志》，云南民族出版社1993年版，第518页。

② 参见云南省泸水县志编纂委员会《泸水县志》，云南人民出版社1995年版，第361—362页。

③ 贵州省地方志编纂委员会：《贵州省志·司法行政志》，贵州人民出版社1999年版，第267页。

④ 贵州省天柱县志编纂委员会：《天柱县志》，贵州人民出版社1993年版，第314页。

⑤ 这是笔者的统计结果。因1982年和1990年没有受理案件的数据，以审结案件数据代之，故审结率低于91%。

好，40%是一般，30%是不起作用的。[①] 这种问题是这个时期前期人民调解组织的普遍问题。

20 世纪 80 年代，由于西南少数民族地区跨省、市、县、乡、村公所等纠纷较多，跨界纠纷解决起来较为困难，所以在实践中开始形成“联防联调”的机制。此种“联防联调”分为三级，分别是县市设立“跨边民间纠纷联防联调指导小组”，乡镇设立“跨边民间纠纷联防联调协小组”，村民委员会设立“跨边民间纠纷联防联调协调小组”。此种制度有效地解决了一些跨界纠纷。

国家在西南少数民族地区设立的非诉讼纠纷解决机制中重要的机制还有两类：乡镇法律服务所和司法助理员。两者不仅提供法律咨询及指导人民调解委员会工作，还主持调解民间疑难纠纷与经济纠纷。其中乡镇法律服务所在对基层社会纠纷的解决上有主持调解和办理公证、解答法律咨询等职能。西南民族地区基层法律服务所始于 20 世纪 80 年代，特别是 1984 年以后，作用越来越明显。但在民族地区设立法律服务所的工作推进很慢，特别是西南民族地区一些偏远的山区农村设置很难推进，很多时候是由司法助理员一人兼任。从客观上看，这个时期此类机制在少数民族纠纷解决中所产生的作用是十分有限的。但法律服务所的职能有“根据当事人的申请，调解生产、经营过程中发生的纠纷”。四川省 1985 年设立了区乡镇法律服务所 572 个，其中区 380 个，乡 192 个，调解了各种纠纷 1.9 万件。[②] 云南省乡镇法律服务所设立于 1984 年，1993 年全省法律服务所有 1067 个，人员由司法助理员兼任的有 1208 人，其他干部有 176 人，乡镇聘用的有 341 人，乡聘用的有 576 人。他们在纠纷解决中，1985 年解决了 952 件经济纠纷，其他纠纷 6701 件；1993 年解决了经济纠纷 8024 件，其他纠纷是 27282 件。广西乡镇司法服务所在 1986 年调解了纠纷 46988 件，相当于同期人民法院受理民事案件的 1 倍多，到 20 世纪 90 年初每年达三四万件。[③] 而且他们调解的纠纷是民间疑难案件与生产经营性纠纷。贵州省从 1985 年开始设立乡镇法律服务机构，1990 年全省设立

---

① 广西壮族自治区地方志编纂委员会：《广西通志・司法行政志》，广西人民出版社 2002 年版，第 323 页。

② 四川地方志编纂委员会：《四川省志・公安司法志》，四川人民出版社 1997 年版，第 388 页。

③ 广西壮族自治区地方志编纂委员会：《广西通志・司法行政志》，广西人民出版社 2002 年版，第 266 页。

了乡镇法律服务所384个。

司法助理员是20世纪80年代恢复司法行政部门后设立在基层的人员。他们的性质是基层人民政府的司法行政工作人员，但他们的职责中有指导民间调解工作、调解民间疑难纠纷及普法教育等职能。实践中他们是基层人民政府中解决民间纠纷的日常、专职机构和人员。1986—1990年云南省司法助理员调解的民间纠纷是109765件，成为该省基本社会纠纷解决机制中的重要力量。① 广西壮族自治区在1990年全区1346个乡镇中设立了司法办公室1119个。

（二）国家正式诉讼纠纷解决机制的恢复

1980年后随着政治运动的停止，特别是阶级斗争不再成为社会的中心，加上社会的改革开放，统治上不采用政治运动，社会经济得到很快恢复。国家在县级设立的人民法院及派出法庭开始得到有效的运作，成为西南少数民族社会纠纷解决机制中的重要组成部分。法院同期成为国家正式解决社会纠纷的重要机制。如大理白族自治州1980年后每年一审法院受理的民事案件大约在2500件，而十年“文化大革命”期间却在1000件以下。这个时期基层法院由两部分组成：人民法院及派出法庭，即人民法庭。人民法院在1982年后每个县都设立一个。1982年云南省设立了128个基层人民法院。② 广西有105个基层人民法院。20世纪80年代四川省每个县区都设立了基层人民法院。数量的变化与县区设置的变化有关。

人民法庭是这个时期重点建设的国家正式基层纠纷解决机制，很多县都有5—6个人民法庭，最多的达20个。它们构建起了西南地区基层纠纷解决机制中的国家诉讼纠纷解决机制之网。云南省在1990年建成171个人民法庭，1994年达到435个，按计划要建成的总数是716个。③ 四川省在1985年有1348个，1990年人民法庭达到1491个，人员达5495人，平均每个庭为3.68人。④ 广西人民法庭最多时在1982年有647个人民法庭，1988年有575个，而同年基层人民法院仅有105个，人民法庭是基层法

① 以上数据来自《云南省志·司法志》，云南人民出版社2001年版，第379页。

② 云南省高级人民法院：《云南审判志》，云南人民出版社1996年版，第267页。

③ 同上书，第268页。

④ 四川省高级人民法院院志编辑室：《四川省审判志》，电子科技大学出版社2003年版，第43—44页。

院的5倍。[①] 贵州省在1980年9月建立了人民法庭583个，1990年达到681个，每个县区都有2个以上，最多达到20个，如遵义县和兴义市。80年代贵州人民法庭承担了全省80%左右的民事案件的审理，同时指导着大量的基层人民调解委员会的调解工作。[②]

（三）传统纠纷解决机制没有获得有效恢复

20世纪80年代整个西南少数民族社会中社会纠纷没有发生太大的变化，计划经济仍然是社会经济的运行方式，纠纷种类上仍然以常规社会纠纷为主。国家对基层社会的干预相对还很有力量，各少数民族传统社会纠纷解决机制没有得到大量的恢复。当然，这个时期传统社会纠纷有恢复的趋势，因为传统的东西不再被当成“四旧”，不再提到政治立场的高度来处理，于是一些传统纠纷解决方式慢慢恢复。有学者在1983年凉山昭觉县调查时发现：“重新续家谱、认家支、制定家支法规，在毕摩主持下，喝血酒发誓按家规办事。很多由政府法制部门决定的事，甚至判决的案件，他们可以抵制和反对。还有人用巫术，诅咒仇人。例如树坪公社古尔生产队的两名社员，相信巫术可以复仇。把一口小猪分部位切开，然后装入胎盘中，埋在所谓‘仇人’地里，想使‘仇人断子绝孙，家破人亡’”。[③] 可见，在20世纪80年代随着国家政治控制的放松，凉山彝族社会中传统的社会纠纷解决机制——家支头人纠纷解决机制，甚至是诅咒复仇、示众羞辱等传统惩戒手段也时有运用。按我们的调查，壮族社会中也有类似的现象，因为很多人讲在20世纪八九十年代此种现象较为普遍。比如，我们在调查文山州麻栗坡某彝村寨时就有人回忆起在1992年发生的一个偷盗案件的处理用的是传统的方式。

1992年，城寨李某（15岁）偷了本村陆家、张家的竹笋（大约2、3公斤）被抓，让村干部解决，陆家、张家让李某将所偷竹笋串在一起挂在自己身上羞辱他，并让李某家赔钱才放人。李某家里很穷，母亲只得将唯一值钱的一套彝族裙服卖了500元，赔给陆家、张

① 《广西审判志》编辑室：《广西审判志·民事案件》（讨论稿），广西壮族自治区高级人民法院印刷，1991年，第223—224页。

② 贵州省地方志编纂委员会：《贵州省·审判志》，贵州人民出版社1999年版，第127—129页。

③ 云南省编辑组：《四川贵州彝族社会历史调查》，云南人民出版社1986年版，第97页。

家两家。①

此案解决中并没有采用当地的村规民约，而是采用了当地传统社会中的习惯。从解决者和当事人母亲接受调解结果看，这种习惯在当地社会中得到了公开的承认。

20 世纪八九十年代在西南民族地区社会秩序的形成上，虽然国家开始弱化政治运动，同时恢复一些职业化、专业化的纠纷解决机制，但由于历史的惯性作用，导致西南民族地区社会纠纷解决机制中起到重要作用的依然是那种以行政强势影响下的社会纠纷解决机制。但由于政治运动的停止，西南民族地区社会控制上开始出现让“民间自治”的空间，加上 20 世纪八九十年代转向解决民生为目标的经济建设，各种利益型社会纠纷开始在西南民族地区各民族的社会纠纷种类中成为重要的组成部分，同时以前形成的以行政为中心的纠纷解决机制也开始不适应社会发展的需要。大量利益型社会纠纷，若继续采用政策为取向的解决机制是很难成功的，于是职业化、专门化的纠纷解决机制开始得到重建。最为典型的是 1980—1985 年间，西南民族地区人民调解委员会和人民法院等基层、国家纠纷解决机制很快得到重建，且承担并解决了大量的社会纠纷。这个时期随着国家治理选择的转向，从强制主导型社会治理转向辅助、引导型社会治理，于是为适应社会纠纷数量的增加，甚至出现增设新纠纷解决机制的倾向。由于国家关注经济建设，加上以前以国家配给为中心的社会生活体系转变为以家庭为中心的社会生活体系，国家在民间社会治理上，让民间社会有了更高的自治空间，于是西南少数民族地区各民族在国家力量减弱的同时，传统文化和社会特色在一定程度重新恢复，导致西南民族社会纠纷的特点开始有民族性与地域性。西南民族地区传统的社会纠纷种类和纠纷解决机制也在一定程度上得到恢复。但从 20 世纪八九十年代的西南民族地区社会治理上看，由于国家缺少一种内在价值体系的支持，在治理上，要达到一个怎样的社会秩序水平和价值没有获得基本共识，各种纠纷解决机制虽然得到重建和恢复，但产生的作用却不是很好。从整体上看，这个时期西南民族地区在经济社会生活上开始表现出很强的与内地同一性，特

① 彝族妇女做一套彝族裙一般要花一年左右的时间才能完工。近年来，外人前来收购彝族裙，一套一般在 1000 元以上。

别是市场经济推行后，西南民族地区社会生活上已经完全被卷入了全国的经济生活中，各民族的经济行为已经与全国一致，导致西南少数民族地区各民族的特征虽然有一定程度的恢复，但在本质上很难回到20世纪50年代以前。西南少数民族呈现出来的社会问题虽然在形式上可能与内地有差异，但本质上却是一致的，在解决上也只能采用更具普遍性的方法。通过20世纪50—70年代的政治运动为中心的社会改造和20世纪八九十年代社会经济上的一体化发展，西南民族社会问题中已经缺少了地方性与民族性，增加了太多的一般性。这成为当前学术界想象图景与真实情况差异较为显著的地方，也是现在该地区以民族为标签的研究上难以有较好适用性的根源所在。

第四节 20世纪50—90年代西南少数民族纠纷解决机制的特点

20世纪50—90年代是西南少数民族社会结构发生历史性、革命性转变的时期。不过，西南少数民族社会变迁是在政治力量强力干预下推进的，通过人为的社会改造，实现了少数民族社会结构性的变革。这个时期西南少数民族社会发生本质转变，社会组织结构产生重构式革命，政治运动大量频繁出现，国家力量在西南少数民族社会中获得了绝对的主导地位，彻底改变了西南少数民族的社会纠纷解决机制的设置与运行。这是一个国家的时代、政治的时代、政策的时代，同时也是一个变革的时代，一个社会治理目标多变的时代。它让西南少数民族不管在什么位置，处在什么样的社会发展水平，拥有什么样的传统文化，都一律卷入了时代的社会运动中，成为时代之网下的一个个结点，抹去昔日自身的特性。分析这个时期纠纷解决机制的变迁特点，体现在以下几个方面。

一、社会纠纷解决机制设置多变

20世纪50年代后，西南少数民族社会纠纷解决机制经历了复杂的变迁过程。这与同期中国社会变革较快、社会治理方式选择多样有关。在纠纷解决机制设置上，表现为1949—1958年之间是承认西南少数民族传统纠纷解决机制为前提而设置新的纠纷解决机制。西南少数民族地区在1954年之前在区乡一级设立自治政府，区乡级政权的自治政府下基本保留传统的纠纷解决机制。1954年之后虽然取消区乡级自治，并且设立人民调解组织、人民法院及人民法庭等，但很多少数民族地区没有实行土地改革和民主改造，传统纠纷解决机制得到保留。政策上对少数民族地区采用“团结第一，工作第二”，在推行法律制度上采用“慎重稳进”的方针，在政策上采用“大部不抓，一个不杀”的政策。这些政策对少数民族的传统纠纷解决机制得以保留起到了作用。1958 年以后，随着人民公社的建立，西南少数民族地区开始进行民主改革，传统的制度被打破，在纠纷解决机制上开始出现行政调处组织，人民法庭等机构在纠纷解决中作用弱化。西南少数民族社会纠纷解决机制在六七十年代大规模的政治运动中，传统的纠纷解决机制被基本取消，国家的纠纷解决机制在形式上虽然出现不同的改变，但国家纠纷解决机制取得了垄断地位。20 世纪 80 年代在改革开放初期，传统纠纷解决机制开始不同程度的恢复，但由于计划经济的影响，西南少数民族社会结构上国家力量没有太多的减弱，只是国家开始恢复人民调解组织、司法组织，让纠纷从行政主导走向了相对多元的发展。40 年间，西南少数民族地区许多纠纷解决机制仅能运行十年左右，有些甚至仅能运行三、四年，如人民调处机制，这造成纠纷解决机制难以有效运行，进而难以进行长期建设和评价。

二、社会纠纷解决机制与政治运动紧密相连

政治运动主宰了 20 世纪 50—90 年代整个西南地区纠纷解决机制的变迁。1951—1954 年，由于开展新婚姻改革、土地改革、镇压反革命运动，导致西南少数民族纠纷解决机制随之出现相应的特征。1955—1961 年间，西南少数民族地区推行人民公社、民主改革和补课运动，各种政治运动迭出，当地纠纷解决机制的设置、运作受制于当时的社会运动。如人民公社在西南民族地区的推行在 1958—1961 年间有过一次高潮，后来又进行调整，到 1969 年后再次出现高潮。云南边疆民族地区在 1962 年对农村人民公社进行调整，合作社的总数 1961 年底有 13420 个，入社农户达到 93.5%，调整后为 13347 个，入社农户 22.89 万户，占总农户的 53.3%。[①] 然而到 1969 年后又全面推行人民公社。再如“文化大革命”

① 云南省民族事务委员会：《云南民族工作大事记：1949—2007》，云南民族出版社 2008 年版，第 90 页。

中纠纷解决机制被“革命委员会”及军事管理委员会取代，社会纠纷解决中表现为阶级斗争至上。20世纪80年代，社会纠纷解决机制才慢慢地从政治运动中解脱出来。

三、社会纠纷种类、数量变化受制于社会政治运动

1950年以后，随着《婚姻法》的推行、农村债务关系的改革，在1950—1955年间，西南少数民族地区的社会纠纷主要是婚姻纠纷、债务纠纷。1958—1961年和1966—1979年间，在政治运动的强势影响下，整个社会中的纠纷数量大量下降，其中主要社会纠纷——婚姻纠纷的形态变成与阶级斗争有关。20世纪80年代后，整个西南地区纠纷出现新变化，数量上整体增加，种类上与生产、生活有关的利益型纠纷增多。如云南省边疆民族地区社会纠纷种类与数量变化就是典型。1968—1969年间云南省在批评“阶级斗争熄灭论”、“云南特殊论”、“民族落后论”、“生产中心论”、“二次土改”下开始再次推行公社化，1969年4—7月云南边疆26县镇实现了人民公社化。[①] 云南省在1971—1975年间在边疆民族地区和内地民族地区的“和平协商土改区”和“直接过渡区”进行了阶级复查运动，重新改造了这些地区的社会结构，导致社会关系更加简单化，进而导致社会纠纷种类和数量发生转变。1966年“四清”运动让边疆民族地区过去存在的传统财产所有权被基本取消，如对苗瑶等少数民族饲养的“老人牛”、“姑娘牛”和“要马”等取消，在公社设置上采用三级制，加上同年的“破四旧”运动，少数民族的传统习惯被打碎。这一时期类型多样、形式复杂的政治运动彻底改变了西南少数民族的纠纷数量，压制了西南少数民族社会中的传统力量，实现了国家对西南少数民族社会无限制的治理。

四、国家纠纷解决机制获得绝对地位

20世纪50—80年代西南少数民族纠纷解决机制的变化，最有影响的是国家层次上的纠纷解决机制取得了绝对地位，主宰着整个西南少数民族的纠纷解决，改变了历史上西南少数民族社会纠纷解决机制中各少数民族

① 云南省民族事务委员会：《云南民族工作大事记：1949—2007》，云南民族出版社2008年版，第113页。

传统纠纷解决机制与国家纠纷解决机制并存，且国家纠纷解决机制处于劣势的局面。西南少数民族地区通过民主改革、人民公社的建立，加上“文化大革命”运动等，使历史上处于高度自治的很多民族群体都进入了国家的控制之中。国家纠纷解决机制垄断了这个时期的整个纠纷解决机制，虽然现实中民间传统纠纷解决机制还存在一些影响，但已经被挤压到很小的空间中。

五、纠纷解决机制运作以行政权力为主导

20 世纪 50—80 年代西南少数民族纠纷解决机制运作中受到行政权力的制约非常明显。这个时期不管是人民调解组织还是司法机关，在运作中都受到行政机关的干预。可以说整个纠纷解决机制是在行政权力主导下运行的。这种行政权力对纠纷解决机制的主导，使整个西南少数民族纠纷解决机制表现出强烈的政策性、投机性及功利性。很多纠纷解决机制在运行中往往与政治目标的实现有关。有时一些纠纷解决机制运行，甚至与当地社会的现状有关，国家把纠纷解决机制当成一种政治行动的产物、政策运作的附属品，如在对少数民族习惯的认可上。

六、政策成为纠纷解决的基本依据

20 世纪 50—80 年代西南少数民族在纠纷解决中，依据的主要不是法律，而是政策。因为这个社会时期国家的法律很少，即使是有些法律也深受政策的影响，如《婚姻法》在民族地区的适用受到党的政策、行政政策和司法政策等影响。这是一个政策成为整个社会规范来源的时代。政策成为整个纠纷解决的基本依据，加上西南少数民族社会结构的复杂，民族情况特殊，为政策的运行提供了更多的空间，国家法律在很长时间内被弱化和边缘化。当然，最大的变化是不管国家机制还是民间机制，这个时期在解决纠纷中政策都取得了绝对优先地位，甚至传统纠纷解决机制中对传统习惯的认可与否，都与政策有关。其中 20 世纪 60 年代最为明显，当时整个社会法律被否定，剩下的仅是政策。较有影响的，1960 年有《关于农村人民公社当前政策问题的紧急指示信》，简称“十二条”；1960 年有《农村人民公社工作条例》，简称“六十条”；1963 年有《中共中央关于目前农村工作中若干问题的决定》，简称“前十条”；《中央中央关于农村社会主义教育运动中的一些具体问题的规定》，简称为“后十条”；1965

年有《农村社会主义教育运动中目前提出的一些问题》，简称为“二十三条”等。这些以中共中央名义发布的政策成为此时期整个社会的基本规范。

七、少数民族习惯、纠纷解决机制等得到不同程度的承认

20 世纪 50—80 年代，虽然各种政治运动导致西南少数民族社会中国家的力量得到无限的加强，但是在历史及各种因素的影响下，西南少数民族的习惯仍一直受到不同程度的承认，包括承认一些少数民族的特有纠纷解决机制。在法律适用上对少数民族的一些传统习惯进行承认，或至少是不采用一刀切的废除。如云南省在 20 世纪 80 年代在刑事案件审理指导政策上有：“‘拿魂婆’、‘打歹’、‘琵琶鬼’、‘巫婆’，坑害群众，手段残忍，危害很大。少数民族地区除‘拿魂婆’以外的其他刑事犯罪，如械斗、杀人、抢劫、盗窃、焚烧山林、强奸、通奸、重婚、溺婴、虐杀妻子，在民主改革前，还不能一律以刑事犯罪处罚，只能根据该民族的要求，或依法判处，或依民族习惯处理，或随着生产的发展和民族习惯的改变而逐步依法处理。”① 这些都为西南少数民族地区传统习惯的存在提供了一些空间。解决少数民族的民事纠纷上有时让少数民族参与，如德宏州在处理景颇族婚姻案件时采用的是让纠纷双方的父母、亲友和山官头人等参与。又如在审理左麻波与木然腊离婚案时，每次调解都邀请双方的亲友、寨老参加。② 然而，1958 年以后，西南少数民族地区各民族习惯在强力政治运动下被压制与取消，起到的作用相当有限，甚至可以说是消失了。

可以说，这个时期西南少数民族传统纠纷解决机制与习惯经历了三个阶段：第一个阶段是 1950—1957 年。这个时期的基本特点是改造下的承认，国家虽然有强力改造少数民族传统纠纷解决机制与习惯的冲动，但由于各种原因，还是公开承认少数民族传统纠纷解决机制与习惯的作用。第二个阶段是 1958—1979 年。这个时期在各种政治运动中传统纠纷解决机制和习惯在政治的强力下被否定、取消和压制，取得地位的是以国家为中心设立的、以政治为导向的政策目标。第三个阶段是 1980—1993 年。这

---

① 云南省高级人民法院：《云南审判志》，云南人民出版社 1996 年版，第 381 页。

② 同上书，第 439 页。

个时期西南少数民族的传统纠纷解决机制和习惯在国家权力的缝隙下开始恢复。国家从某个角度看是否定这种纠纷解决机制的，最典型的表现就是这个时期对村规民约中存在的一些内容持否定态度等，理由是习惯与国家法是冲突的。然而，由于国家权力中心的转变，社会中传统的纠纷解决机制与习惯开始出现恢复。

参考文献

一、古代文献

1. 《史记》，中华书局点校本。

2. 《汉书》，中华书局点校本。

3. 《后汉书》，中华书局点校本。

4. 《三国志》，中华书局点校本。

5. 《南史》，中华书局点校本。

6. 《周书》，中华书局点校本。

7. 《新唐书》，中华书局点校本。

8. 《宋史》，中华书局点校本。

9. 《元史》，中华书局点校本。

10. 《明史》，中华书局点校本。

11. 《清史稿》，中华书局点校本。

12. 《明实录》，台湾中研院历史语言研究所校印本。

13. 《清实录》，中华书局影印本。

14. 《礼记》，载《四书五经》，北京古籍出版社 1995 年版。

15. 孟子：《孟子集注》，载《四书五经》，北京古籍出版社 1995 年版。

16. 睡虎地秦墓竹简整理小组编：《睡虎地秦墓竹简》，文物出版社 1978 年版。

17. 张家山二四七号汉墓竹简整理小组编著：《张家山汉墓竹简》（释文修订本），文物出版社 2006 年版。

18. （唐）长孙无忌等：《唐律疏议》，中华书局 1985 年版。

19. 刘俊文撰：《唐律疏议笺解》，中华书局 1996 年版。

20. （宋）窦仪等撰，吴翊如点校：《宋刑统》，中华书局 1984 年版。

21. 《元典章》（《大元圣政国朝典章》），中国广播电视出版社 1998 年版。

22. 方龄贵校注：《通制条格校注》，中华书局 2001 年版。

23. 怀效锋点校：《大明律》，辽海书社 1989 年版。

24. 田涛、郑秦点校：《大清律例》，法律出版社 1999 年版。

25. （清）薛允升，怀效锋、李鸣点校：《唐明律合编》，法律出版社 1999 年版。

26. 《大清律例会通新纂》，沈云龙主编：《中国近代史料丛刊》（第 22 辑），台湾文海出版社 1987 年版。

27. （清）席裕福、沈师徐辑：《皇朝政典类纂》，台湾文海出版社 1983 年版。

28. 光绪《钦定大清会典事例》，中华书局 1991 年版。

29. （清）徐松：《宋会要辑稿》，中华书局 1957 年版。

30. 《皇明制书、宪章类编》第 46 册，北京图书馆古籍珍本丛刊本。

31. 常璩著，刘琳校注：《华阳国志校注》，巴蜀书社 1984 年版。

32. （宋）范成大：《桂海虞衡志》，四库全书文渊阁本。

33. （宋）洪迈：《容斋四笔》，四库全书文渊阁本。

34. （宋）叶适：《水心集》，四库全书文渊阁本。

35. （宋）周云非：《岭外代答》，四库全文渊阁书本。

36. （元）李京：《云南志略》，四库全书文渊阁本。

37. （元）危素：《危太朴续集》，四库全书文渊阁本。

38. （元）虞集：《平瑶记》，四库全书文渊阁本。

39. （明）李元阳：万历《云南通志》，云南大学图书馆藏本。

40. （明）田汝成：《炎徼纪闻》，广西人民出版社 2007 年版。

41. （明）张燮：《东西洋考》，丛书集成初编本。

42. （明）王士性：《广志绎》，中华书局 1997 年版。

43. （清）李宗昉：《黔记》，载《小方壶斋舆地丛钞（第 7 帙）》，杭州古籍书店 1985 影印本。

44. （清）闵叙：《粤述》，载《小方壶斋舆地丛钞（第 7 帙）》，杭州古籍书店 1985 影印本。

45. （清）屈大均：《广东新语》，中华书局 1985 年版。

46. （清）谈者己巳居士，次者未山道人：《幻影谈》，云南大学图书馆藏本。

47. （清）檀萃辑，宋文熙、李东平校注：《滇海虞衡志校注》，云南人民出版社 1990 年版。

48. （清）田雯等：《黔书 · 续黔书 · 黔记 · 黔语》，贵州人民出版社 1992 年版。

49. （清）吴大勋：《滇南纪闻录》，云南图书馆抄本。

50. （清）徐家干著，吴一文校注：《苗疆闻见录》，贵州人民出版社 1997 年版。

51. （清）严如煜：《苗防备览》，道光木刻本。

52. （清）姚柬之：《连山绥瑶厅志》，本刻本。

53. （清）赵翼：《粤滇杂记》，载《小方壶斋舆地丛钞（第 8 帙）》，杭州古籍书店 1985 影印本。

54. （清）诸匡鼎：《瑶僮传》，载《小方壶斋舆地丛钞（第8帙）》，杭州古籍书店1985影印本。

55. （清）陈梦雷：《古今图书集成》，中华书局影印本1934年版。

56. （清）丁日昌：《抚吴公牍》，广州古籍书店内部影印1988年版。

57. 《怒江史志资料》（第1辑），怒江州志办公室翻印1987年版。

58. 故宫博物院明清档案部编：《清代档案史料丛编》（第14辑），中华书局1984年版。

59. 《清代武定彝族那氏土司档案史料校编》，中央民族学院出版社1993年版。

60. 《雍正朝汉文朱批奏折汇编》（第22册），江苏古籍出版社1989年版。

61. 《招捕总录》，宛委别藏本，台湾商务印书馆影印。

62. 方亨咸：《苗俗记闻》，载《小方壶斋舆地丛钞（第8帙）》，杭州古籍书店1985影印本。

63. 李春龙、刘景毛点校：《正续云南备征志精选点校》，云南民族出版社2000年版。

64. 王叔武：《云南志略辑校》，云南民族出版社1986年版。

65. （明）刘文征撰，古永继校点：天启《滇志》，云南教育出版社1991年版。

66. 谢启昆撰：嘉庆《广西通志》，丛书集成初编本。

67. 臧承宣撰：《连山县志》，广州天成印务局铅印本1828年。

68. 徐怀璋纂修：民国《昭觉县志稿》，1920年铅印本。

69. 段绶滋纂修：民国《中甸县志》，中甸县县志办1960年印本。

70. 刘运锋：民国《乐昌县志》，中国方志丛书192，台北新文丰出版社1985年版。

71. 杨世钰主编：《大理丛书·金石篇》（10），中国社会科学出版社1993年版。

72. 段汝霖撰：《楚南苗志》，岳麓书社2008年版。

73. （清）钱召棠纂辑：《巴塘志略》，《中国西南文献丛书（第1辑）·西南稀见方志文献》卷16，兰州大学出版社2003年版。

74. （清）曹抡彬等修，曹抡翰等纂：乾隆《雅州府志》，《中国地方志集成》《四川府县志辑》，巴蜀书社1992年版。

二、近人著作

（一）国内近人著作

1. 陈金全主编：《西南少数民族习惯法研究》，法律出版社2008年版。

2. 陈庆英主编：《藏族部落制度研究》，中国藏学出版社1995年版。

3. 陈云生主编：《民族区域自治法精义》，人民出版社1991年版。

4. 邓敏文、吴浩：《没有国王的王国——侗款研究》，中国社会科学出版社1995

年版。

5. 邓敏文：《神判论》，贵州人民出版社 1991 年版。

6. 刁杰成：《人民信访史略》，北京经济学院出版社 1996 年版。

7. 佴澎：《从冲突到和谐——元明清时期西南少数民族纠纷解决机制研究》，人民出版社 2008 年版。

8. 范宏贵：《少数民族习惯法》，吉林教育出版社 1990 年版。

9. 范愉：《非诉讼纠纷解决机制研究》，中国人民大学出版社 2000 年版。

10. 范愉：《纠纷解决的理论与实践》，清华大学出版社 2007 年版。

11. 范愉主编：《多元化纠纷解决机制》，厦门大学出版社 2005 年版。

12. 方慧主编：《少数民族地区习俗与法律的调适：以云南省金平苗族瑶族傣族自治县为中心的案例研究》，中国社会科学出版社 2006 年版。

13. 高发元主编：《云南民族村寨调查丛书》，云南大学出版社 2001 年版。

14. 高其才：《中国少数民族习惯法研究》，清华大学出版社 2003 年版。

15. 高其才：《中国习惯法论》，湖南出版社 1995 年版。

16. 龚佩华：《景颇族山官制社会研究》，中山大学出版社 1988 年版。

17. 顾培东：《社会冲突与诉讼机制》，四川人民出版社 1991 年版。

18. 郭正礼：《中国特色的民族区域自治理论与实践》，新疆大学出版社 1992 年版。

19. 海乃拉莫、曲木约质：《凉山彝族习惯法案例集成》，云南人民出版社 1998 年版。

20. 何兵主编：《和谐社会与纠纷解决机制》，北京大学出版社 2007 年版。

21. 胡朴安：《中国风俗》（上下），九州出版社 2007 年版。

22. 胡兴东：《生存范式：理性与传统——元明清时期南方民族法律变迁研究》，中国社会科学出版社 2005 年版。

23. 华林：《西南彝族历史档案》，云南大学出版社 1999 年版。

24. 江平等：《西藏的民族区域自治》，中国藏学出版社 1991 年版。

25. 林耀华：《凉山彝家》，商务印书馆 1941 年版。

26. 刘广安：《清代民族立法研究》，中国政法大学出版社 1993 年版。

27. 龙大轩：《乡土秩序与民间法律——羌族习惯法探析》，华夏文化艺术出版社 2001 年版。

28. 马克林：《回族传统法文化研究》，中国社会科学出版社 2006 年版。

29. 马戎、周星编：《田野工作与文化自觉》（下），群言出版社 1998 年版。

30. 毛筠如：《大小凉山之彝族》，四川民族出版社 1946 年版。

31. 莫金山：《瑶族石牌制》，广西民族出版社 2000 年版。

32. 彭剑秋：《溪州土司八百年》，民族出版社 2001 年版。

33. 奇格：《古代蒙古法制史》，辽宁民族出版社 1999 年版。

34. 强世功编：《调解、法制与现代性：中国调解制度研究》，中国法制出版社 2005 年版。

35. 冉井富：《当代中国民事诉讼率变迁研究——一个比较法社会学的视角》，中国人民大学出版社 2005 年版。

36. 任乃强：《西康图经》，南天书局发行，1935 年版。

37. 汝信、陆学艺、李培林等主编：《2007 年中国社会形势预测与分析》，社会科学文献出版社 2006 年版。

38. 汝信、陆学艺、李培林等主编：《2009 年中国社会形势预测与分析》，社会科学文献出版社 2008 年版。

39. 沈恒斌主编：《多元纠纷解决机制原理与实务》，厦门大学出版社 2005 年版。

40. 师蒂：《神话与法制：西南民族法文化研究》，云南教育出版社 1992 年版。

41. 史筠：《民族法制研究》，北京大学出版社 1986 年版。

42. 宋全：《少数民族民间禁忌》，中央民族大学出版社 1994 年版。

43. 苏发祥：《清代治藏政策研究》，民族出版社 2001 年版。

44. 孙先方主编：《民族区域自治法学》，内蒙古大学出版社 1990 年版。

45. 汤维建等著：《群体性纠纷诉讼解决机制论》，北京大学出版社 2008 年版。

46. 田汝康：《芒市边民的摆》，云南人民出版社 2008 年版。

47. 王恒杰：《迪庆藏族社会史》，中国藏学出版社 1995 年版。

48. 王明东：《彝族传统社会法律制度》，云南民族出版社 2001 年版。

49. 王天玺：《民族法概论》，云南人民出版社 1988 年版。

50. 王同惠：《广西省象县东南乡花蓝瑶社会组织》，商务印书馆 1936 年版。

51. 王学辉：《从禁忌习惯到法起源运动》，法律出版社 1998 年版。

52. 王亚新：《社会变革中的民事诉讼》，中国法制出版社 2001 年版。

53. 吴大华：《民族与法律》，民族出版社 1990 年版。

54. 吴大华主编：《民族法学讲座》，民族出版社 1997 年版。

55. 吴金福、李先绪、木春荣主编：《怒江中游的傈僳族》，云南民族出版社 2000 年版。

56. 吴宗金主编：《中国民族立法理论与实践》，中国民主法制出版社 1998 年版。

57. 夏之乾：《神判》，上海三联书店 1990 年版。

58. 熊文钊主编：《中国民族法制 60 年》，中央民族大学出版社 2010 年版。

59. 徐杰舜、吴淑兴主编：《实施自治法研究》，广西民族出版社 1997 年版。

60. 徐杰舜等：《民族自治权论》，广西教育出版社 1991 年版。

61. 徐晓光：《原生的法——黔东南苗族侗族地区的法人类学调查》，中国政法大学出版社 2010 年版。

62. 徐晓光：《中国少数民族法制史》，贵州民族出版社 2002 年版。

63. 徐昕：《迈向社会和谐的纠纷解决》，中国检察出版社 2008 年版。

64. 徐昕主编：《司法第一辑——纠纷解决与社会和谐》，法律出版社 2006 年版。

65. 徐勇、徐增阳主编：《乡土民主的成长——村民自治 20 年研究集萃》，华中师范大学出版社 2007 年版。

66. 徐中起、张锡盛、张晓辉：《少数民族习惯法研究》，云南大学出版社 1998 年版。

67. 杨侯第主编：《民族区域自治法教程》，法律出版社 1995 年版。

68. 杨怀英、赵勇山等：《滇西南边疆少数民族婚姻家庭制度与法的研究》，法律出版社 1988 年版。

69. 杨士宏：《藏族传统法律文化研究》，甘肃人民出版社 2003 年版。

70. 于建嵘：《抗争性政治：中国政治社会学基本问题》，人民出版社 2010 年版。

71. 俞荣根主编：《羌族习惯法》，重庆出版社 2000 年版。

72. 张尔驹：《中国民族区域自治史纲》，民族出版社 1995 年版。

73. 张冠梓：《论法的成长——来自中国南方山地法律民族志的诠释》，社会科学出版社 2000 年版。

74. 张济民主编：《寻根理枝——藏族部落习惯法通论》，青海人民出版社 2002 年版。

75. 张晓辉、李天元主编：《中国民族村寨调查丛书》，云南大学出版社 2004 年版。

76. 张晓辉主编：《中国法律在少数民族地区的实施》，云南大学出版社 1994 年版。

77. 赵旭东：《权力与公正——乡土社会的纠纷解决与权威多元》，天津古籍出版社 2003 年版。

78. 中国社会科学院法学研究所编：《中国法治发展报告 NO. 8（2010）》，社会科学文献出版社 2010 年版。

79. 周世中等：《西南少数民族民间法的变迁与现实作用——以黔桂瑶族、侗族、苗族民间法为例》，法律出版社 2010 年版。

80. 周星：《死给、死给案与凉山社会》，群言出版社 1998 年版。

81. 周勇：《少数人权利的法理》，社会科学文献出版社 2002 年版。

82. 朱金甫：《清末教案》（第三册），中华书局 1996 年版。

（二）外国著作

1. ［德］卢曼：《法律的自我复制及其限制》，韩旭译，载《北大法律评论》2000 年第 5 期。

2. ［法］托克维尔：《旧制度与大革命》，冯棠译，商务印书馆 1992 年版。

3. ［美］Sally Falk Moore：《法律与人类学》，载李亦园编《文化人类学选读》，黄维宪译，台湾食货出版社 1980 年版。

4. ［美］丹尼尔·贝尔：《后工业社会的来临》，高銛、王宏周、魏章玲译，商务印书馆 1986 年版。

5. ［美］罗伯特·C. 埃里克森：《无需法律法律的秩序——邻人如何解决纠纷》，苏力译，中国政法大学出版社 2003 年版。

6. ［美］唐·布莱克：《社会学眼中的司法》，郭星华等译，法律出版社 2001 年版。

7. ［美］西摩·马丁·李普塞特：《政治人：政治的社会基础》，上海人民出版社 1997 年版。

8. ［美］詹姆斯·C. 斯科特：《弱者的武器》，郑广怀译，译林出版社 2007 年版。

9. ［美］Kevin J. O'Brien，Lianjiang Li：Rightful Resistance in Rural China，Cambridge University Press，2007.

10. ［日］棚濑孝雄：《纠纷的解决与审判制度》，王亚新译，中国政法大学出版社 1994 年版。

11. ［日］樱井哲夫：《福柯——知识与权力》，姜忠莲译，河北教育出版社 2001 年版。

12. ［日］高见泽磨：《现代中国的纠纷与法》，何勤华、李秀清、曲阳译，法律出版社 2003 年版。

13. Michelson，E.，2007，"Climbing The Dispute Pagoda：Grievance And Appeals To The Official Justice System In Rural China"，*American Sociological Review.*

三、社会调查报告和各种其他志书

1. 《楚雄州审判志》编纂领导小组：《楚雄州审判志》，云南大学出版社 1997 年版。

2. 《德宏傣族景颇族自治州概况》编写组：《德宏傣族景颇族自治州概况》，德宏民族出版社 1986 年版。

3. 《德宏州文史资料选辑》（第四辑），1985 年。

4. 《广西审判志》编辑室：《广西审判志》（讨论稿），广西壮族自治区高级人民法院印，1991 年。

5. 《澜沧县情（1991—2000）》，云南科技出版社 2003 年版。

6. 《弥勒县情（1993—1997）》，云南民族出版社 1999 年版。

7. 《云南省检察志》，法律出版社 1991 年版。

8. 《云南省情 2008》，云南人民出版社 2009 年版。

9. 《云南省志·司法志》，云南人民出版社 2001 年版。

10. 《中甸藏文历史档案资料汇编》，云南民族出版社 2003 年版。

11. 《中国民族区域自治 50 年》课题组：《中国民族区域自治 50 年》，内蒙古人民出版社 1997 年版。

12. 《中华归主：中国基督教事业统计（1901—1920）》（上册），中国社会科学院世界宗教研究所，1985 年。

13. 楚雄彝族自治州司法局，楚雄彝族自治州人民调解员协会编：《案例选编》（内部资料），2004 年。

14. 德宏州政协文史委：《中国景颇族山官》，德宏民族出版社 2001 年版。

15. 高发元主编：《云南民族村寨调查·景颇族——瑞丽弄岛乡等嘎村》，云南大学出版社 2001 年版。

16. 广西壮族自治区地方志编纂委员会：《广西通志》，广西人民出版社 2002 年版。

17. 广西壮族自治区编辑组：《广西侗族社会历史调查》，广西民族出版社 1987 年版。

18. 贵州民族研究所民族研究会：《贵州民族调查》（之六），贵州民族研究所民族研究会印 1988 年版。

19. 贵州省地方志编纂委员会：《贵州省志·司法行政志》，贵州人民出版社 1999 年版。

20. 贵州省地方志编纂委员会：《贵州省·审判志》，贵州人民出版社 1999 年版。

21. 海乃拉莫等：《凉山彝族习惯法案例集成》，云南人民出版社 1998 年版。

22. 黄珺主编：《云南乡规民约大观》，云南美术出版社 2010 年版。

23. 黄钰辑：《瑶族石刻录》，云南民族出版社 1993 年版。

24. 李文海主编：《民国时期社会调查丛编·少数民族卷》，福建教育出版社 2005 年版。

25. 林耀华：《中国少数民族原始宗教资料丛编·彝族卷》，中国少数民族原始宗教资料丛编课题组 1992 年版。

26. 陇川县史志办、政协陇川县文史委编：《户撒史话》，云南人民出版社 2002 年版。

27. 马山县志编纂委员会：《马山县志》，民族出版社 1996 年版。

28. 马曜主编：《云南民族工作 40 年》（上下），云南民族出版社 1994 年版。

29. 宁蒗彝族自治县编纂委员会：《宁蒗彝族自治县志》，云南民族出版社 1993 年版。

30. 怒江州地方志办公室：《怒江史志资料》（第 1 辑），2003 年。

31. 黔西南布依族苗族自治州史志办：《黔西南布依族清代乡规民约碑文选》，

1986 年版。

32. 秦和平:《四川民族地区民主改革资料集》，民族出版社 2008 年版。

33. 秦和平:《云南民族地区民主改革资料集》，巴蜀书社 2010 年版。

34. 秦和平、冉琳闻:《四川民族地区民主改革大事记》，民族出版社 2007 年版。

35. 全国政协暨湖南、贵州、广西、湖北政协文史资料委员会:《侗族百年实录》（上册），中国文史出版社 2000 年版。

36. 任乃强:《西康图经》，南天书局 1934 年版。

37. 任映沧:《大小凉山倮族通考》，西南夷务丛书社。

38. 师宗县法院:《师宗县法院志》，内部印 1995 年。

39. 四川地方志编纂委员会:《四川省志 · 公安 · 司法志》，四川人民出版社 1997 年版。

40. 四川省编辑组:《四川彝族历史调查资料、档案资料选编》，四川省社会科学院出版社 1987 年版。

41. 四川省高级人民法院院志编辑室:《四川省审判志》，电子科技大学出版社 2003 年版。

42. 文山壮族苗族自治州法院志:《文山壮族苗族自治州法院志》，1995 年。

43. 吴江:《侗族部分地区碑文选辑》，黎平县志办公室编印 1989 年版。

44. 徐益棠:《雷波小凉山之罗民》，金陵大学中国文化研究所 1944 年版。

45. 杨一凡主编:《中国珍稀法律典籍续编》（第十册），黑龙江人民出版社 2002 年版。

46. 杨永生整理:《景颇族阿昌族社会历史调查文集》，德宏族民出版社 2007 年版。

47. 杨永生整理:《瑞丽县勐典寨社会历史调查》，德宏民族出版社 2007 年版。

48. 杨远相主编:《大理市法院志》，内部印刷 1993 年。

49. 余宏模编:《明代贵州彝族历史资料选编》，《民族研究参考资料（第二集）》，贵州省民族研究所，1980 年。

50. 云南编辑组:《白族社会历史调查》（二），云南人民出版社 1986 年版。

51. 云南编辑组:《傣族社会历史调查》（西双版纳之九），云南人民出版社 1988 年版。

52. 云南省编辑委员会:《四川贵州彝族社会历史调查》，云南人民出版社 1986 年版。

53. 云南省编辑委员会:《哈尼族社会历史调查》，云南民族出版社 1982 年版。

54. 云南省编辑委员会:《傣族社会历史调查》（西双版纳之二），云南民族出版社 1983 年版。

55. 云南省编辑委员会:《西双版纳傣族社会综合调查》（二），云南民族出版社

1984 年版。

56. 云南省编辑组：《景颇族社会历史调查》（四），云南人民出版社 1986 年版。

57. 云南省编辑组：《景颇族社会历史调查》（一），云南人民出版社 1986 年版。

58. 云南省编辑组：《景颇族社会历史调查》（三），云南人民出版社 1986 年版。

59. 云南省编辑组：《傈僳族社会历史调查》，云南人民出版社 1981 年版。

60. 云南省编辑组：《云南地方志道教和民族民间宗教资料琐编》，云南人民出版社 1986 年版。

61. 云南省编辑组：《中央访问团第二分团：云南民族情况汇集》，云南民族出版社 1986 年版。

62. 云南省迪庆藏族自治州志编纂委员会：《迪庆藏族自治州志》，云南民族出版社 2003 年版。

63. 云南省地方志编纂委员会：《云南省志·检察志》，云南人民出版社 1995 年版。

64. 云南省洱源县人民法院：《洱源县法院志》，内部印刷 1988 年。

65. 云南省高级人民法院：《云南审判志》，云南人民出版社 1996 年版。

66. 云南省泸水县志编纂委员会：《泸水县志》，云南人民出版社 1995 年版。

67. 云南省民族事务委员会：《云南民族工作大事记：1949—2007》，云南民族出版社 2008 年版。

68. 云南省司法厅：《云南省志·司法志》，云南人民出版社 2001 年版。

69. 云南省西双版纳地方志办公室：《西双版纳傣族自治州志》，云南省地矿局，2003 年。

70. 张济民主编：《青海藏区部落习惯法资料集》，青海人民出版社 1993 年版。

71. 中共大理州委党史研究室：《大理州大跃进人民公社化运动》，云南民族出版社 2004 年版。

72. 中共内蒙古自治区委员会党史研究室：《中国共产党与少数民族地区的民主改革和社会主义改造》，中共党史出版社 2001 年版。

73. 中共中央文献研究室：《建国以来刘少奇文稿》（第 2 册），中央文献出版社 2005 年版。

74. 中国人民政治协商会议德宏州委员会文史组：《德宏州文史资料选辑》（第四辑），中国人民政治协商会议德宏州委员会文史组编 1985 年版。

75. 钟焕燃：《西南各少数民族皈依基督教五十年史（未刊稿）》，1957 年。

76. 庄学本：《彝族调查报告》，西康省政府印行，1941 年。

四、期刊报纸论文

（一）学术论文

1. ［美］郭丹青：《中国的纠纷解决》，王晴译，载强世功编《调解、法制与现代性：中国调解制度研究》，中国法制出版社2005年版。

2. ［美］柯恩：《现代化前夕的中国调解》，王笑红译，载强世功编《调解、法制与现代性：中国调解制度研究》，中国法制出版社2005年版。

3. ［美］陆思礼：《毛泽东与调解：共产主义的政治与纠纷解决》，许旭译，载强世功编《调解、法制与现代性：中国调解制度研究》，中国法制出版社2005年版。

4. ［美］陆思礼：《邓小平之后的中国纠纷解决：再谈“毛泽东和调解”》，矫波译，载强世功编《调解、法制与现代性：中国调解制度研究》，中国法制出版社2005年版。

5. 艾佳慧：《“大调解”的运作模式与适用边界》，载《法商研究》2011年第1期。

6. 巴莫·阿依：《凉山彝族的“晓补”反咒仪式》，《世界宗教研究》1989年第3期。

7. 白荻：《倮罗的宗教和他们的巫师》，《京沪周刊》1947年第21期。

8. 白芝、尔姑阿呷：《凉山彝族习惯法》，《彝族文化》（年刊），1999年。

9. 薛永慧：《群体纠纷诉讼机制研究》，中国政法大学博士学位论文，2006年。

10. 蔡富莲：《市场经济体制下凉山彝族家支、习惯法与彝族社会治安问题研究——以彝族聚居县美姑、昭觉、布拖为例》，载《贵州民族研究》2006年第6期。

11. 常安：《试论法人类学的学科独立性问题——与法社会学相比较》，载《山东大学学报》（哲学社会科学版）2008年第3期。

12. 陈斌：《瑶族神判法述论》，载《东南文化》1993年第1期。

13. 陈杭平：《社会转型、法制化与法院调解》，载《法制与社会发展》2010年第2期等。

14. 陈金全、侯晓娟：《论清代黔东南苗寨的纠纷解决——以文斗苗寨词状为对象的研究》，载《湘潭大学学报》（哲学社会科学版）2010年第1期。

15. 陈思明：《行政调解探析》，中国政法大学硕士学位论文，2007年。

16. 陈伟杰、郭星华：《法律的差序利用——以一个宗教村落的纠纷调解为例》，载《中国农业大学学报》（社会科学版）2009年第2期。

17. 陈先兵：《维权话语与抗争逻辑——中国农村群体性抗争事件研究的回顾与思考》，载《北京化工大学学报》（社会科学版）2010年第1期。

18. 陈宜：《论西部和谐社会语境下民族纠纷解决机制的完善》，载《西南民族大学学报》（人文社科版）2009年第6期。

19. 陈真：《证券争议纠纷解决方式之探讨——我国证券仲裁制度之反思与构建》，载《中国对外贸易》2002年第10期。

20. 杜国明、杨建广：《我国征地纠纷解决机制的构建》，载《求索》2007年第6期。

21. 佴澎：《清代大理白族纠纷的解决规范》，载《清史研究》2008年第3期。

22. 范愉:《调解的重构(上)——以法院调解的改革为重点》,载《法律与社会发展》2004 年第 2 期。

23. 范愉:《调解的重构(下)——以法院调解的改革为重点》,载《法制与社会发展》2004 年第 3 期。

24. 范愉:《多元化纠纷解决机制与和谐社会的法律问题》,载沈恒斌主编《多元纠纷解决机制原理与实务》,厦门大学出版社 2005 年版。

25. 范愉:《多元化纠纷解决机制原理与实务》,载沈恒斌主编《多元化纠纷解决机制原理与实务》,厦门大学出版社 2005 年版。

26. 范愉:《纠纷解决研究的反思与展望》,载《司法》2008 年第 3 辑。

27. 范愉:《纠纷解决与和谐社会》,载徐昕主编《司法第一辑——纠纷解决与社会和谐》,法律出版社 2006 年版。

28. 方慧、胡兴东:《少数民族地区刑事案件中的司法选择》,载方慧主编《少数民族地区习俗与法律的调适——以云南省金平苗族瑶族傣族自治县为中心的案例研究》,中国社会科学出版社 2006 年版。

29. 傅华伶:《后毛泽东时代中国的人民调解制度》,王晴译,载强世功编《调解、法制与现代性:中国调解制度研究》,中国法制出版社 2005 年版。

30. 傅郁林:《"诉前调解"与法院的角色》,载《法律适用》2009 年第 4 期。

31. 高其才:《瑶族调解与审理习惯初探》,载《清华法学》2007 年第 2 期。

32. 龚佩华:《从景颇族的统一谈族群理论——兼论与周边民族的矛盾和适应》,载《思想战线》2008 年第 4 期。

33. 巩富文:《唐代的直诉制度》,载《法学杂志》1993 年第 5 期。

34. 顾建华:《青海蒙藏地区"赔命价"和"罚服"规范探析》,载《青海社会科学》1990 年第 1 期。

35. 官波:《法律多元视野中的少数民族习惯法》,云南大学博士研究生学位论文库(未刊稿)。

36. 郭星华、邱洪敏:《法律的"在场"与"不在场"——对一起赡养纠纷调解事件的法社会学分析》,载《中国农业大学学报》(社会科学版)2007 年第 3 期。

37. 韩延龙:《人民调解制度的形成与发展》,载《中国法学》1987 年第 3 期。

38. 郝静:《信访制度改革不应强化其权利救济功能》,载《广东行政学院学报》2005 年第 6 期。

39. 何立荣:《刑事和解在民族地区农村的提倡——民族地区农村刑事法治与和谐社会的构建》,载《前沿》2008 年第 10 期。

40. 侯晓娟:《清代黔东南文斗苗寨纠纷解决机制研究》,西南政法大学法律史硕士学位论文,2010 年。

41. 胡改蓉:《证券纠纷解决机制多元化的构建》,载《华东政法大学学报》2007

年第 3 期。

42. 胡平仁、杨夏女：《以交涉为核心的纠纷解决过程——基于法律接受的法社会学分析》，载《湘潭大学学报》（哲学社会科学版）2010 年第 1 期。

43. 胡小鹏、高晓波：《“角色理论”视野下藏边民族纠纷解决新探——以光绪朝循化厅所辖藏区为例》，载《西北师范大学学报》（社会科学版）2010 年第 6 期。

44. 胡兴东、朱艳红：《中国历史上少数民族刑事案件法律适用问题研究》，载《云南民族大学学报》（哲学社会科学版）2009 年第 3 期。

45. 胡兴东：《20 世纪 50 年代以来云南藏区社会治理问题探析——以社会纠纷解决机制为中心考察》，载《云南行政学院学报》2009 年第 1 期。

46. 胡兴东：《滇西北特困民族社会转型中法律冲突的调适》，载《云南民族大学学报》（哲学社会科学版）2005 年第 4 期。

47. 胡兴东：《近代以来云南藏区社会组织制度变迁》，载《玉溪师范学院学报》2009 年第 5 期。

48. 胡兴东：《景颇族传统山官制度下民事纠纷的解决机制》，载《云南民族大学学报》（哲学社会科学版）2008 年第 1 期。

49. 胡兴东：《历史上西南少数民族地区族际纠纷解决机制研究》，载《云南社会科学》2010 年第 4 期。

50. 胡兴东：《西南少数民族地区多元纠纷解决机制的构建》，载《云南社会科学》2007 年第 4 期。

51. 胡兴东：《元明清时期国家法对民间纠纷解决机制的规制研究》，载《云南大学学报法学版》2007 年第 4 期。

52. 华热·多杰：《藏族部落纠纷解决制度探析》，载《青海民族学院学报》（哲学社会科学版）1999 年第 3 期。

53. 季金华、徐骏：《土地征收纠纷解决的法律机制》，载《金陵法律评论》2006 年第 2 期。

54. 季卫东：《法律体系的多元与整合——与德沃金教授商榷解释方法论问题》，载《清华法学》2002 年第 1 期。

55. 季卫东：《法制与调解的悖论》，载《法学研究》1989 年第 5 期。

56. 季卫东：《上访潮与申诉制度的出路》，载《青年思想家》2005 年第 4 期。

57. 季卫东：《调解制度的法律发展机制——从中国法制化的矛盾情境谈起》，易平译，连载《民商法杂志》1990 年第 6 期。

58. 嘉日姆几（即杨洪林）：《云南小凉山彝汉纠纷解决方式研究》，中央民族大学人类学博士学位论文，2008 年。

59. 嘉日姆几：《彝汉纠纷中的身份、认知与权威——以云南省宁蒗彝族自治县为例》，载《民族研究》2008 年第 4 期。

60. 蒋鸣湄：《古代侗款效力溯源——对古代侗族村寨社会纠纷解决机制的研究》，载《广西政法管理干部学院学报》2010 年第 6 期。

61. 蒋鸣湄：《社会契约与国家法律在现代乡村社会中的实践方式——对广西三江侗族自治县多元纠纷解决机制的考察》，载《广西民族研究》2009 年第 4 期。

62. 康有赓：《清代苗族山林买卖契约反映的苗汉等族间的经济关系》，载《贵州民族研究》1990 年第 3 期。

63. 康有赓：《清代清水江下游苗族林契研究》，载《苗族研究会成立大会暨第一届学术讨论会论文集》，1989 年。

64. 李浩：《论调解不宜作为民事审判权的运作方式》，载《法律科学》1996 年第 4 期。

65. 李剑：《论凉山彝族的“法律人”——德古》，西南政法大学法律史专业硕士学位论文，2006 年。

66. 李剑：《论凉山彝族的纠纷解决》，中央民族大学民族法学专业博士学位论文，2010 年。

67. 李培林、陈光金、李炜：《2006 年中国社会和谐稳定状况调查报告》，载汝信、陆学艺、李培林等主编：《2007 年中国社会形势预测与分析》，社会科学文献出版社 2006 年版。

68. 李培林等：《力挽狂澜：中国社会发展迎接新挑战》，载汝信、陆学艺、李培林等主编《2009 年中国社会形势预测与分析》，社会科学文献出版社 2008 年版。

69. 李向玉：《苗族习惯法中的神判方式遗留与现代司法实践探析——以黔东南特殊地域的司法文化为例》，载《原生态民族文化学刊》2010 年第 1 期。

70. 李晓斌、周世新：《西南特困少数民族民间纠纷调解的特点与调适分析》，载《西南边疆民族研究》2007 年刊。

71. 李玉华：《我国古代的直诉制度及其对当今社会的影响》，载《政治与法律》2001 年第 1 期。

72. 梁聪：《清代清水江下游村寨社会的契约规范与秩序》，西南政法大学法律史博士学位论文，2007 年。

73. 林共宜：《历史上西南少数民族地区民族族际纠纷种类及特点研究》，载《思想战线》2010 年第 S2 期。

74. 林莉红：《论信访的制度定位——从纠纷解决机制系统化角度的思考》，载《学习与探索》2006 年第 1 期。

75. 刘琳：《侗族侗款的遗存、传承与时代性发展——以广西三江侗族自治县侗族侗款为例》，广西师范大学硕士学位论文，2007 年。

76. 刘学洙：《明清贵州沉重的军事负担》，载《贵州师范大学学报》2001 年第 4 期。

77. 龙大轩、刘玲:《略论西南少数民族地区的民事纠纷及其解决机制》，载《甘肃政法学院学报》2010 年第 6 期。

78. 龙大轩:《羌族诉讼习惯法的历史考察》，载《山东大学学报》（哲学社会科学版）2005 年第 2 期。

79. 龙倮贵:《浅析滇南彝族历史上的习惯法》，载《云南社会科学》1995 年第 3 期。

80. 龙宗智:《关于“大调解”和“能动司法”的思考》，载《政法论坛》2010 年第 4 期。

81. 陆益龙:《纠纷解决的法社会学研究：问题及范式》，载《湖南社会科学》2009 年第 1 期。

82. 吕亚芳、黄东坡:《少数民族聚居地区刑事和解探讨——以广西壮瑶聚居地为例》，载《新西部》2010 年第 22 期。

83. 吕忠梅:《环境友好型社会中的环境纠纷解决机制论纲》，载《中国地质大学学报》（社会科学版）2008 年第 3 期。

84. 罗国首:《警惕少数民族民间纠纷激化》，载《人民调解》1995 年第 6 期。

85. 罗洪洋、张晓辉:《清代黔东南文斗侗、苗林业契约研究》，载《民族研究》2003 年第 3 期。

86. 罗洪洋、赵大华、吴云:《清代黔东南文斗苗族林业契约补论》，载《民族研究》2004 年第 2 期。

87. 罗洪洋:《法人类学论纲——兼与法社会学比较》，载《法商研究》2007 年第 2 期。

88. 罗洪洋:《清代黔东南锦屏苗族林业契约的纠纷解决机制》，载《民族研究》2005 年第 1 期。

89. 罗洪洋:《清代黔东南锦屏苗族林业契约之卖契研究》，载《民族研究》2007 年第 4 期。

90. 马绍红:《国家法律、民族习俗与婚姻家庭刑事纠纷的解决》，载方慧主编《少数民族地区习俗与法律的调适——以云南省金平苗族瑶族傣族自治县为中心的案例研究》，中国社会科学出版社 2006 年版。

91. 莫纪宏:《2009 年中国群体性事件法律处置状况》，载中国社会科学院法学研究所编:《中国法治发展报告 NO. 8（2010）》，社会科学文献出版社 2010 年版。

92. 浦加旗:《彝寨社会秩序解读——从法社会学、法人类学的视角》，载《重庆工学院学报》（社会科学版）2008 年第 5 期。

93. 祁雪瑞:《大调解中的司法调解改革研究综述与思考》，载《理论探讨》2010 年第 9 期。

94. 强世功:《“法律”是如何实践的———起乡村民事调解案的分析》，载强世功编《调解、法制与现代性：中国调解制度研究》，中国法制出版社2005年版。

95. 渠敬东、周飞舟、应星：《从总体支配到技术治理——基于中国30年改革经验的社会学分析》，载《中国社会科学》2009年第6期。

96. 冉翚：《转型时期川滇毗邻藏区民间纠纷解决机制考察——以凉山州木里藏族自治县为例》，载《西南民族大学学报》（人文社会科学版）2010年第10期。

97. 任海涛：《论法人类学方法在中国法制史研究中的运用》，载《内蒙古社会科学》（汉文版）2010年第2期（第31卷）。

98. 史凤仪：《人民调解制度溯源》，载《中国法学》1987年第3期。

99. 宋连斌、杨玲：《我国仲裁机构民间化的制度困境——以我国民间组织立法为背景的考察》，载《法学评论》2009年第3期。

100. 苏力：《关于能动司法与大调解》，载《中国法学》2010年第1期。

101. 孙立平、王汉生、王思斌、林彬、杨善华：《改革以来中国社会结构的变迁》，载《中国社会科学》1994年第2期。

102. 覃奕：《清朝"改土归流"前后广西壮族土司司法制度探析》，华东政法学院法制史硕士学位论文，2006年。

103. 唐永忠、邵培樟：《域名抢注纠纷解决机制及其完善》，载《法学杂志》2004年第5期。

104. 田成友：《民族法研究的理论意义和实践价值》，载《贵州民族研究》1995年第3期。

105. 田成有：《我国法律在少数民族地区实施的状况分析》，载《思想战线》1995年第1期。

106. 廷贵、酒素：《略论苗族古化社会结构的"三根支柱"——鼓社、议榔、理老》，载《贵州民族研究》1981年第4期。

107. 王成圣：《倮罗的神权思想》，载《边疆通讯》（第4卷）1947年第3期。

108. 王春焕、刘彦、黄昌军：《西藏社会矛盾分析及其解决机制研究》，载《西藏大学学报》2007年第3期。

109. 王德强：《云南藏区维护社会稳定经验述要》，载《云南民族大学学报》（哲学社会科学版）2009年第6期。

110. 王东进等：《积极化解人民内部矛盾，妥善处理群体性事件》，载《中国社会发展战略》2004年第3期。

111. 王克楠：《美国司法ADR现状的考察》，载《研究生法学》2001年第3期（总47期）。

112. 王启梁：《乡村社会中的多元社会控制："分裂的整体"》，载《云南民族大学学报》（哲学社会科学版）2011年第1期。

113. 王启梁：《意义、价值与暴力性私力救济的发生——基于对行动的主观维度考察》，载《云南大学学报》（法学版）2007 年第 3 期。

114. 王启梁：《作为生存之道的非正式社会控制》，载《山东大学学报》（哲学社会科学版）2010 年第 5 期；

115. 王森波：《调审角色分离——关于构建调解制度的第三条进路》，载《行政与法》2009 年第 6 期。

116. 王素心：《冤家与亲家》，载《中国民族》1979 年第 3 期。

117. 王鑫：《少数民族农村民间纠纷解决制度》，载方慧主编《少数民族地区习俗与法律的调适——以云南省金平苗族瑶族傣族自治县为中心的案例研究》，中国社会科学出版社 2006 年版。

118. 王亚新：《非诉讼纠纷解决机制与民事审判的交织——以“涉法信访”的处理为中心》，载《法律适用》2005 年第 2 期。

119. 王亚新：《论民事、经济审判方式的改革》，载《中国社会科学》1994 年第 1 期。

120. 王亚新：《中国社会的纠纷解决机制与法律相关职业的前景》，载《华东政法学院学报》2004 年第 3 期。

121. 魏汉臣：《城市房屋拆迁纠纷解决途径的法理浅析》，载《律师世界》2002 年第 4 期。

122. 毋爱斌：《对我国人民调解各地模式的考察》，载《法治论坛》2009 年第 2 期。

123. 吴剑平：《“赔命价”初析》，载《法律学习与研究》1990 年第 2 期。

124. 吴剑平：《对藏族地区“赔命价”案件的认识与处理》，载《法律科学》（西北政法学院学报）1992 年第 4 期。

125. 吴卫军、范燕萍：《现状与走向：和谐社会纠纷解决体系的构建》，载《四川师范大学学报》（社会科学版）2007 年第 2 期。

126. 吴英姿：《“大调解”的功能及限度——纠纷解决的制度供给与社会自治》，载《中外法学》2008 年第 2 期。

127. 吴泽勇：《群体纠纷的构成和法院司法政策的选择》，载《法律科学》（西北政法大学学报）2008 年第 5 期。

128. 吴忠民：《我国现阶段社会矛盾演变的特征》，载《决策与信息》2010 年第 9 期。

129. 伍雅丽：《我国仲裁诉讼化现状分析及对策探讨》，载《司法改革论评》2009 年增刊。

130. 夏之乾：《神判》，载《社会科学战线》1980 年第 1 期。

131. 徐继强：《在线纠纷解决机制（ODR）的兴起与我国的应对》，载《甘肃政法学院学报》2001 年第 6 期。

132. 徐静村、刘荣军：《纠纷解决与法》，载《现代法学》1999 年第 6 期。

133. 徐晓光：《“涉牛”案件引发的纠纷及其解决途径——以黔东南雷山县两个乡镇为调查对象》，载《山东大学学报》（哲学社会科学版）2008 年第 2 期。

134. 徐晓光：《唱歌与纠纷的解决——黔东南苗族口承习惯法中的诉讼与裁定》，载《贵州民族研究》2006 年第 2 期。

135. 徐晓光：《锦屏林区民间纠纷内部解决机制及国家司法的呼应——解读〈清水江文书〉中清代民国的几类契约》，载《原生态民族文化学刊》2011 年第 1 期。

136. 徐晓光：《看谁更胜一“筹”——苗族口承法状态下的纠纷解决与程序设定》，载《山东大学学报》（哲学社会科学版）2009 年第 4 期。

137. 徐晓光：《黔东南苗族村寨“田边地角”的土地纠纷及其解决途径》，载《西南民族大学学报》（人文社科版）2007 年第 6 期。

138. 徐晓光：《小牛的 DNA 鉴定——黔东南苗族地区特殊案件审理中的证据与民间法参与》，载《广西民族大学学报》（哲学社会科学版）2011 年第 1 期。

139. 严红、刘家库：《我国体育协会章程与体育纠纷解决方式的研究——以足球协会章程研究为中心》，载《河北法学》2006 年第 3 期。

140. 杨临宏：《少数民族地区村规民约中的法律思考》，载《民族工作》1993 年第 5 期。

141. 杨柳：《模糊的法律产品——对两起基层法院调解案件的考察》，载强世功编《调解、法制与现代性：中国调解制度研究》，中国法制出版社 2005 年版。

142. 杨严炎：《当今世界群体诉讼的发展趋势》，载《河北法学》2009 年第 3 期。

143. 杨志伟：《断裂的少数民族习惯法——以凉山彝族为例》，中央民族大学民族学专业硕士学位论文，2003 年。

144. 姚玲：《法院调解应予摈弃》，载《中国司法》2000 年第 4 期。

145. 易军：《论民间法范式的研究方法》，载《社会科学论坛》2008 年第 9 期。

146. 应星、汪庆华：《涉法信访、行政诉讼与公民救济行动中的二重理性》，载《洪范评论》第 3 卷第 1 辑，中国政法大学出版社 2006 年版。

147. 应星、徐胤：《“立案政治学”与行政诉讼率的徘徊——华北两市基层法院的对比研究》，载《政法论坛》2009 年第 6 期。

148. 应星：《“气场”与群体性事件的发生机制——两个个案的比较》，载《社会学研究》2009 年第 3 期。

149. 应星：《草根动员与农民群体利益的表达机制——四个个案的比较研究》，载《社会学研究》2005 年第 1 期。

150. 应星：《作为特殊行政救济的信访救济》，载《法学研究》2004 年第 3 期。

151. 于建嵘：《当代中国农民的“以法抗争”——关于农民维权活动的一个解释框架》，载《文史博览》（理论）2008 年第 12 期。

152. 于建嵘：《当前我国群体事件的主要类型及其基本特征》，载《中国政法大学学报》2009 年第 6 期。

153. 于建嵘：《以规则建设化解社会戾气》，载《南风窗》2010 年第 11 期。

154. 于建嵘：《中国社会泄愤事件与管治困境》，载《当代世界与社会主义》2008 年第 1 期。

155. 曾宪义、马小红：《中国传统法的“统一法”与“多层次”之分析——兼论中国传统法研究中应慎重使用“民间法”一词》，载《法学家》2004 年第 1 期。

156. 扎洛：《西藏农村的宗教权威及其公共服务——对于西藏农区五村的案例分析》，载《民族研究》2005 年第 2 期。

157. 湛中乐、苏宇：《论我国信访制度的功能定位》，载《国家行政学院学报》2009 年第 3 期。

158. 张海滨：《医疗纠纷的非诉讼解决方式——医疗纠纷 ADR》，载《中国卫生事业管理》2003 年第 3 期。

159. 张洪春：《清末民国壮族习惯法研究》，广西师范大学中国少数民族史硕士学位论文，2005 年。

160. 张立勇：《论马锡五审判方式在当代的继承与发展》，载《人民司法》2009 年第 7 期。

161. 张明新：《民间法 · 民族习惯法：学理架构与纠纷解决——第三届民间法 · 民族习惯法研讨会综述》，载《江苏警官学院学报》2008 年第 6 期。

162. 张明泽：《少数民族习惯法的意蕴——理论与个案的透析——以彝区解纷为例》，西南政法大学法律史专业硕士学位论文，2003 年。

163. 张培文、张山山、田丰：《公安民警对当前中国社会治安状况的基本看法》，载汝信、陆学艺、李培林等主编《2009 年中国社会形势预测与分析》，社会科学文献出版社 2008 年版。

164. 张泰苏：《中国人在行政纠纷中为何偏好信访?》，载《社会学研究》2009 年第 3 期。

165. 张卫平：《回归“马锡五”的思考》，载《现代法学》2009 年第 5 期。

166. 张晓蓓、康晓卓玛：《论民族自治区域少数民族纠纷调解机制的建构——来自四川少数民族自治地区的调研》，载《中央民族大学》（哲学社会科学版）2007 年第 3 期。

167. 张晓辉：《现代仡佬的民间法与民间纠纷解决方式——以贵州省大方县普底乡红丰村为例》，载《贵州民族学院学报》2007 年第 3 期。

168. 张笑世：《体育纠纷解决机制的构建》，载《体育学刊》2005 年第 9 期。

169. 张修成：《信访制度与诉讼等纠纷解决途径之比较研究》，载《理论学刊》2007 年第 4 期。

170. 张志强（瓦扎 · 务 · 谦尔铁）：《“无需法律的秩序”何以可能——凉山彝族

纠纷解决程序初步研究》，西南政法大学法律史专业硕士学位论文，2007 年。

171. 章武生：《我国政治体制改革的最佳突破口：司法体制改革》，载《复旦大学学报》（社会科学版）2009 年第 1 期。

172. 赵天宝：《少数民族习惯规范与国家法的冲突及互动——以景颇族为例》，载《中央民族大学学报》（哲学社会科学版）2009 年第 5 期。

173. 赵天宝：《探寻少数民族习惯法的公正与权威——以景颇族神判为中心考察》，载《甘肃政法学院学报》2008 年第 9 期。

174. 赵天宝：《自发秩序与和谐——以景颇族解纷为例》，载《学术探索》2010 年第 1 期。

175. 赵晓力：《关系/事件、行动策略和法律的叙事——对一起“依法收贷案”的分析》，载强世功编《调解、法制与现代性：中国调解制度研究》，中国法制出版社 2005 年版。

176. 赵旭东：《纠纷解决含义的深层分析》，载《河北法学》2009 年第 6 期。

177. 赵旭东：《纠纷解决机制及其“多元化”与“替代性”之辨析》，载《法学杂志》2009 年第 11 期。

178. 赵旭东：《论纠纷的构成机理及其主要特征》，载《法律科学》（西北政法大学学报）2009 年第 2 期。

179. 郑鹏基：《网络交易争端解决机制研究》，华东政法学院 2005 年博士学位论文等。

180. 郑卫东：《云南少数民族神判》，载《云南学术探索》1993 年第 4 期。

181. 周杰：《关于环境纠纷解决方式的探讨》，载《上海环境科学》2002 年第 3 期等。

182. 周相卿：《黔东南雷山县三村苗族习惯法研究》，云南大学法律人类学博士学位论文，2004 年。

183. 周相卿：《台江县反排寨苗族习惯法中的神判制度研究》，载《贵州民族学院学报》（哲学社会科学版）2010 年第 1 期。

184. 周星：《家支·德古·习惯法》，载《社会科学战线》1997 年第 5 期。

185. 周星：《死给、死给案与凉山社会》，载马戎、周星编《田野工作与文化自觉》（下），群言出版社 1998 年版。

186. 周永坤：《信访潮与中国纠纷解决机制的路径选择》，载《暨南学报》（哲学社会科学版）2006 年第 1 期。

187. 朱峰：《和谐社会与多元纠纷解决机制构建》，载《山东社会科学》2007 年第 5 期。

188. 朱景文：《中国法治道路的探索——以纠纷解决的正规化和非正规化为视角》，载《法学》2009 年第 7 期。

189. 朱艳英：《略论中国少数民族法制史学的发展——民族法学与少数民族法制史学的关系》，载《玉溪师范学院学报》2008 年第 2 期。

190. 朱艳英：《西南少数民族地区纠纷解决机制变迁研究》，载《云南农业大学学报》2009 年第 1 期。

191. 宗玲：《论人民调解的现状、问题及发展趋势》，载《前沿》2009 年第 4 期。

192. 左卫民：《变革时代的纠纷解决及其研究进路》，载《四川大学学报》（哲学社会科学版）2007 年第 2 期。

193. 金平县司法局：《云南省金平县加强人民调解工作出实招获实效》，载《人民调解》2008 年第 9 期。

（二）报纸文章

1. 胡贲：《“维稳”宝典：处置“群体性事件”掀出书热潮》，载《南方周末》2009 年 12 月 24 日第 B07 版。

2. 黄秀丽、任楚翘：《调解越来越主流》，载《南方周末》2011 年 4 月 28 日第 3 版。

3. 黄秀丽：《中国法学会案例研究专业委员会评选出 2010 年十大影响性诉讼：最大的问题是公权力滥用》，载《南方周末》2011 年 1 月 20 日第 A7 版。

4. 霍示明、张国强：《调解调出涉诉零上访》，载《法制日报》2007 年 9 月 8 日第 2 版。

5. 南方周末编辑部：《2009 年十大影响性诉讼：个案改变中国》，载《南方周末》2010 年 1 月 28 日。

6. 秦连斌：《和谐社会中国新主题：一年来理论学术界关于“和谐社会”研究综述》，载《北京日报》2005 年 3 月 7 日。

7. 清华大学社会学系社会发展研究课题组：《“维稳”新思路：利益表达制度化，实现长治久安》，载《南方周末》2010 年 4 月 15 日第 E31 版。

8. 张烁、王媛：《今年全市法院将做好调解工作 基层法院民商事案件调解率要达 40%》，载《兰州日报》2009 年 2 月 27 日第 2 版。

9. 赵蕾：《2009 十大影响性诉讼评价：看得见悲剧，看不见法律》，载《南方周末》2010 年 2 月 4 日。

10. 赵凌：《2008 年十大影响性诉讼》，载《南方周末》2009 年 1 月 14 日。

11. 赵凌：《信访改革引发争议》，载《南方周末》2004 年 11 月 18 日。

12. 《“四川省十大调解能手”先进事迹》，载《四川日报》2010 年 12 月 28 日。

13. 《“短板”变亮点 四川行政调解在创新中突破》，载《四川日报》2010 年 6 月 19 日。

后　记

每本书写完出版都得写后记，有时会感到十分累，不知如何来写，不写又总觉得存在不足。今年，我的心情很难用来写书的后记。对我来说，任何书的出版都无法让我体验到快乐，仅是一种难以言说的结果。今年的际遇是最不适合来写书的后记，因为它会成为我内心世界那些苦楚的表达空间，而这种表达会让著作成为一种缺陷。但既然有了，还是按习惯写一个后记，作为交代吧！

本书是笔者主持的国家社会科学基金项目“西南少数民族地区多元纠纷解决机制与和谐社会构建：以法律社会学为视角”（07CFX036）的最终成果之一。课题已经结题（编号 20120837）。课题研究成果由两个相对独立的部分构成，为了让各个部分更好实现自己的使命，我们把课题成果分为两部分，即《西南少数民族地区纠纷解决机制史》和《西南民族地区纠纷解决机制研究》出版。课题自 2007 年被国家社会科学规划办公室立项后，经过近四年反复调查、研究，一年的反复修改最后结项，终于形成现在的成果。本成果的完成包括了太多人的付出，它是一个长期孕育的结果，多人劳动的产品，在调查与研究过程中有很多人直接、间接地参与了课题的调查工作，在此深表感谢。

世事多艰，人生无常，在写作与出版中，经历了太多的人生变化，让我无法用言语来表达自己的人生际遇。书稿的出版得益于任明先生的大力支持，没有他的支持，我很难把本书出版。

本书是多人完成的成果，第一章由广西民族大学法学院蒋鸣湄独立完成，第二章由曲靖师范学院胡兴东、云南省农业技术学院梁盈完成，第三章是胡兴东博士后基金资助的项目“新时期下西南少数民族地区族际纠纷解决机制的法律问题研究”的部分成果，第四章第一节由周本贞完成，其他部分由胡兴东完成。

胡兴东

2013 年 5 月 25 日于天津